劳动经济学院通识教育文丛

Laodong Jingji Xueyuan Tongshi Jiaoyu Wencong

U0729245

JiaoGai

教改：从教学研究开始

Cong Jiaoxue Yanjiu Kaishi

（第 2 辑）

首都经济贸易大学
劳动经济学院 ◎编

首都经济贸易大学出版社

Capital University of Economics and Business Press

·北京·

图书在版编目（CIP）数据

教改：从教学研究开始.第2辑/首都经济贸易大学劳动经济学院编.—北京：首都经济贸易大学出版社，2017.3

ISBN 978-7-5638-2627-8

Ⅰ.①教…　Ⅱ.①首…　Ⅲ.①高等学校—教学改革—文集　Ⅳ.①G642.0-53

中国版本图书馆 CIP 数据核字（2017）第 047944 号

教改：从教学研究开始（第2辑）

首都经济贸易大学劳动经济学院　编

责任编辑	小 尘
封面设计	小 尘
出版发行	首都经济贸易大学出版社
地　　址	北京市朝阳区红庙（邮编 100026）
电　　话	（010）65976483　65065761　65071505（传真）
网　　址	http：//www.sjmcb.com
E - mail	publish@cueb.edu.cn
经　　销	全国新华书店
照　　排	北京砚祥志远激光照排技术有限公司
印　　刷	人民日报印刷厂
开　　本	710 毫米×1000 毫米　1/16
字　　数	251 千字
印　　张	14.25
版　　次	2017 年 3 月第 1 版　2017 年 3 月第 1 次印刷
书　　号	ISBN 978-7-5638-2627-8/G·396
定　　价	32.00 元

目　录

1. 体验式教学在课程中的应用与评估 ·················· 1

2. 让学生做课堂的主人——"劳动关系学"课程中体验式教学法的
   实践与探索总结报告 ························· 8

3. 案例参与式教学在本科生教学中的应用 ············· 13

4. 学生自我探索之旅：体验式教学方法的应用与实践 ······· 17

5. 参与式教学在"员工招聘管理"课堂中的应用与实践 ····· 21

6. 案例式教学法在课堂教学中的应用与实践 ··········· 29

7. 劳动经济学案例教学研究 ···················· 33

8. 启发式教学"启发—创新"模式的应用与实践 ········ 42

9. 情景模拟教学法在集体谈判课程中的应用——以美国 C 大学集体
   谈判课程为例 ··························· 48

10. 苏格拉底教学法在心理学课程中的应用与实践 ········ 54

11. 五步教练技术在经典进课堂中的应用 ············· 59

12. "劳动力市场概论"双语教学研究报告 ············· 64

13. 大学通识教育在社会学教学中的应用 ············· 79

14. 基于多任务委托代理模型的高校教师的激励合同研究 ····· 88

15. 高校考试内容和方法的改革与实践 ·············· 94

16. 理论教学测评量表设计与研究 ················ 110

17. 基于 CRM 理念的本科学生干部培养模型初探——以首都经济
    贸易大学劳动经济学院为例 ·················· 121

18. 基于社会责任对社会科学学习能动性的激发——以社会保障
    教学为例 ···························· 129

19. 基于建构主义学习理论的教学模式改革 ··········· 140

20. 提高"劳动经济学"双语教学质量的研究 …………………………… 149

21. 创新创业融入专业教育的研究与实践 …………………………… 161

22. 教师如何在教学中培养大学生正确的价值观 …………………… 170

23. "社会分层与流动"课程中的经典文本阅读——以《白领》为例 … 183

24. 批判性思维教学法运用策略与效果评价 ………………………… 193

25. 我校教师教学评价模式的构建 …………………………………… 201

26. 将思想政治教育融入大学生创新创业能力培养的对策——基于 CRM
理念的大学生创新创业培养模型初探 ………………………… 219

1. 体验式教学在课程中的应用与评估

杨旭华

教学既是一种生命活动，又是提升生命意义与价值的手段与途径。教学设计旨在促使教学活动更具生命性、发展性与有效性。教学设计对教学活动的影响是通过教学模式与教学行为来实现的，并最终以教学效果的形式表现出来。事实上，教学设计引导着教学模式，教学模式规范着教学行为，教学行为决定着教学效果。

传统的教学设计是一种外在输入式的教学设计，它虽然能够在较短时间内传递大量的知识点与知识逻辑，训练学生的分析性思维，却无法有效帮助学生领悟知识的内在意蕴、体验知识的生命意涵、发展个体的生命智慧。另一方面，传统的教学设计无法适应时代对学生的期冀，也有违学习的本质。

当前时代是一个文化多元、知识繁杂、尊重个性、凸显特色、鼓励创新、思维开放、行为自主、崇尚平等的时代。这个时代对学生的期望不再是有统一的思维方式、满脑的书本知识和标准的行为模式，而是希望学生能够将公共知识与个体已有的知识经验和生命感受进行有机整合，以增生出独特的个体知识；希望学生能够将已有知识有效运用于解决实践生活与现实工作中所面临的实际问题，以提升其实践智慧。只有真正引发学生真切感受与内心认同，切实激发学生思维活化与知识增生，真切促发学生学习体验的教学活动才是能够帮助学生实现公共知识向个体知识内化、个体知识向个人能力转化、知识能力向个性品质升华，也即帮助学生实现完整精神与生命成长的有效教学。

由此，无论是从时代需要还是理论研究的发展趋势来看，以引发学生的学习体验为重心，通过围绕学习体验的生成来构建新型教学模式，设计新型教学行为的"内发创生式"教学设计都应是一种必需，这也是笔者在本学期授课中推行体验式教学模式的原因所在。

一、体验式教学的起源和含义

（一）起源

体验式教学源于 20 世纪 40 年代出现的体验式学习，大卫·科尔博（David

Kolb）1984 年提出了体验式学习模型（experiential learning styles model）："积极实验（做）—投入体验（感觉）—反思观察（观察）—总结概括（思考）"是一个系统整合的学习过程；2006 年大卫·科尔博又对该模式进行了修订。体验式学习又称"发现式学习""经验为主的学习""活动学习"或"互动学习"，即先是由学员自愿参与一连串活动，然后分析他们所经历的体验，使他们从中获得一些知识和领悟，并且能将这些知识和感悟应用于日常生活及工作上。

体验式学习主要的教育哲学及理论框架整合自教育家约翰·杜威（John Dewey）的"做中学（learning by doing）"、社会学家黎温（Kurt Lewin）的"经验学习圈（experiential learning cycle）"、认知心理学家皮亚杰（Jean Piaget）的"认知发展论（theory of cognitive development）"以及其他学者的理论，进而形成学习架构。其中，杜威所主张的"从做中学"是一种"科学的（教学/学习）方法"，他的思维过程五步教学法倡导教学首先要创设一定的情境、促进学生思考问题、将已有经验用于问题的解决并在实践中加以运用。

（二）含义

国内外对于体验式学习的代表性定义主要有以下几种：

《体验式学习的力量》中将体验式学习定义为："人们在以往的体验和知识的基础上，通过自己对经历或事物的观察，有意识或无意识地获得洞察的过程。"

教育界普遍认为："所谓体验学习，就是通过精心设计的活动、游戏和情境，让参加者在参与过程中观察、反思和分享，从而对自己、对他人和环境，获得新的感受和认识，并把它们运用到现实生活中。"

美国体验式教育协会将体验式学习定义为："学习者从直接体验中构建知识、技能和价值观的过程"。

陆小娅（2002）认为所谓体验式学习，就是通过精心设计的活动、游戏和情境，让参加者在参与过程中观察、反思和分享，从而对自己、对他人和环境，获得新的感受和认识，并把它们运用到现实生活中。

我国学者杨四耕（2005）认为体验式学习是主体性学习、个性化学习、反思性学习、实践性学习、情境性学习、意义学习、交往性学习和内在学习的过程。

二、体验式教学研究评析

（一）研究现状

目前，国内的体验式教学主要应用于体育教学，体育教学主要沿用了拓展培训领域中的户外拓展培训的理念。在外语体验式教学中主要研究的是外语口语教学的情境设计。在基础教育的语文学科中阅读教学也引入体验式教学的理念，强调学生的阅读能够体味和感悟阅读中的意境，与文中作者进行情感对话，能够移情入文进行角色体验（刘永慧，2002）。此外，在作文教学中也引入了体验式教学的理念，杨会敏（2004）认为体验式作文教学主要包括三个环节，即创设情境诱发学生体验，唤醒学生体验，引导学生表达体验的过程。在思想道德教育的体验式教学中，王如才（2004）认为道德教育应该沿着"活动—体验—领悟—内化"的基本思路，实现由接受道德到体验道德、发现道德、建构道德的飞跃。在成人教育领域和教师培训领域也特别注重体验式教学，学者陈向明提出将参与式培训理念融入教师培训之中。

在现代西方的教学模式中，非指导性教学、群辨法、课堂会议模式、角色扮演、社会模拟、社会探究、意识训练及训练模式等都对体验式教学有所借鉴。

对体验式教学的内涵、理论基础、教学过程与模式、教学策略与方法进行系统论述的是杨四耕，他认为体验式教学是在教学过程中通过创设一定的情境，使学生在亲历和体验过程中理解知识、发展能力、建构意义、生成情感的教学价值观、教学方法论、教学策略与方法。体验式教学实际上是"为了体验""在体验中""通过体验"的教学（杨四耕，2005）。

（二）对研究现状的评述

1. 研究的贡献

国外对实践教学领域的研究起步较早，在课程的教学形式上将游戏和活动的方法运用于课程之中，活动形式和能力指导的内容对体验式实践能力教学的开展提供了很好的借鉴。

在管理培训领域，设计很多体验式培训活动，开发了很多体验式培训的方法，因此管理培训领域对体验式培训的研究为体验式实践能力教学的形式教学方法、情境创设、活动设计和组织形式等提供了借鉴。

教育教学领域对体验式教学进行了系统的理论研究，为体验式教学的研究奠定了理论基础及理论方法的指导。

2. 研究的不足

国外的实践能力教学和课程的研究为国内开展实践能力教学提供了很好的教学形式和教学内容的支持，但由于文化背景的不同，直接将这些活动用于国内的课堂还存在文化上的差异。

管理培训领域的教学方法和教学组织形式值得为进行体验式实践能力教学所借鉴，但其内容大都关于团队合作、沟通、创新等训练，在培训内容上和实践能力教学的内容有所区别。

从20世纪90年代中期开始，国内迅速展开了对体验式教学的研究，但尚停留在对体验式教学理念的梳理和介绍阶段，对于体验式教学理念在教学领域的应用研究较少；体验式教学的应用研究主要在体育教学、外语口语的模拟情境教学、语文教学的作文和阅读教学中，而关于体验式实践能力教学的研究则少之甚少。程肇基和刘建新等几篇论文都是从可行性及需求的角度论述了体验式教学适合职业生涯课的开展，但缺乏系统的、具体的体验式实践能力教学的设计方案，更没有通过教学实践检验体验式实践能力教学的实效。

心理学领域所研究的团体辅导的方式对体验式实践能力教学的组织形式有很多借鉴和启示，但相关研究偏重于团体培训的实验结果的统计和分析，并没有详细的辅导设计方案。

针对上述研究的不足，本研究旨在设计出具体的体验式实践能力教学设计方案，辅以教学实验，以启发大学生的实践意识，以提高大学生实践能力与管理能力为目标，进行体验式实践能力教学设计的尝试。

三、体验式教学的设计

体验式教学和传统教学方式本质的不同在于前者是让学生"自己游泳"，后者是让学生"观摩游泳"。研究表明，阅读的信息我们能记得10%；听到的信息我们能记得20%；但所经历过的事，我们却能记得80%。

体验式教学设计是从教学理论和教学心理的视角出发，以实践性问题解决为逻辑起点，以学习体验的生成为重心，以情境学习理论为认识论依据，以实践智力理论为价值论依据，以实践性思维的训练为直接目标，以完整精神与生命的成长为最终指向的一种内发创生式教学设计。

在本学期体验式教学设计中，学习体验的运行与生成是内在主线，笔者试图通过引发学生全面参与实践性问题解决来促使其学习体验的有效生成。教学设计主要包括以下三个方面。

（一）课堂教学情境的创设

课堂教学首先从提问开始，学生随机组成学习小组，每组三四个人。问题五花八门，由教师和学生共同提出，然后以学习小组为单位讨论并提出解决方案。

针对一个小组提出的解决方案，教师和其他小组的学生进行质疑，再由该组学生答疑，并由此产生新一轮的问题，各个小组再根据新产生的问题进行辩论。学生通过提问和辩论可以提高自身交流和演讲的技巧，并学会互相尊重。因为每个学生都会随机加入不同的学习小组，并且作为不同小组的成员面对全班同学的提问、质疑和辩论。

学生在交流看法、交换意见的过程中不断接触新的信息、得出新的结论并产生新的预测，形成了一个大家共同分享的"思想平台"，在"思想共享"基础上，做到求同存异，达成共识，找出解决问题的思路和办法。这种学习对学生以后的工作和学习都很有益处。

例如：在"经典进课堂"的项目中，我推荐了一本书——《激荡三十年》。通过阅读，有一个问题成为学生们思考的核心：究竟是"英雄造时势"还是"时势造英雄"，通过系列的案例解析，增进了学生们对这一主题的深层次思考；最终通过一场辩论赛进一步理清了思路，明晰了见解，而这种针锋相对的讨论模式也充分激发了学生们的求知欲，提高了洞察力。

（二）项目教学模式的开发

项目教学的模式是鼓励学生自主组合的"创意—合作—实践"模式。上课第一周，同学们根据学习兴趣提出问题，讨论课题的创意，自由组建项目小组。老师的职责是帮助学生围绕项目成立工作团队，并在班级上创造团结互助、开拓创新的学习氛围。

课题小组经过一段时间的调查和讨论后形成一个初步的工作计划，项目进行过程中小组成员要把和项目相关的所有信息详细地记录到项目笔记上，包括一些新的发现、遇到的困难、成功的经验和获得的教训等。

项目的结题形式都是召开班级会议。课题小组成员首先做陈述报告，由全班同学提问，小组成员回答或者大家一起讨论。因为大家都是同龄人，相互之间又比较理解，所以相互交流的问题都是自己关心的，问题面比较广，涉及各个细微的步骤。学生在准备总结陈述的过程中提高了分析问题和实践应用能力，他们更关注团队学习的技巧，有更多的自由去创造并实现自己的想法。

例如，在讲授"新员工培训"这一章时，让学生从培训需求调查开始经过工作分析、规划制订、培训计划制订、课程设置、课件准备、上台讲授、培训评估等各个环节实际操作一遍，让其身临其境，实地体验，发现问题、寻求理论、结合实际、及时纠正，在注重结果的同时也注重过程。

（三）拓展式培训的引入

所谓拓展式培训，是指在一种情景模拟的环境中经过反复体验与总结，并且联系实际，最终由参与者自己找出存在的问题及实用的工作方法，这是一种摆脱传统教学观念的双向学习方式。在教学中引入拓展式培训，学生需要系统完成学习、整合、体验、交流和应用这五个步骤：

①学习，即理论基础知识教学，是过程的开端。以教师为主导进行理论基础知识教学，学生以观察、提问和作业反馈的形式进行，这是整个过程的基础。②整合，主要指在理论基础知识掌握的基础上，根据学生自身的兴趣爱好，搜集相关外延知识及行业市场信息，从资料信息中总结归纳并整合。③体验，是学生将自身总结的相关信息，以演讲、汇报的方式与其他学生进行信息共享并在此过程中加以体验，或者针对某一具体的情景模拟演练，教师对其讨论的拟解决方案及思路进行正确引导。④交流，指参加汇报、演讲的学生要与其他体验过或观察过的学生或经验人士分享其学习感受并观察结果，进而与其他参加者进行探讨。⑤应用，最后一步是回归到现实生活中，结合实际问题进行合理解释并尝试予以解决。

通过情景模拟、问题假设将基础知识的理论学习及理解充分地应用在实际工作中，此过程成为一种体验就是对理论基础知识更深层次的理解及应用，从而使学生在"学习—体验—学习"的模拟循环过程中，真正掌握知识、运用知识，培养其解决问题的能力，达成"拓展"培训的最终目标。

例如，在讲到人才招聘的简历筛选时，笔者先寻找一些企业的简历，然后根据简历的情况设定条件，让学生从中筛选出合格人才，进而根据他们筛选的情况进行讨论，最后总结出简历筛选的流程、重点以及注意事项。在讲授"薪酬沟通"部分时，针对员工要求加薪这一主题，让学生进行角色扮演，一个要求加薪，一个作为主管需要进行薪酬沟通和辅导。在学生实践体验后，笔者会邀请企业里在这方面富有经验的专业人士来现场指导和教学，促进学生理论结合实践、实践出真知。

四、体验式教学应用的效果评估

本学期的体验式教学通过情景模拟、角色扮演、主题游戏、案例研讨、小组讨论、辩论竞赛等多种课堂教学形式，配合教师指导、学生参与、师生互动等多种教学方法，充分开发和挖掘学生辩证思维和创新思维的潜能，锻炼和培养学生多方面的能力，具体体现为知识挖掘、知识整理、知识内化三个过程。

（一）知识挖掘

首先发现知识，即把学生头脑中已有的经验、体会和想法通过案例、假设、概念化、报告等多种方式和工具表达出来；第二挖掘知识，即引导学生通过观察、对话、讨论，对事实和数据进行有目的的分析和统计，找出它们背后隐含的意义和规律，并通过案例研讨、头脑风暴等方式把学生头脑中的思想火花引发和挖掘出来。

（二）知识整理

知识整理是指对学生头脑中的知识进行系统组织和科学整理，包括筛选、增减、排序、分类和修正，使其转化为一个完整的知识系统，使原来分散在各处的动态显性知识"固化"下来，成为正式的报告、论文、方案和规划等静态的显性知识。

（三）知识内化

学生在测试、讲座、讨论和扮演过程中，通过对已有的显性知识的感悟，将知识内化为自己的体验，并形成某种内在素养和技术诀窍，知识的内化最终会形成每个人独到的心智模式。

参考文献

［1］丁爱侠. 美国 LPFE 体验式教学对我国教学改革的启示［J］. 宁波大学学报：教育科学版，2009（12）.

［2］王燕华，陈莉. 体验式教学与研究生个人知识管理能力培养［J］. 研究生教育研究，2012（4）.

［3］杨四耕. 体验教学［M］. 福州：福建教育出版社，2005.

［4］张金华，叶磊. 体验式教学研究综述［J］. 黑龙江高教研究，2010（6）.

2. 让学生做课堂的主人

——"劳动关系学"课程中体验式教学法的实践与探索总结报告

詹　婧

一、引言

在参与这次教学改革之前，笔者一直认为自己上课还是有章法和技巧的，如讲课＋讨论，理论＋案例，学生单个回答问题＋小组活动，书本＋课外材料等。于是，这次笔者选择了"体验式"这个看起来自己一直在做的教学法进行尝试。但在不断深究的过程中，笔者才发现自己对很多教学问题的认识都只是一知半解，是自己的感性认识，在运用体验法教学的同时，自己也经历了一次全新的体验和学习。

二、对体验式教学的理解

（一）体验和体验式教学的内涵

最初笔者认为教学中的体验法主要就是案例和模拟，让学生自己去参与并领悟知识，于是简单地将它与案例教学画上了等号，后来才发现自己的理解太过浅显。体验是体验式教学的中心问题。在词源学里，"体验"这个词的起源可追溯到公元前179年至公元前122年。《淮南子·氾沦训》中有："故圣人以身体之。"《荀子·修身》中有："好法而行，士也；志而体，君子也。"体验在拉丁语中，意为去证明或去验证，通常是指从感觉而非推理得来的信息。

体验是形成认识、产生情感的基础，在很多领域中都会运用到这一词汇。教学的体验一般来说有两种类型：一是心理体验，即主体在观念上把自己当作客体，使自己暂时根据客体环境、立场、观点去观察事物、思考问题，从中获得关于客体的信息；二是实践体验，即主体在实践中暂时把自己变为现实的客体，不仅站在客体的立场和观点观察和思考问题，而且直接作为客体的一分子去生活，是对学习者主体精神的解放。具体到课堂教学来说，笔者理解心理体验和实践体验基本上可以通过两种形式来实现，一是案例教学：除了理论讲授之外，大量引入丰富的案例，让学生在观念上"临其境"，去观察和思考问题；二是情景模拟，通过设定实验环境，让学生可暂时地真正在实践中做到"身临其境"。

（二）体验式教学与传统教学法的区别

体验式教学对于授课效果的作用无须多言，已经有研究表明："阅读的信息，我们能记得10％；听到的信息，我们能记得20％；但所经历过的事，我们却能记得80％。"甚至可以说，只有参与体验，才能学会，这就是体验式的教学模式和传统教学模式的最大差异。具体来看，体验式教学模式与传统教学模式的区别如表1所示。

表1　体验式教学模式和传统教学模式的区别

主要因素	传统教学模式	体验式教学模式
学习模式	主要是单独学习	同学间相互学习和单独学习相结合
学习重点	教材学习和贯通专业知识	多层次的学习，可探索专业知识以外的其他相关领域
学习角色	被动接受——听、记、考试、单向接收	全程参与——计划、执行、控制与总结反馈
教师角色	讲者、评估者，单向沟通为主	体验情境构建者和引导者
教师的主要任务	找一些自认为合适的内容或数据给学生	找一些好方法刺激学生去体验更深入、全面的问题或寻找更好的答案
学习环境	公式化的、限制性的、强调身份的、枯燥的	自由创新的、轻松的、灵活的、鼓励性的、激励性的
学习责任	假如学生不懂，主要是教师没有讲透	学生和教师对教学效果共同负责
评估重点	注重考试成绩	注重体验过程和实际收获
最能满足需要者	教师	学生

资料来源：李季鹏. 体验式教学法在"管理学"教学中的应用 [J]. 高教研究与评估, 2006（10）: 59 - 60.

（三）体验式教学法的基本理念和特点

不少学者尝试从各个角度厘清体验式教学法的特殊理念和特点，王黎莹、刘洋（2008）对此做了比较全面的总结。更有借鉴意义的是，学者主要针对高校经管类课程提出了体验式教学法的四大理念：①体验式教学模式的核心理念在于关注学生的可持续发展；②体验式教学关注学生的主体性；③体验式教学关注教学的过程性；④体验式教学关注师生之间的交互性。

就笔者自身的课堂体验来说，体验式教学模式的主要特点有以下四个方面。

1. 以培养学生具有独立、自主、创新等主体精神为目标

它对"体验"的关注是对学生本身的全方位关注，既重视知识技能的传授，更关注充实学生的情感、培育学生的人文精神，使学生意识到自己的自由和创造力，并将这种意识转化为潜能，激发出个体的情感力量和主体精神。

2. 以模拟、实训为主要形式

大部分研究者和教学实践者认为，体验式教学的基本形式主要有：课堂辩论、社会调查、制作演示、游戏法、事例体验等方法，归纳起来即为模拟和实训。需要注意的是，一般课堂上采用这些方法主要是为了增加课堂的丰富性；而在体验式教学模式下，这些教学形式应该一以贯之，成为课堂的主要形式，且同时要注意这些形式都是"体验"二字实现的载体，应该精心设计，与课堂主题合理契合。

3. 以营造氛围、关注过程为导向

体验式教学将教学目的蕴含于过程之中，关注体验过程本身对于学生态度与行为方式的价值，重点要在课堂上营造体验的氛围，关注过程的进展。例如实训课程的展开，可以通过学习情境的创设、实践环节的开发和学习渠道的拓宽，帮助解决现实场景难以完全复制的难题。教师在仿真或全真的环境中，进行技能的实训和指导，让学生一边学习、模仿、操练，一边体验感受所学的技能和方法。

4. 以教学主体之间的互动为情感体验的重点

体验式教学模式倡导交互式的师生关系，师生在设置的特定情境下，通过主体之间的互动（这里不仅包括师生互动还包括学生之间的互动），完成特定的活动和任务，在过程中获得情感体验。在整个教学过程中，师生通过教学中的交往、对话、理解达成合作关系，在模拟操作活动中共同享有经验，共同体验新知的形成，感悟知识、生活乃至生命的意义与价值。

三、对体验式教学模式的践行

这个学期，笔者着重尝试在国际人力资源管理班的"劳动关系学"课程中践行和实现体验式教学模式，最重要的目的是在课程中让学生逐渐获知和体验劳工理念。在具体的授课实践中，笔者特别注意和强调了以下一些做法。

（一）调整主体角色，鼓励学生自主学习

联合国教科文组织在《学会生存——教育世界的今天和明天》中明确指出："教师的职责现在已越来越少地传递知识，而越来越多地激励思考。他将越来越多地成为顾问，一位交换意见的参考者，一位帮助发现矛盾论点而不是拿出现成真理的人。"因此，课堂应该是学生的，学生是学习的主人，这是笔者一个学期教学之后最主要的感受。因此在一个学期的授课过程中，笔者不断鼓励学生自主阅读、自主思考、自主讨论，让他们自己在自主学习中发现问题，而后通过自己查找资料来解决问题。

（二）充分交流质疑，协商确定授课重点

学生在教学中的主体地位还体现在学生能够在一定程度上决定授课的重点。"劳动关系学"这门课的容量非常大，3学分的课程能够涵盖的内容有限；同时笔者一直认为不同专业的同学应该从课程中汲取不完全相同的营养，因此在课程开始之初，笔者就努力了解学生的课程学习背景和基础水平，通过协商确定课程的讲授重点。在这一操作程序中，教师处于主导地位，但决策不是教师单独做出的，是充分吸收学生的意见和情况后得出的。

（三）双方放开心态，强调全过程的主体合作

师生之间的合作贯穿于授课的全过程。阅读材料大部分是教师提供的，心得和收获是通过交流得出的；探究的问题是学生自己提出来的，解答疑问的方式是师生共同商量的；问题的答案是学生在已知经验的触碰下，通过师生之间的共同合作探讨出来的。授课中，老师不强加给学生任何结论，也不用正确或错误来区分他们不同的知识概念，只是让学生在交互质疑辩证的过程中，澄清所生的疑虑，逐渐完成知识的建构，形成正式的科学知识。

（四）采用多教学工具，创设情境引发兴趣

兴趣是学生主动探究的向导，创设情境激发兴趣则是教师的职责。教师可以通过影片，现实的问题，趣味资料、游戏、音乐，生动的语言等手段，创设和谐、愉悦的学习氛围，架起学生已知经验、情感与课程学习之间的桥梁，激发学生的学习情感和兴趣。

（五）拓宽教学方法，引入实训教学手段

在国际人力资源管理班我们一起尝试了实验教学手段，设置了"工会主席竞选"的实践模拟活动，学生自主推选候选人、设计活动流程、安排质询环节，投票选举，教师仅是一个旁观者，这个过程于笔者而言真的是个享受。学生的好奇

心、表现欲望和创新潜能得到了充分的激发，他们在自主参与实践活动时，会不自觉地根据自己的需要和意愿进行不同形式和不同方面的体验、领悟与创新性学习，能获得直接经验与成就感，学生的主体性和个性就能获得充分的发展。

四、一些反思和提醒

体验式教学对笔者也是一种全新的体验，笔者不断提醒自己不要本末倒置，不要顾此失彼。在这一过程中，笔者始终在坚持一些原则，主要包括以下几个方面。

（一）克制欲望尽可能少讲

上课的冷场估计是所有老师都怕的，但不经历这样的尴尬时刻，很难让学生逐步形成放下顾虑、自己主动思考和回答的习惯。因此，对笔者而言，克制自己讲解的欲望是始终要坚持的原则，而鼓励学生自己思考、回答问题、进行讨论，逐步成为课堂的主题。

（二）鼓励学生在更大范围的生活中体验

叶圣陶先生说："学生读课本并非目的，真能懂得事物，真能明白道理，真能实践好行为，才是目的。"课堂的体验仅仅是体验的第一步，鼓励学生将视野放宽，在更大范围的生活中体验是笔者一直努力去做的。劳动关系不是刻板的理论，不是枯燥的法条，是现代社会中每一个人都要面对的问题。上完这门课，笔者希望学生在关注高楼大厦的同时留意楼顶上的农民工；希望学生在看到写字楼的光鲜时考虑在其中工作的劳动者的需求；希望学生在追求人力资源管理精细化的同时，在某些时刻放下自己的职业角色，想到自己还是一个社会现象的普通思考者，自己本身也是个普通的劳动者。这就是劳工理念在更大范围上的体现。

（三）时刻提醒自己保持"第一节课"的热情

工作五年有余，讲过的课不算多但也不少，偶尔的倦怠是会有的，但是新的教学法的引入让笔者更坚信了一点："教有定则，教无定法"。教学效果的优化永无止境，要让自己永远保持"第一节课"的饱满热情，在课堂上只"如初见"。

3. 案例参与式教学在本科生教学中的应用

毛艾琳

本学期笔者承担的教学改革课题为"案例参与式教学在本科生教学中的应用",所讲授的课程是"工作分析",授课对象为大学二年级人力资源管理专业学生。在本学期的授课过程中,笔者主要采用两种方式进行教学改革的实验,一是案例法,二是参与法。

一、案例法教学

本学期在教学过程中笔者尝试采用案例教学方法,一是引入更多商业企业案例作为教材原有内容的补充,为学生扩充知识面;二是锻炼学生发现问题、分析问题并进而尝试寻找解决问题方法的能力;三是给学生自我展示的机会,锻炼学生的公共演讲能力,也是为了促进师生课堂交流。在具体操作时,笔者采用了如下几个步骤。

(一)在学期开始时,给学生布置案例演讲任务

对此,笔者要求学生每3～5人自愿组成一个小组,每一小组成员利用课余时间搜寻资料并讨论确定本小组将要分析的案例;每一小组在课下完成案例讨论的工作,对小组讨论成果进行及时整理和总结,并在课上向全班同学进行汇报。这项作业将以平时成绩的形式计入学生的学期总成绩。为保证学生案例分析以及课上演讲的质量,笔者利用开学第一堂课对案例分析方法及公共演讲基本要点进行讲解。在第一课上,笔者先布置了这项作业,并要求学生进行分组,待分组完成后,通过一个小游戏的方式确定各组的演讲顺序。完成这些工作后,向学生讲解如何搜寻案例,以及通过哪些途径搜寻案例资料;如何确定将要分析的案例,这里除了案例教学中常强调的几个要点外,笔者建议学生多关注自己身边的事物,尽可能发掘身边的可用素材。确定将要分析的案例后,笔者简要向学生讲解案例分析方法的要点,比如搜索补充材料丰富案例背景信息;确定想要分析的方向和内容;小组成员对案例本身进行讨论;结合其他企业实践并运用学过的工具或管理学理论对案例进行发散性讨论;最后形成可能的结论。为了更好地说明上

述各要点，笔者在课上组织学生对"德胜洋楼"案例进行讨论分析，并带领学生进行简要总结。在确保学生基本掌握案例分析要点的基础上，笔者对案例演讲的要求进行了说明，包括语言表述、仪态体态以及话题的切入和展开及收尾。最后，要求每组演讲的学生至少提前一天将他们演讲的课件发送到老师的邮箱，这是为了确保笔者了解学生案例讨论的内容以便在课前结合学生案例讨论提前准备一些相关资料，作为补充材料在课上更好地组织全体同学讨论和学习。

（二）在课程进行中组织学生进行案例讨论

按照学期初的分组安排，每一周都会有一个小组进行案例演讲的展示。在学期开始的前几周，学生表现出了在案例选择方面的困难，对此，笔者利用每堂课开始前的一段时间为大家展示近一周企业界比较重要的新闻，意在启发学生从中寻找可供选择的案例素材。例如，在 2013 年 9 月初企业界最重要的新闻之一是诺基亚被微软收购，在为学生展示这一新闻的下一周，学生即选择将诺基亚作为案例向全班同学展示。那一组的同学先整体回顾了诺基亚的发展史，从一个芬兰的生产企业经过大刀阔斧的改革发展成全球最著名的创新型企业，最终又衰落到被他人收购的境地。该小组以诺基亚发展历史上两个重要转折点为分析切入点，一是 20 世纪 90 年代初果断砍掉所有非核心产品，专注于研发通信产品从而使企业获得飞跃性的发展；二是在 21 世纪初开始陷入官僚体制，故步自封错过触屏手机发展的黄金时期，直接导致了企业衰落。该小组的讨论从这两点出发，集中于分析诺基亚为何成功，又为何衰落。在该小组演讲结束后的教师点评时间内，笔者从三个方面对学生的案例分析进行了补充：①诺基亚被微软收购这一新闻中，可以从几个方面进行案例分析，该小组展示的是其一。另外还可以结合领导理论分析诺基亚历史上举足轻重的两任首席执行官，在他们的领导下诺基亚分别出现了兴盛与衰落两种截然不同的结果。也可以就微软并购诺基亚这一决策分析其对于微软是否是一个成功的决策，以及并购后的未来发展预期如何。②补充了几个曾经的著名企业最终经营失败的案例，包括柯达的"黄色巨人的倒下"案例、康柏案例等。③建议学生在案例分析中可以尝试运用一些管理工具，例如本案例中可以尝试使用 SWOT 进行分析。

几周之后，学生在案例选择上进步明显，已经不再需要教师在课上多加指导。此时笔者转移了关注重点，将更多的精力放在结合学生演讲的案例进行引申讨论。例如在天弘基金宣布和阿里巴巴合作的那一周，当周演讲小组及时选择了这一案例。在小组演讲结束后，笔者从天弘基金与阿里巴巴合作将对基金业产生的影响开始，组织学生讨论这一问题：互联网行业的发展已经对我们的生活产生了哪些影响？据你的观察，有哪些行业已经受到影响？在学生们积极讨论之后，笔者进行适当总结，又组织第二轮的讨论：据你的预测，未来互联网行业的发展还可能对哪些行业产生影响？当时学生从互联网发展对通信、金融、传媒等领域的影响分别进行讨论，并且对未来哪些职业可能受此影响将会消失进行了分析。此外，一些小组选择在平时生活中经常接触到的品牌、企业进行案例分析，也收到了较好的效果。例如，有的小组选择将学校附近的外资超市乐购作为案例分析对象，并类比了其他几家著名的外资在华超市，对外资超市在中国的发展前景进行了简要的分析。当然也有的学生，特别是男同学选择电子游戏厂商作为案例分析对象，这些案例由于是来自于他们非常熟悉的领域，又是与他们的生活息息相关的，因此学生们参与度较高，讨论的积极性也被充分调动起来。

（三）在教学中使用案例

除了上述两点外，在本学期的课堂教学中，笔者还注意在教材内容讲授中适当穿插一些案例，以方便学生理解。

二、参与法教学

本学期在教学改革中笔者承担的课程为"工作分析"。工作分析是以职位为基础的人力资源管理体系的基础，其中职位说明书作为工作分析的重要成果之一可以为人力资源管理其他模块包括人员招募甄选、培训开发、薪酬管理以及绩效管理等提供参考与支持。工作分析这门课程，既包括经典理论，如科学管理、动作研究等方面的内容，又包括实践性的方法与工具，例如访谈法、问卷法以及工作要素分析方法等。总体而言，这门课程是理论与实践相结合，既需要学生阅读经典同时又需要学生参与实践的一门人力资源管理专业课。为了使学生可以更好地学好这门课，本学期笔者开设了实践课。其中第一次实践课是在讲完工作分析访谈法之后，要求学生按小组划分，模拟进行工作分析访谈。其中一个小组扮演访谈者，另一个小组扮演被访谈对象。由教师提前规定每一组被访谈对象所担任的职位，并要求各小组在课下提前搜集相关资料，确保对模拟担任的职位有所了解。在实践课开始时，第一个小组进行访谈前，教师要求其他小组的同学要思考几个问题：这个小组的访谈内容是否包括工作分析所有要点？有没有什么遗漏？访谈小组和被访谈小组各自有什么需要注意的地方？在第一个小组访谈结束后，教师首先要求访谈组和被访谈组就对方的表现互相进行评论，之后组织其他同学就课前布置的思考问题进行讨论。在总结学生讨论的基础上，笔者对访谈和被访谈小组的表现进行了点评，对做得好的地方进行表扬，对于不恰当的地方及时指出。笔者的关注重点在于使学生通过这样的实践真正了解到在实际工作中访谈是如何进行的，以及可能遇到的挑战。因为这些问题都不是教材中涉及的，却又是实实在在存在的，学生未来走上工作岗位之后会面临的。因此在这次实践课的最后，当所有小组的模拟访谈都结束后，笔者就访谈中可能涉及的实际问题进行了总结和讲解。这些问题包括访谈者的不恰当用语，容易使人产生防备或误解的肢体动作及沟通中可能导致信息失真之处等。这些内容在工作分析的教材中没有涉及，实际上也确实不属于重点的理论知识，而且如果直接由教师在课上进行教授则难免陷入照本宣科的境地，学生不易理解。但是学生在经过实践课之后再来听这些内容，相对来讲就会觉得易于理解。例如在笔者讲到某一点错误行为时，学生会联系刚才的模拟访谈进行迁移性学习。

另外一节实践课是关于职位说明书的编写。职位说明书作为工作分析最重要的成果之一，是一项看起来简单实际非常复杂、精细的工作。对于这堂实践课，笔者的设想是，首先由学生在课下搜集各类职位说明书的范例，在课堂上进行展示；然后由教师讲解有关职位说明书编写的知识性和理论性内容；最后由学生扮演职位说明书编写者，模拟对教师笔者进行简单访谈，并编写一份职位说明书作为课堂作业。遗憾的是，由于课时紧张，最终这次实践课被迫取消，只由教师对职位说明书的编写进行了课堂讲授。

通过这一学期的课堂教学，使笔者对案例参与式教学方法有了更多的体会，也积累了一些经验和感想。目前笔者正在整理这些想法，打算吸取这学期实践中的不足，在未来教学实践活动中继续推进案例参与式教学，争取让学生学习专业知识的同时增加对实践的了解。

4. 学生自我探索之旅：体验式 教学方法的应用与实践

毛畅果

一、体验式教学

（一）体验式教学的概念

20 世纪初以来，在许多学者的努力下，体验式教学方式作为一种新兴的教学方法在越来越多的课程中广泛开展，逐渐成了全球流行的教学方式。

体验是指在通过亲身经历和感受来认知和探索周围的事物。一切知识都是源于实践体验的，比如小孩子学游泳、学骑车。中国的传统教育也非常鼓励学生在"体验"中学习知识，比如《淮南子·氾论训》中提到"故圣人以身体之"。因为，几乎所有的知识积淀和经验积累都来自于亲身体验，也只有这样的学习才会持久和高效。基于同样的道理，体验式教学法打破了传统的以教师主讲、以课本为中心的形式，改变了教学内容由教师到学生的单向传递方式，通过学生的亲身参与、体验和感悟来提升教学效果。

在体验式教学中，教师通过精心设计的活动鼓励学生主动参与体验，引导学生审视自己的体验。在此基础上，通过教师有意识的引导，帮助学生感知和领悟知识，发挥学生的主体作用，使学生在亲身体验的过程中理解建构知识、发展能力运用知识。这样的体验式教学可以有效地克服传统教学的不足，让学生成为知识的主动寻求者而非被动接受者，从而达到培养学生创新意识和实践能力，实现知行合一的效果。

（二）体验式教学的特点

在教学实践过程中，体验式教学法主要表现出如下两个方面的特点。

1. 体验式教学法重视亲身体验，强调学生亲身体验的重要性

在体验式教学过程中，通常教师会让学生置身于特定的场景或事件中亲身参与体验，对于自身所亲历的事件发表看法，并进行观察、反思，形成自己的感觉和思想。这些感觉和思想会引起进一步的联想，帮助学生联系自己已有的知识结

构，形成可以指导实践的初步感悟。这一系列"认知—联想—感悟"的过程会帮助学生更加高效地获得新的知识、技能和能力。比如，课堂教学中的角色扮演和游戏参与，会让学生不再是被动的知识接受者，而是从行为和感情上的直接参与者，让学生的自身体验取代教师的传授，通过亲身经历来建构知识。因此，在体验式教学中，教师的作用不再是单方面传授知识，而更多的是运用那些可视听的教学资料为学生营造一种有助于感悟的环境，让学生产生更强烈的自觉学习愿望。

2. 体验式教学法重视寓教于乐

体验式教学法鼓励教师融汇尽可能丰富多彩的教育资源，这些多元化的教育资源和教育形式可以帮助学生从具体的体验到观察和反思，然后形成抽象的知识概念。在这一过程中，教师应该注重激发学生的参与兴趣，增强课堂的娱乐性。通过调动学生学习的积极性，使被动学习的状态变成主动求知的过程，让学生有意义地学习、快乐地学习，达到"润物细无声"的效果。

二、体验式教学方法有助学生自我探索

在2013—2014第一学期，笔者将体验式教学法运用在2011级劳动与社会保障班的"职业生涯规划"课程上。"职业生涯规划"课程是大学生职业生涯发展过程中非常关键的起点。为了能更好地调动学生的主动性，帮助学生在不断的自我探索过程中制定合理的职业规划，按照体验式教学法的实施要点，笔者主要在如下方面进行了教学安排。

（一）教学理念定位

教师正确的教学理念定位是指导一门课程有效开展的重要前提，也有利于鼓励学生的课堂参与和积极创新。在"职业生涯规划"课程上，笔者尽可能遵循一种较为开放的教学理念，努力营造较为宽松的教学环境，采取更为互动的教学方式，让学生成为课堂中心。由于这门课程的目的在于帮助学生进行更深入的自我剖析，树立职业生涯的目标，并且进行合理规划，因此教师既是传授知识的良师，更应该是可以谈心的益友。互动的方式可以激发学生的自我探索兴趣，调动学生自我认识的内在动机。

这样的教学理念有助于让课堂知识转化为各种熟悉的事件经历，在学生自己的不断理会和感悟中，成为融合了自己理解的全新体验，形成更为稳定的、更具有情感基础和个人特点的意识。这样的定位也有助于引导学生积极愉快地分享各

自的亲身体验。由于学生成长的家庭环境、社会环境各不相同，其人格、气质、知识、经验都会有所差异，而这种差异本身就是一种可以共享的教育资源。因此，在"职业生涯规划"这门课程中，笔者鼓励学生在学习知识的时候随时可以分享表达自己的经验、感悟，同时给他们更多的积极反馈，并且鼓励其他同学学会倾听、学会乐意去分享感悟。这种互动有助于建立师生之间的信任和交流桥梁，也为同学之间的情谊和深入了解增加了另外一种渠道，从而使学生通过对自己、对他人的认识不断地有新的发现和感悟。

（二）教学环节设计

为了能更好地调动学生的主动性，帮助学生在不断的自我探索过程中制定合理的职业规划，在"职业生涯规划"课程的教学设计方面，应该以学生而非教师为中心。为此，笔者有针对性地增加了一些更加有趣的授课环节。

1. 提供专业的测量工具，帮助学生理性认识自己

在课堂上，笔者注重为学生提供大量的人格、职业兴趣、职业价值观、职业能力等测量方法，并且加入了一些同学之间相互评价的环节，帮助学生基于多方面视角和科学化工具，来了解自己的兴趣、能力和个性，在职业规划中充分发挥自身优势。

2. 鼓励阅读经典的著作，引学生开阔人生视野

通过在课堂上引入国内外经典的相关书籍或文章，鼓励学生阅读和学习经典著作、记录和分享读书感想，开展读书交流会，让学生能够站在巨人的肩膀上来看待世界、认识自己，以达到开卷有益、以书励志的目的。

3. 通过体验式心理游戏，帮助学生实现做中学

通过在教学环节中辅以体验式游戏，充分调动学生的积极性，帮助学生在做中学（learning by doing），体验式地观察和发现自己与他人的特点。在本学期的课堂上，笔者让学生们进行了一次"只言片语"的体验式游戏，同学们对游戏饶有兴趣，并在相互之间的沟通中发现自己和他人的人格特点与差异，达到寓教于乐的效果。

4. 尊重和关注个体差异，提供个性化职业辅导

在同一个课堂上，每一个学生的知识水平、成长经历、兴趣爱好都各不相同，对于同一事物的理解也会因人而异。这种差异化会增强体验式教学课堂的丰富性和多元化程度，也对体验式教学提出了更高的要求——教学的个性化。特别是在"职业生涯规划"课程中，体验式教学应该满足每一个学生最具独特性的

需求，帮助学生认识独特的自我，包括自我的个性、兴趣、价值观、技能和能力等，从而形成正确的、各异的职业观，做出适合自身特点的职业生涯规划。因此，在这门课程中的最后一个环节，笔者要求学生基于一学期的学习内容，根据自己的特点和需要，进行自我剖析和自我展示，完成初步的职业生涯规划，并且进行个人展示。在此过程中，笔者针对每个同学的特点进行了逐一点评和建议，帮助学生将自己定位在一个最能发挥自己长处的位置上，从而选择最适合自己能力的事业。

（三）学生考核方式

在体验式教学中，评价也应该不拘泥于考试成绩，而是以学生的日常表现、参与程度和实践运用能力为评价的要点，以进一步激发学生的教学主体意识。因此，本课程采取灵活的考查方式，力求评价标准多元化——关注学生的课堂参与程度、师生互动情况，基于学生对于自我认知和规划制定的合理性进行学习评价，不以书面考试分数为依据。因此，笔者在"职业生涯规划"课程中主要考核了以下三方面的内容：①课堂投入情况，即学生的课堂参与程度，基于学生的课堂表现和师生互动情况来评价；②经典阅读情况，即学生对于课程所推荐的经典书籍的阅读和理解情况，通过学生读书笔记的质量和读书交流会的参与度来衡量；③职业规划情况，即学生对于自我认知和规划制定的合理性，通过学生职业生涯规划报告的质量来衡量。通过设置这样以鼓励平时参与和体验分享为导向的考核方式，引导学生将更多的精力投入到日常的感悟和思考中。

5. 参与式教学在"员工招聘管理"课堂中的应用与实践

赵　耀

一、研究意义

"员工招聘管理"课程是为劳动经济学院人力资源管理专业本科学生开设的必修课。该门课程最大的特点就是实操性强。为了达到预期教学效果，实现教学目标，在课堂中，笔者采用了参与式教学法。所谓参与式教学，就是在这门课程的教学过程中，通过教师积极引导学生亲自参与教学活动，借助模拟真实的管理环境，让学生发现、分析和解决实际的管理问题，进而学习、掌握、运用和提升相关理念、知识和技能。

（一）理论意义

时至今日，对于参与式教学法在高校课堂中如何被有效地实践与应用，特别是在实施理念和实施内容等方面，理论研究还远远不够。作为引玉之石，本次研究，有助于丰富该领域的研究成果，并希望以此能够引起更多学者的关注进而做出更有价值的理论探索。

（二）实践意义

参与式教学实践是教师依据教育教学规律，在课堂教学环节中对教学艺术和教学理念的独特展现，其中所得出的感受和体会必将为教学实践活动带来有价值的启发。

二、文献综述

（一）参与式教学的基本概念

一个问题的提出，明确概念是至关重要的。在对参与式教学概念的界定问题上，不同的学者有着不同的观点。

有部分研究学者认为参与式教学是一种教学理念，例如，许建领认为："大学参与性教学是一种教学理念，它强调学生对教学全过程进行认知、情感、行为方面的投入——既包括学生的个体'神人'活动，也包括学生与教师、同学、群体之间的交往活动。它是大学教学的根本性存在方式，其核心是发展学生的主体性，实现学生自身内在素质的不断生成。"

也有部分研究者认为，参与式教学既是一种教育理念又是一种教学方法，例如，李峻通过对课堂教学的透视与反思指出："参与式教学既是一种理念又是一种教学方法。它首先是一种体现民主、平等、参与和以学生为中心的理念；任何教育理念都必须以教学方法为载体表现为某种教学方法的运用。所以，具体在教学实践过程中的参与式教学行为应该是渗透着'参与式'理念的、没有固定模式的教学行为，它需要教师根据教学的内容与学生的学习需求，在现有条件下智慧地即席创造，而不是机械地按照某种模式运作。"

然而，我国大多数研究者则认为参与式教学仅仅是一种教学方法。例如，陈向明认为："参与式教学是国际上普遍推崇的一种教学方法，强调学习者已有的经验，与同伴合作、交流，一起寻找分析、解决问题的途径，以提高师生的批判意识和自主发展能力。该方法力图使教学活动中的每一个人都投入到学习活动中，都有表达和交流的机会，在平等对话中产生新的思想和认识，丰富个人体验和经历，并产生新的结果和智慧，进而提高自己改变现状的自信心和自主能力。"

单颖认为参与式教学是一种教学方法，她指出："参与式教学法是指：在民主、宽容的课堂环境中，学生作为教学中平等的一员，积极、主动、全身心地介入到教学的每一环节，与教师共同推进教学的一种方法。这种方法重视学生的参与和教与学的互动，以学生为中心，充分运用灵活多样、直观形象的教育手段，鼓励学生积极参与教学过程，成为教学的积极分子，加强教师与学生之间以及学生与学生之间的信息交流与反馈，使学生能深刻地领会和掌握所学知识，并能将这种知识运用到实践中去"。

高广胜也认为参与式教学是一种教学方法，即"是以教师引导为主，学生参与教学的整个过程，通过教学参与来提高学生的学习兴趣。它注重提高学生分析问题、解决问题的实际应用能力，培养学生的团队协作精神"。

从对参与式教学的定义分析可以看出，参与式教学与传统教学方法相比，它的突出长处是显而易见的：①它有利于加深学员对所学内容的理解和掌握。②它有利于学员深刻认识和理解一定的理论所适应的具体环境条件，该理论在实际应用中应注意的事项以及该理论的不足之处，避免在实践中犯教条主义错误。③它有利于集思广益，弥补由于"教员一言堂"而在思路和信息量等方面的局限性。

④它有利于实现"教学相长",使教员通过教学从学员那里吸收新的经验、知识或技能信息营养。⑤它有利于比较充分地调动学员课堂学习的主动性、积极性,提高学员的课堂参与度,促成学员自觉主动地分析、思考和回答问题。⑥这种教学方式最突出的长处是,相对于"教员讲授式"的教学方式来说,该方式尤其便于增强各种实务性、操作性、技能性教学内容(例如各种管理学、领导学等)的教学效果。

(二)参与式教学研究现状

我国目前在参与式教学相关领域的研究大体还处于理论研究阶段。从春侠、黄杨纳(2012)在反思参与式教学多年的实践基础上,对支撑参与式教学的理论框架进行了系统思考和描述。他们指出:成人教育理论、胜任力理论和反思性实践理论是构成参与式教学的三个基本理论框架。成人教育理论表示在针对成人的培训和教学过程中,只有充分调动他们自我意识和主动参与精神,利用他们丰富的生活经验和工作实践,让他们主动在教学活动中寻找和确立他们面临的真正问题及解决方案,才能使其教学活动收到实效。胜任力理论表明,胜任某项工作的能力不是单一的,而是多项能力的组合;相比于外显的知识和技能,内隐的能力对人胜任某项工作更具有直接而持久的影响。而反思性实践理论的特征在于:立足于特定的教育情境,解决特定情景中的问题,在行动中及时对行动进行反思,获取实践性学识。

理论研究之外,一些学者也深入探讨了我国目前在运用参与式教学时的特点与现状。马文川(2008)通过自制《参与式教学实施情况调查问卷》,对陕西省四所高校教师及大学生进行调查,并结合访谈法,初步分析了参与式教学在实际应用中的必要性与可行性,并研究了参与式教学的实施现状,从四个方面指出了实施参与式教学仍存在的障碍,最后探讨了参与式教学在普通高校尚未得到广泛推广的原因,并给出了推进参与式教学实施的几点建议。

石怀伟(2012)从学生参与高校教学管理的视角出发,探讨了我国大学生在参与教学管理中仍存在的问题,并初步分析了产生问题背后的原因,最后借鉴国内外的成功案例给出了相应的完善大学生参与教学管理的对策。

陈南结合环境教育教学实践经验,较为系统地阐述了参与式教学方法的特点,提出了参与式教学方法是环境教育教学中一种科学、有效的教育教学方法,它使学习者能够成为真正的"学习主人",提高了学习者的学习兴趣和效率,是一种需进一步完善并值得推广的环境教育教学方法。

张凤林（2012）在阐述了参与式教学的内涵后，指出了参与式教学在高校大班课实施中的五大难点，即教学进度难保证、全面参与难实现、课程纪律难控制、思维发散难统一以及考评标准难把握，对此逐一进行了分析，并提出了相应的策略和解决方案。他表示在高校大班课实施参与式教学虽有难度，但并非不可行，这需要学校、教师、学生和社会多方面的配合和支持，形成一个多方位的教学支持体系。参与式教学的全面实施，必将推动我国高等教育领域的全方位变革。

另外，还有一些学者就某一具体课程深入探讨了其在运用参与式教学时的特点与方法。高庆（2008）以思想政治理论课为基点，探讨了如何深度开展参与式教学，强调学生深度参与式教学模式应十分注重学习过程，由此可以加大大学生参与研究性学习的力度，并可通过网络等现代化方式与学生增强互动。

苏玉娥（2010）以"人力资源管理"课程为切入点，探讨了"人力资源管理"课程是非常适合使用参与式教学法的，并从案例研讨、情景参与、角色扮演和实践教学法三种形式出发讨论了参与式教学在人力资源管理中的应用。作者列举了参与式教学目前仍存在的问题：学生配合不积极、学生能力和素质参差不齐以及有时教师还是扮演着"操纵"性的角色，从而制约了学生自由发挥的问题，最后结合三方面问题给出了相应建议。

李霞、谭谦章（2008）从"毛泽东思想、邓小平理论和'三个代表'重要思想概论"的课程特点出发，在探讨了参与式教学模式的主要特点后，着重从四方面阐述了运用参与式教学模式对"概论"课程的效果改善，其分别为：有利于促进学学相长、教学相长；有利于激发学生内在的学习动机；有利于张扬学生个性风采，激发学生创新品质；有利于培养学生的合作精神，提高交流表达能力。

另外，还有一些学者结合现在网络时代的特点，以及参考国外先进经验，对我国参与式教学模式的发展提出了自己的建议。

孙宽宁、屈丹丹（2012）利用现代网络工具，选取 QQ 群为工具，搭建了参与式教学的新平台，并给出了利用 QQ 群进行大学生参与式教学设计的具体实施方案，主要步骤为：分组、建群、定主题、搜资料、制定方案、评价方案、确定方案、组建方案库和拓展学习。同时，结合这九个步骤详细探讨了实施过程中需要注意的问题，主要有：明确教师和学习者的角色定位、选择恰当内容、进行合理的学习评价设计等。

马夏冰（2012）从介绍学生参与式教学模式出发，分析此模式在法国的教学效果与实践经验，并分析它对中国高等教育教学模式改革的启示，最后从突破传统教学理念、扩展网络信息化教学平台、丰富课程内容、全方位建设学生参与式教学模式等四个方面提出了自己的政策建议。

（三）现有研究的特点与展望

通过对国内现有参与式教学相关文献的粗略查询发现，我国目前的部分研究还停留在理论研究阶段，尽管有学者做了参与式教学相关实践研究，研究的层面也较少，且大多数研究结论相对空泛，更多的研究是有广度而缺少深度。

目前，参与式教学方法在教学过程中有重大意义这一结论，已经得到我国学者的一致认可。因而，在研究内容上，应加大对参与式教学教学效果的评价性研究，可更多地探讨通过参与式教学方法对实际教学效果到底有多大的改善，并且可引入定量研究方法，使理论与实践相结合、定性与定量相结合。

具体到参与式教学过程的研究中，我们应该挖掘更多有意义、有影响力的具体实践方法，探索参与的有效方式和方法。如，随着网络时代的发展，QQ 群这一全新的工具应运而生，诸如此类的新工具可更多地开发与应用。另外，也可就某一具体方法加大研究力度，更好地挖掘其应用性；例如，在课堂讨论的过程中，我们还有哪些需要改进的地方，还有哪些可以挖掘的潜在可操作性等。

总之，参与式教学方法在我国的实行与推广势在必行且势头强劲，我们需从各方面做好充足准备迎接其给我们过去的传统教学方法带来的正面冲击，并适时调整与改善以使其更好地适应我国的教学环境，切实提高我国高校的课堂教学水平。

三、"员工招聘管理"课程参与式教学的探索

（一）参与式教学实践与应用的必要性

1. 追求教学目标的实现

有学者研究表明，学生在学习和掌握一个新概念和一项新知识时，很依赖自身所处的教与学的环境。当学生处于能够激发他们思考和理解的环境中时，对所学的概念与知识更容易真正地领悟和准确地把握。而参与式教学方法的应用恰恰可以促使学生主动释放学习激情、自觉扮演管理者角色，从而有利于教学目标的充分实现。

2. 满足学生成长的需要

参与式教学法最具魅力的地方就在于让学生把自己置身于一个真实的工作情景之中，假设自己是案例中的管理者，去面对眼前棘手的管理问题。为了发现、分析和解决问题，学生必须把教师讲授的知识和技能灵活地运用进去，通过这种活学活用，将课堂所学知识与技能转化成自己的，成为知识与技能的真正拥有者。事实上，学生在课堂中的珍贵体验和感受，将成为未来职业生涯发展中极其宝贵的财富。

3. 适应课程特征的要求

参与式教学法完全符合"员工招聘管理"这门实操性、务实性和实用性极强的课程特征。参与式教学法实现了教师与学生各自角色的转换：教师从在课堂上对学生拼命地灌输观念、讲解原理的"导盲犬式"教师，转变成引导学生去主动运用知识和技能、解决问题的"牧羊犬式"教师；学生从被动填鸭式的接受者，转变成积极主动的参与者。

（二）参与式教学实践与应用的方法

1. 仿真性学习

仿真性学习引导学生进入工作角色，在工作中体会管理的真实场景，理解、掌握和运用课堂上学习到的理论。比如，将同学分成工作小组，自己设计公司、部门、岗位、工作及应聘角色，实施新员工面试、无领导小组讨论等。

2. 案例讨论

案例讨论依据真实且具典型的管理事件进行讨论。比如，讨论某家公司发布的招聘广告是否合法，某某跨国公司的招聘方案亮点和需要改进的地方等，以此来激发学生的思考能力和解决问题的能力。

3. 工作性教与学

工作性教与学用一个主案例贯穿一章甚至课程的全部。比如，课程一开始就带领学生进入到一家虚拟的公司，这个故事要涵盖员工招聘管理工作的全部流程，而每一章的知识点都需事先做出精心的设计和安排，即案例中隐藏着知识点和需要学生掌握的理论。以此，让学生学会运用所学的知识与技能发现、分析和解决问题。

（三）提高参与式教学法效果的技巧

1. 做好周密的教学计划

在实施课堂计划之前，需要进行周密的教学思考：参与式教学法应在什么地方采用；要了解学生的数量以便于分组；要掌握学生的学习能力和学习特点。这样才可以为学生做出较为平衡的安排。

2. 选择恰当的故事和事例

恰当，意味着要掌握好课堂运行的节奏，也意味着要考虑好知识点要埋多深、在哪里埋知识点；意味着在两节课上要计划好给学生留出多少时间进行讨论以及学生和老师的点评时间。

3. 设计有效的模拟情景

遇到情景模拟环节，要事先设想好课堂环境布局；要做好充分准备以激发学生进入角色；要对性格内向不善表达的学生提供给他们轻松展示和锻炼的机会。

四、对参与式教学实践探索的反思

（一）教师应该关注教学能力与艺术的提升

教师应学会怎样激励小组讨论，学会体会从未有机会做口头汇报的学生的心理感受，应认识到哪些授课内容对大多数学生来说过难……总之，讲究授课技巧的教师应以学生为中心而不是以自己为中心，努力提高教学能力与艺术。

（二）教师需要加强自身的师德修养

教师需要清醒地认识到，自己首先是一名教师。因此，从职业操守角度来看，教师必须在传道层面给予学生积极的影响，而不能只重视授业和解惑。在课堂上，教师有意识地引导学生辨别正确与错误的思想与行为，展示应有的平等性和无私性是至关重要的。

参考文献

[1] 单颖. 参与式教学方法在高校课堂教学中的应用 [J]. 皖西学院报，2006（4）.

[2] 高广胜. 参与式教学方法的教学探讨 [J]. 实用预防医学，2005（2）.

[3] 李峻. 参与式教学：透视与反省 [J]. 教育科学研究，2005（12）.

[4] 许建领. 大学参与性教学的内涵及其基本特征 [J]. 江苏高教，2006（1）.

[5] 陈向明. 参与式方法——发展西部教育的一个重要途径 [J]. 教育研究与实验，2000（5）.

[6] 陈向明. 在参与中学习与行动 [M] 北京：教育科学出版社，2003.

[7] 高湘泽. "学员参与式教学方式"：教学方法的建设应有着力点 [J].

学习论坛，1996（3）：40－42.

[8] 从春侠，黄杨纳. 参与式教学的理论框架——来自参与式教学实践的反思 [J]. 教改前沿，2012（10）.

[9] 马文川. 普通高等学校实施参与式教学的调查研究——以西安市普通高校为例 [D]. 西安：西北大学，2008.

[10] 石怀伟. 我国高等学校学生参与教学管理问题研究——以 S 大学为例 [D]. 济南：山东大学，2012.

[11] 陈南. 参与式教学方法在大学环境教育教学中的应用 [J]. 上海师范大学学报：哲学社会科学版，2001（10）：79－82.

[12] 高庆. 如何开展深度参与式教学 [J]. 中国教育报，2008（8）.

[13] 苏玉娥. 基于参与式方法的《人力资源管理》教学研究 [J]. 重庆科技学院学报，2010（6）.

[14] 李霞，谭谦章. 参与式教学模式的主要特点与效果评价 [J]. 湖南农业大学学报，2008（1）.

[15] 张凤林. 高校大班课实施参与式教学的疑难与策略探讨 [J]. 大学教育，2012（4）.

[16] 屈丹丹，孙宽宁. 基于 QQ 群的大学生参与式教学设计研究 [J]. 当代教育科学，2012（15）.

[17] 马夏冰. 法国大学学生参与式教学模式对中国高等教育教学模式改革的启示 [J]. 科教导刊，2012（7）.

6. 案例式教学法在课堂教学中的应用与实践

雷晓天

一、案例式教学法的意义

传统的由教师主导的讲授式教学方法，在实际教学工作中容易演变为填鸭式的教学方法，会导致学生缺乏深入思考的主动性。在应用性很强的课程中，这种教学方法作为一种单向的信息传输方式，必然造成学生思维和学习的被动，不能使学生直接体验到所学知识。而案例教学法是一种以案例为基础的教学法，教师在教学中扮演着设计者和激励者的角色，培养和发展学生主动参与课堂讨论。而鼓励学生积极参与讨论，能更好地达到教学目标，完善教学效果。

笔者本学期承担了 2011 级劳动关系班的"劳动政策"课程。该课程是一门应用性与实践性很强的课程，其教学目标为使学生深入理解并把握劳动关系中与劳工利益相关的各项劳动政策，关注社会现实，解决当前中国社会面临的劳动问题。因此，劳动政策的课程避免填鸭式讲授的过程、引入案例式教学法是非常必要的。在劳动政策的课程中，笔者力图通过引入案例法的教学方式，鼓励学生独立思考、引导学生关注社会现实，培养学生解决现实问题的能力，使课堂教学由单向的信息传递转变为双向的信息交流。

二、案例式教学法的实践步骤

案例是为教学目标服务的，它应该具有典型性，且应该与所对应的理论知识有直接的联系。因此，本课程将在教师讲授基本理论的基础上引入现实案例。教师讲授的内容包括劳动政策的含义、形式与内容，劳动政策的理论与演变历史，劳动政策的分析框架，劳动政策制定过程中的政策行动者——政府、工会、跨国公司等。

随后，本课程将转型期的中国出现的劳动问题以及政策制定者制定劳动政策解决劳动问题的实例引入课堂，开始案例式教学法的实践与应用。这一过程主要遵循如下四个步骤。

（一）步骤一：设计

在真正实施案例教学之前，认真进行案例选择，结合案例进行课堂组织及教学设计是非常关键，同时也是相当有难度的。如何选择适合教学又能与课堂理论紧密结合，还能够充分调动学生学习讨论积极性的案例成为笔者必须克服的第一个难题。

由于劳动政策的内涵与外延非常广泛，而我国劳动政策的体系也非常庞大，对于劳动政策案例的选择务必做到"宁缺毋滥"。经过认真梳理，笔者首先总结了一些案例选择中要遵循的原则，再根据这些原则选择案例。

1. 案例必须具有真实性

案例必须来源于实践，决不可主观臆测进行虚构。尤其是在案例的细节上更应当保证真实性，让学生能够融入案例之中，这样才能使学生认真地对待案例中的人和事，认真地分析各种数据和错综复杂的案情，才有可能引导学生从案例中搜寻知识、启迪智慧、训练能力。

2. 案例应当具有生动性

包含一大堆事例、数据的案例往往显得乏味枯燥，容易让学生产生烦躁与抵触的情绪，无法达到教学效果。因此在真实性的前提下，案例的选择与讲述方式要带有生动性，可以采取图片、视频、曲线等多媒体资料加强案例的活力，提示案例的细节，激发学生的兴趣。

3. 案例应当具有相关性

所选案例要紧扣教学内容，因为案例分析的目的是使学生加深对所学理论知识的理解和运用理论知识解决实际问题的能力，因此，所选案例必须是针对课程内容的。

4. 案例应当具有典型性

即案例内容应具有一定的代表性和普遍性，具有举一反三、触类旁通的作用。典型的案例往往涉及的内容比较全面，涵盖的知识点较多，有助于学生从各个方面对所学理论加以验证，从中得出正确结论。

基于以上四条原则，在劳动政策课程的案例选择上，笔者最后选定了包括"中国的失业问题与政策回应""《劳动合同法》带来的争论热潮""中国的集体协商是集体谈判吗？""矿难之殇""劳务派遣与同工同酬"以及"新生代农民工的社会保护"在内的多个案例。

（二）步骤二：实施

案例式教学的第二步即组织案例教学。通过这一环节，教师与学生可产生互动，使教学相长。运用这些案例，引导学生产生兴趣，关注我国劳动关系的现实状况，并组织学生分组讨论、发现问题、自主探究、与所学理论相结合，最终取得成果。

在每个案例进行专题讨论之前，务必将案例材料提前发给学生，让学员配合一些指定的材料认真阅读案例材料，搜集必要的信息并积极地思索，初步形成关于案例中问题的原因分析和解决方案。有必要的话为学生列出一些思考题，让学生的准备工作更有针对性和方向性。如果学生没有准备或准备不充分的话势必影响案例的讨论效果。

对案例的讨论在课堂上以专题的形式进行。教师首先介绍案例的背景知识，再将学生分为若干小组，分开讨论；要鼓励学生表达不同意见，加深学生对案例的理解。在讨论过程中，教师不做过多干涉；经过小组讨论，每个小组派出自己的代表，发表本小组对案例的分析和观点。

小组代表发言完毕之后，要接受其他小组成员的提问并做出进一步解释，用来扩展和深化学生对案例的理解程度。教师扮演主持人的角色，可以用几个关键问题引导案例讨论的方向。

讨论结束后，教师要对案例讨论进行一定的总结，同时也鼓励学生做出思考和总结，这样使学生对案例及案例所反映出的问题有更加深刻的认识。

（三）步骤三：调查

为了了解案例教学方法的实施效果，需要在案例讨论后调查学生的反应。通过课后面对面交流以及邮件等方式了解教学的实施效果，目的是找到案例教学法的薄弱环节，为未来的改进找到关键点。

（四）步骤四：反馈

针对实施阶段以及学生调查环节中发现的问题，对案例进行改进。

三、几点体会

在劳动政策课程中引入案例式的教学方法收到了较好的教学效果。

（一）鼓励了学生独立思考

案例的引入避免了课堂讲述政策内容理论知识的枯燥乏味，带来了生动与活泼的课堂气氛。而且通过学生自己的思考与学生之间的交流，可以促进学生相互间取长补短，也能促进学生的人际交流能力，也在一定程度上激发了学生超越他人的内在动力。

（二）引导学生加强对自身能力的注重

教学的最终目标是帮助学生将课堂上的知识转变为自身的能力。而在劳动政策课程中，对于社会现实状况的认识能力以及现实问题的解决能力是重中之重。案例教学在这个方面使学生有所收益。

当然，案例式教学法对教师提出了更高的要求。由于笔者经验尚浅，又是第一次进行教学改革的尝试，在教师与学生的双向交流方面还存在很大缺陷与不足。自己的思考有欠深入，把控学生的讨论与发言方向能力上还有待加强。另一方面，学生具有多样性的特点，他们思考问题的角度、理解能力等都不尽相同，无法根据不同学生的不同理解及时补充新的案例细节，这是笔者在案例设置时考虑不周之处。这些问题将在今后的教学方法改革中做出了改进。

7. 劳动经济学案例教学研究

牟俊霖

一、引言

近年来，在劳动经济学的课堂教学中发现了以下一些问题：学生出勤率不理想；课堂上学生不认真听讲，不积极参与讨论，甚至有的学生睡觉或者看课外书。同时，又发现另外一些有意思的现象：①学生们普遍反映劳动经济学的理论性太强，认为劳动经济学在社会生活和工作中缺乏应用价值，因而学习兴趣不浓厚；②只要笔者讲解中国社会目前的一些热点问题，即使讲解内容与劳动经济学没有关系，学生们都会表现出浓厚的兴趣；③绝大多数学生还是想认真学习，但不知道学习什么，感到非常迷茫。鉴于以上情况，笔者认为，学生学习兴趣不佳，主要原因是教师在课堂教学中没有捕捉到学生的兴趣，未能适应学生的心理和学习动机的变化。因此，在课堂教学中应适当减少劳动经济学理论的讲解，增加一些案例，特别是增加一些与实际应用相关的案例，学生也会很感兴趣，并且喜欢听，能够在一定程度上解决上述问题。

二、案例教学在劳动经济学课堂教学中的重要作用

经过多年的教学实践，笔者发现劳动经济学的课堂教学主要有以下几个特点。

（一）劳动经济学的知识点较多

尽管不同的劳动经济学教材的重点难点、章节安排有差异，但是劳动经济学这门课程基本包含劳动需求、劳动供给、劳动力市场、人力资本投资、劳动力迁移、工资与收入、失业、歧视等八部分内容，共约 60 ~ 70 个理论知识点。如果按照课程设计的 48 个学时，那么每个学时就应该讲解一个到两个理论知识点。因此，劳动经济学课堂教学知识点很多，任务很重，增加了学生学习的难度。

（二）劳动经济学的理论比较抽象，理解上有困难，在社会生活和工作中的应用价值不直接、不充分

例如，劳动供给理论中的收入效应和替代效应，是理解劳动供给函数的关键。然而收入效应和替代效应经常混合出现，而且在现实生活中根本没有办法测量，因而学生们难以理解其内涵和本质，更难运用这两个理论分析现实生活中存在的问题。事实上，不论把收入效应和替代效应讲解多少次，学生们也只能根据教科书上的图形机械地记忆这两个知识点，并不能真正把这两个知识点活学活用。因此，劳动经济学理论的抽象性和缺乏直接应用，增加了学生学习的难度，降低了学生的学习兴趣。

（三）劳动经济学的理论知识体系严密

劳动经济学课程前面的理论知识是理解后面理论知识的基础，反之则不成立。这就要求学生从一开始到最后，都必须认真听讲，打好基础，否则到学期末，学生听不懂课堂讲解的内容，有一种自暴自弃的心理倾向，出勤更缺乏积极性，听课也没有意义。

鉴于以上情况，笔者认为，在劳动经济学的课堂教学中应该减少一些理论知识的讲解，增加一些案例方面的教学。从理论知识的严密性和完整性来看，我们应该把劳动经济学的各个理论全部讲解完毕。然而，从实际的教学效果来看，我们很难把所有的理论知识点逐一详细地讲解。因此，笔者认为在劳动经济学的课堂教学中，理论讲解应该有重点、有取舍。具体而言，在教学过程中着重讲解劳动经济学的核心理论和知识体系——构成整个劳动经济学理论体系的核心知识，而把一些非重点的理论知识省略或者改为让学生自学。这样可以节省时间，把核心理论知识讲透彻，并增加一些案例分析，不仅可以提高学生的学习兴趣，而且可以引导学生用劳动经济学的理论分析现实问题，提高他们解决问题的能力。笔者个人认为，劳动经济学的最高教学目标是：激发学生对劳动经济学的兴趣，教会学生从总体上把握劳动经济学的理论体系，并运用这些理论知识分析中国的现实问题，而案例教学是实现这个目标的重要手段。

三、劳动经济学案例选择的标准

最近几年来，劳动经济学发展非常迅速，国内出版了十余种劳动经济学的教材。从已有的教材来看，国外编写的教材有较多的案例，而国内编写的教材则很少有案例。在目前的课堂教学中，主要采用现有教材中提到的案例，同时也采用

了徐伟红 2006 年出版的《劳动经济学案例》中的资料，然而笔者发现了以下一些问题：

（一）现有教材的案例较为陈旧，已经不适应目前的现实情况

伊兰伯格和史密斯的《现代劳动经济学》（第 10 版）中有很多经典的案例，其中一个案例是《职业曲棍球：一名球员的边际收益生产力》。这个案例非常经典，然而这个案例来源于 Larry Wigge（1989）提供的资料，已经是 20 多年以前的案例，不仅不符合美国的现实情况，也不符合中国目前的情况。徐伟红编写的《劳动经济学案例》使用的资料都是 2005 年以前的，与中国目前的情况也有较大的差异。

（二）现有教材和书籍中选用的案例，主要是取材于欧美等发达国家的经济和社会现实，取材于中国经济和社会现实的案例非常少

尽管我们认为劳动经济学是一门科学，劳动经济学的理论普遍适用于各个国家，但是作为中国大学的课堂教育，还是应该更多地讲解中国的案例。更重要的是，中国经济总量已经位居全球第二，劳动力人口居全球第一，我们的学生应当了解中国劳动力市场的运行情况。用国外的案例开展课堂教学，不仅脱离了中国的现实情况，而且无助于培养学生关心和分析中国问题的能力。我们应该立足于中国的现实，培养能够解决中国问题的学生。

总体而言，已有教材和书籍中选取的案例很少取材于中国的现实，没有反映中国劳动力市场的最新进展。对此，在课堂教学中，尽量选取中国的最新案例，不仅贴近学生的现实生活，而且能够更大程度地激发学生的兴趣。

在劳动经济学的课堂教学中，选取案例有以下三个标准：

第一，选取最新的案例。主要选取最近两三年内发生的案例，尽量少用五年以前发生的案例。选取近期发生的案例，是因为学生很有可能对这些案例有所了解，并对这些案例有一定的兴趣，从而能够提高学生参与讨论的积极性。

第二，主要选取中国的案例。选取国内案例，一方面能够贴近学生的实际生活，另一方面能够培养学生分析中国问题、解决中国问题的兴趣和能力。

第三，案例主要取材于新闻报道，仅有部分案例取材于学术论文。目前，国内外劳动经济学教材选取案例主要有两个途径，一是取材于新闻报道，二是取材于学术论文。笔者也曾尝试使用学术论文作为教学案例，但学生们普遍反映难度较大，多数学生对学术论文中的案例缺乏兴趣。笔者认为，大学本科阶段的劳动经济学教育，主要是讲解劳动经济学的基本理论，其培养目标是运用劳动经济学

的基本理论分析经济问题。而过多地运用学术论文作为案例，可能超出了本科阶段学生的承受能力，采用新闻案例可能更适合中国学生的情况（至少更符合我校学生的情况）。

四、典型的劳动经济学案例教学分析

在本部分，主要讲解两个典型的案例，以展示在劳动经济学课堂教学中开展案例教学的过程。

（一）收入效应的案例教学

在劳动供给一章中，收入效应是一个关键的理论知识点。主要通过一个中国的现实案例，向学生们展示收入效应在经济现实中的运用。

收入效应的基本理论如下：假定闲暇是正常商品，劳动者的非劳动收入增加，使得劳动者有更多的收入购买闲暇，从而导致劳动者的工作时间减少，即非劳动收入增加会降低劳动参与率，减少劳动时间。

在鲍哈斯（2010）编写的劳动经济学教材中，有个著名的案例《赢取彩票将改变你的生活》：在累计奖金超过 1 000 000 美元的彩票中奖者中，有近 40% 的人提前退休去享受"安逸的生活"。这个案例非常的精彩，准确地描述了非劳动收入的增加对劳动供给的影响。

上述案例描述的是美国的情况。如果能够找到一些中国的数据和案例，将加深同学们对收入效应的理解。非常遗憾，没有找到相关的统计资料，但是找到了一个中国的具体案例。

案例一："宁愿从没中过一千万"（卢美慧，2014）

陈某 31 岁，初中文化程度，湖南永州人。2008 年浙江绍兴双色球 1 000 万大奖得主。因涉嫌信用卡诈骗罪，今年（2014）一月被正式批捕，现在永州羁押。

五年前的 2008 年，他还是一位被财神爷砸中的千万富翁。2013 年年底，他在浙江绍兴被抓，身上不足百元。

五年前，在浙江打工的陈某路过彩票点，随便买几注双色球"玩玩"，喜中大奖。

五年后，因"做生意被骗、与亲戚反目、借高利贷赌博"，他不仅花光奖金，车、房被冻结，还因透支信用卡，多次被银行催缴未还，而涉嫌信用卡诈骗罪。

他说，开始以为是美梦，到后来发现是噩梦。

陈某五年间大起大落的生活，到底是怎么样的？目前，他在湖南永州的零陵看守所接受了《新京报》记者的采访。

看守所里，陈某穿着统一发的棉衣出现在记者面前。

他尽量不提自己中过大奖的事。但永州地方不大，看守所里好几个人都是熟面孔，总有人追着问：那么多钱，咋花没的啊？陈某不去搭理。他说，除了特想两个孩子，心反而平静了，因为"看守所里，所有人又平等了"。

根据上述案例，请回答下面的问题：

第一，为什么陈某中奖后会辞去自己的正常工作？

第二，陈某辞去工作后为什么会投资失败？

第三，陈某为什么沉迷于赌博？

第四，你觉得卡耐基猜想①有重要意义吗？

通过这个案例的学习，不仅可以帮助学生理解收入效应在实际生活中的运用，而且还能在一定程度上引导学生正确对待财富——不能因为财富过多而主动失业，也不能因为财富过多而染上不良的嗜好。

（二）人力资本投资理论的案例教学

在人力资本投资理论这一章中，主要讲解教育投资的收益与成本。只有在投资收益大于投资成本的情况下，个人和家庭才会进行人力资本投资。一般的劳动经济学教材都给出了一个是否上大学的决策模型。然而，到目前为止，还没有看到有教科书用案例的方式分析个人和家庭的教育决策行为。笔者找到了一个发生在四川成都的典型案例，通过这个案例，我们可以观察教育成本和预期未来收益对个人和家庭教育投资行为的影响。

案例二：父亲不让女儿上大学（柯娟、何彬，2013）

女儿：

我们家经济条件不错，不缺上大学的钱。

复读一年，我终于考上自己中意的成都某高校本科。我只有读大学，才能让自己更有修养、更有层次，大学是一个提升个人综合素质的地方。我不想成为只会做小生意的人，不想过父亲那样的生活，"思想封闭、眼界和层次低，没有任何精神追求"。

---

① 卡耐基猜想：在小孩子年幼的时候，不宜给他大笔的财富，否则小孩子会过上无效率的生活。

我非常爱读书，喜欢泡在图书馆里。书本打开了我的眼界，提高了我解决问题的能力。

父亲：

我不想把我辛苦赚来的钱白白丢给大学。

父亲的账本：大学四年学费加生活费要 8 万，如果高中一毕业就打工，四年至少可赚 8 万，一来一回就是 16 万。这 16 万拿去做首付买房子，或者开个店做生意都能赚钱。拿去读大学，毕业后也许找不到工作，或者找一个工作每个月就两三千元，又要四五年才能赚回这 16 万。"不管什么方式，都比读大学划得来。"

玲玲父亲说，"读书无用"这个观念并非毫无根据。报纸上、电视上，不断有新闻报道说，"600 万大学生找不到工作"。[①] 他伸出一只手比着"六"强调着"600 万"这个数字。"大学毕业就等于失业"，他对记者说，自己住的小区里，他知道的就至少有 10 个大学生毕业后一直没找到工作，变成了"家里蹲"。"那些人的父母家里没有那么多钱，好多还是借钱送娃娃去读大学，结果呢？读出来要不就是没工作在家啃老，要不就是父母又花几万元去帮娃娃找工作，读大学有啥子用？"玲玲父亲把读大学比喻成一个"肯定会失败的投资"。

通过上面的案例，请回答以下几个问题：

第一，玲玲认为上大学的收益有哪些？上大学的成本有哪些？

第二，玲玲的父亲认为上大学的收益有哪些？上大学的成本有哪些？

第三，为什么玲玲和她的父亲对上大学的收益有不同的认识？你认为谁的观点更合理呢？

第四，你上大学的收益和成本有哪些呢？你觉得上大学有净收益吗？

通过这个案例，不仅可以帮助学生了解中国的父母和孩子是如何计算教育的成本与收益的，而且也可以引导学生正确认识上大学的成本和收益，勉励学生珍惜上大学的机会，努力学习以获取更大的收益。

五、劳动经济学各章案例目录

限于篇幅的限制，不能对所有的案例进行详细分析，在本部分，笔者把劳动

---

① 此处系玲玲父亲的误读。根据媒体的公开报道，今年全国普通高校毕业生达 699 万人，再创新高。教育部副部长杜玉波认为，今年就业形势严峻。

经济学各章中选取的典型案例用列表的方式呈现出来。这些案例主要来源于国内的新闻报道，但也有少数案例来自现有的劳动经济学教材，详细情况参见表1。

表1 劳动经济学各章案例

教学内容	案例目的	案例名称	案例出处
第一章：导论	实证经济学与规范经济学的区别	阿拉斯加输油管道与阿拉斯加劳动力市场	鲍哈斯，2010
第二章：劳动供给	劳动时间的变化原因	世界各国劳动时间的变化趋势	Sangheon Lee 等，2007
	工资对闲暇的影响	与收入相联系的睡眠时间	鲍哈斯，2010
	收入效应	赢取彩票将改变你的生活 宁愿从没中过一千万	鲍哈斯，2010 卢美慧，2014
第三章：劳动需求	中国的人口转变	藏在人口里的商业密码	陈新焱、樊巍，2013
	劳动时间的跨期替代	纽约出租车司机	鲍哈斯，2010
	工资上涨对劳动需求的影响	日企制造中心向东南亚转移，加紧"脱中国化" 与世界工厂说再见	蔡静，2012 陈曦，2013
	雇用调整与工时调整	中国的加班现状	赵永升，2013
第四章：劳动力市场	劳动力市场发育	印度的发动机不是私人企业	秦轩、谢佳熹，2012
	劳动力市场垄断	美国反垄断的实践	李志刚，2011
第五章：人力资本投资	人力资本投资	父亲不让女儿上大学	柯娟、何彬，2013
第六章：劳动力迁移	劳动力迁移	中国进入由人口迁移和流动主导人口态势的时期	顾宝昌，2013
第七章：工资与收入差异	个人所得税与收入差距	提高个税起征点无助改善收入分配	胡宁、朱长征（2013）
第八章：失业	失业对劳动者的冲击	个旧失业者的艰难生活	范承刚、邵世伟、蒋昌昭，2013
	就业选择	公务员辞职	一铭，2014
第九章：劳动力市场歧视	劳动力市场歧视	竞争与歧视，美女与野兽，相貌的价值，审核雇主歧视，顾客歧视与体育运动	鲍哈斯，2010

六、总结与不足

为了避免枯燥的理论学习，激发学生的学习兴趣，培养学生分析、解决中国问题的能力，笔者认为在未来的劳动经济学课堂教学中应该加强案例教学。在案例教学过程中，我们应该加强中国案例的搜集、整理和运用，把劳动经济学的理论体系与中国劳动力市场的发展紧密联系起来。这不仅有助于深化学生对劳动经济学理论体系的理解，而且有助于学生把握中国劳动力市场的一般性与特殊性，从而培养出了解、关心、解决中国问题的人才，也有助于学生未来的工作与发展。

在本次案例教学研究中，主要搜集了最近几年来与劳动经济学相关的新闻报道，另外还搜集了少量国外教材中的典型案例，为劳动经济学的各章配备了一定数量的案例。在课堂教学中，让学生们阅读这些案例资料并展开讨论，提高了学生的学习兴趣，在一定程度上减少了理论教学过程中的枯燥。

然而，限于个人精力和能力的不足，自己找到的个别案例仍未能很好地切合劳动经济学的理论知识，甚至个别劳动经济学的理论知识点至今没有找到恰当的案例。此外，本次案例教学研究中，还没有从期刊论文中寻找恰当的案例。因此，本研究报告提供的案例仍然有很大的提升空间。在未来的教学和科研过程中，笔者会继续搜寻、积累相关的案例资料，把这项工作进一步完善。

参考文献

[1] Messenge J C, Lee S, McCann D. Working time around the world：Trends in working hours, laws and policies in a global comparative perspective [M]. London：Routledge, 2007.

[2] 鲍哈斯. 劳动经济学 [M]. 北京：中国人民大学出版社, 2010.

[3] 蔡昉, 都阳, 高文书, 王美艳. 劳动经济学——理论与中国现实研究 [M]. 北京：北京师范大学出版社, 2008.

[4] 蔡静. "中国风险"成热词，日本企业加紧"脱中国化" [N]. 中国经营报, 2012 - 10 - 20.

[5] 曾湘泉. 劳动经济学 [M]. 2 版. 上海：复旦大学出版社, 2010.

[6] 陈曦. 再见世界工厂 [J]. 中国新时代, 2013 (8).

[7] 陈新焱, 樊巍. 藏在人口里的商业密码 [N]. 南方周末, 2013 - 03 - 16.

［8］董克用，刘昕．劳动经济学［M］．北京：中国人民大学出版社，2011．

［9］范承刚，邵世伟，蒋昌昭．"法外之地"——"资源枯竭魔咒"下的个旧工人村［N］．南方周末，2013 – 04 – 18．

［10］顾宝昌．中国进入由人口迁移和流动主导人口态势的时期［J］．中国社会科学报，2013（8）．

［11］胡宁，朱长征．岳希明：提高个税起征点无助改善收入分配［EB/OL］．（2013 – 03 – 19）［2015 – 09 – 05］．Special. caixin. com/2013 – 03 – 19/100503249. html.

［12］柯娟，何彬．女孩考上大学父亲不让上，称捡垃圾都比读书强［EB/OL］．（2013 – 09 – 02）．http：//edu. qq. com/a/20130902/ 006746. htm.

［13］李志刚．美国反垄断法的实践及启示［N］．人民法院报，2011 – 10 – 14．

［14］卢美慧．曾中千万大奖男子欠下数百万赌债：宁愿没中过［N］．新京报，2014 – 01 – 23．

［15］陆铭．劳动经济学——当代经济体制的视角［M］．上海：复旦大学出版社，2002．

［16］罗纳德 G 伊兰伯格，罗伯特 S 史密斯．现代劳动经济学［M］．10 版．北京：中国人民大学出版社，2012．

［17］秦轩，谢佳熹．印度的发动机不是私人企业［N］．南方周末，2012 – 12 – 28．

［18］徐伟红．劳动经济学案例［M］．杭州：浙江大学出版社，2006．

［19］杨河清．劳动经济学［M］．3 版．北京：中国人民大学出版社，2010．

［20］姚裕群，等．劳动经济学［M］．北京：北京师范大学出版社，2013．

［21］一铭．80 后公务员自述：我为什么辞职［N］．解放日报：上海观察，2014 – 1 – 14．

［22］赵永升．公私不分让中国人多加班［N］．环球时报，2013 – 10 – 23．

8. 启发式教学"启发—创新"模式的应用与实践

陈书洁

一、理解启发式教学法，讲求根据客观条件因材施教

进入20世纪80年代以来，随着启发式教学研究的不断深入，国内不同地区，围绕启发式教学的特征、原则和具体方法提出了许多相关论述。这最早应该得益于蔡元培、陶行知等一大批早期的教育改革家对于启发式教学的倡导。按照蔡元培的观点，认为教育要能引起学生读书的"兴味"，最好使学生自己去研究，应改革"灌入式"的教学方法。陶行知也认为，创造始于问题。教师的责任在于教给学生学习的方法、启发他们的思维，培养学生的自学能力，探索知识的源头，并求取知识的用途。他们都主张提高学生在学习中的主动性与创造性，反对灌入式、被动式和强迫式的学习。从以上早期的研究中可以看出，启发式教学是一种学生主体式、参与式和互动式的教学过程。80年代以后，学者们普遍认为，启发式教学就是指在教学过程中，依据学习过程的客观规律，引导学生自觉地掌握知识的各种具体教学方法的总和。它是在民主的、科学的、辩证思维的教学思想指导下产生的。由此诞生的一些教学模式有：启发引导式、启发研究式、引导发现式、自学辅导式、启发创新模式等。其中，启发创新模式是由查有梁教授提出，其基本过程是：感性体验、问题思索、理性讲授、具体应用与反馈评价。① 依据以上的理论概括，实际上我们不难发现，启发式教学的含义、特征和手段都十分丰富。但更为重要的是，在实践中如何采取适当的形式去组织开展教学活动。因此，在正确理解启发式教学的基础上，还应该根据客观条件因材施教，具体包括如下两点。

（一）授课对象的整体学习氛围

所谓"蓬生麻中，不扶而直，白沙在涅，与之俱黑"。班级的整体集合都是

---

① 查有梁. 新教学模式之构建 ［M］. 南宁：广西教育出版社，2003.

由个体学生组成，学生之间存在相互影响，表现出这个班级综合的学习氛围。尤其是 90 后的学生，他们在生活中较为个性化，但在学习中则从众趋向明显，对一些重要问题的认知态度直接影响了他们的学习状况，比如："我的专业是否热门，我现在学的东西有没有实际用途，上课老师讲的是不是还不如自己去看"等问题。这些问题的答案一旦是否定的，那么其学习的动机就会明显减弱，学习的态度无法端正，可能出现抵触、厌学、逃课甚至外出实习打工等情况。如果有这样的情况在一部分同学身上长期且持续存在，那么将以快速蔓延的趋势扩大到整个班级，会给授课教师和课堂氛围带来极大的影响。所以，班集体学习氛围的营造是不得不考虑的重要客观条件。

（二）有潜力的学生喜闻乐见的形式

所谓"舍长以就短，智者难为谋"。学生的优势不同，可能发挥的特长也不同。教师所熟知的一般都是在班级中上课、考试表现优异的优等生，他们的课堂表现，不论是哪门课程，都已经形成一贯稳定的行为状态。然而，教学改革更进一步，需要注重的是有潜力的学生的成长。开始，他们呈现的往往是一种举棋不定的钟摆状态；但是，如果一旦认清目标，会以"后发之势"成为后来居上者。应该善于发现课堂中那些可能具有潜力的学生，他们的表现特征往往与优等生不同：上课时他们并非一直关注课堂内容，但一旦遇到感兴趣的知识点或是需要挑战的实践难题，便会充分集中自己的注意力。同时，他们不仅仅拘泥于书本，而是始终保持创新的劲头，可塑性很强。作为教师需要避其所短、扬其所长，使他们对专业的认知得到极大扩张；而通过学生在课堂上乐于接受的形式，尽可能地发掘更多优秀的专业人才，也是应该着重考虑的一个关键要素。

由此，"启发—创新"模式在我院本科复合型人才培养中较为贴近教学实际，笔者在 2013—2014 年第一学期的"人力资源规划与工作分析"课程中，基于 2012 级国际人力资源管理班的整体状况，围绕该模式进行了尝试性的教学改革。

二、结合课程实际情况，探索启发一创新模式的应用途径

人力资源管理专业的相关课程都十分注重培养学生的理论和实践相结合的能力。这学期开设的这门课程尤其强调厚基础、宽口径的综合知识体系，学生除了深刻理解并运用人力资源规划与工作分析的相关知识、方法和技能之外，还要熟悉业界的实务操作，掌握人力资源规划的最新发展现状，洞察工作分析拓展应用

的前沿。课程讲授的重点在于，强调人力资源规划与工作分析是一项系统的战略工程，通过识别企业战略目标，认清企业内外部环境，运用各种科学方法实际预测组织人力资源的供给与需求，使之达到平衡并有效激励员工。这对于本科二年级的学生来说，同样也是一个有难度的识记、认知、理解、建构的学习过程。因此，通过对比国内外高校不同课程启发式教学的经验后，本文总结启发—创新模式的应用途径为以下四点。

（一）挖掘学生本体特征，建立课堂和谐民主的秩序

同样的学生在不同的课堂上表现不一。学生的本体特征既包括原本自然状态下的"显性"特征，也包括在某一特殊社会情境中的"隐性"特征。这种途径通过建立教师与学生在教与学过程中的平等关系，解放了学生的思想负担，要注意给予每一位学生充分发表意见的机会，即使有的学生言论与自己的看法不和，也不打断学生的发言，不立即评论，破除学生在大众面前谈经论道的不自信或者畏惧感。教师的教学态度谦和而民主，在一种愉快而不紧张的状态下取得学生的信任，可充分挖掘和培养学生潜在良好的隐形特征。

（二）强化目标特征，激发学习兴趣与能力

目标管理强调以目标引领人。强化目标的特征首先需要考虑目标的可达成性。由于课堂时间有限，因此目标特征要明确，目标问题须要点化。具体而言，就是教师在授课时需要对目标进行定位，充分关注和发现具有一定思维容量的、牵一发而动全身的目标问题。换句话说，这些目标一定是对学生知识技能有关键性作用的促进、对学生的思维智慧存在挑战、对学生情感精神有触动价值的目标。最终，这些目标应该使得学生明白学到了什么、注意学生所学所用的专业知识和技能能够做到哪一步、发展什么样的情感态度以及后续计划的学习策略等。

（三）注重方法特征，创新发展课堂魅力

这种途径是强调多种方法的综合应用，启发创新模式不仅仅是依靠单纯的问答式教学，而是对比选择教学方法，根据班级的具体情况加以应用，可以选择讲授法、练习法、演示法、实验法、谈话法、讨论法等。虽然这些方法都有其存在的适用范围，但可以根据不同的学生主体取得不同的教学效果。比如，或者是以提问为主，或者是理论联系实践，或者是采用一种风趣幽默的课堂语言，都能凝聚成独特的魅力，让学生产生课堂期待和认同。

（四）引导思维特征，探索构建学生的思辨逻辑

这种途径的通常做法是，不先将已经默认成文的原理首先以条条框框的形式

让向学生全盘展现，而是先就学生熟知的具体事物和现状提出问题，让学生思考并回答，沿袭学生思路的同时，教师采取不断追问的形式，让学生自己发现自己的不足、疏漏甚至是荒谬之处，进而探寻精准的答案；在回溯认知不断深化中学生自己修正了过去的思考，从而得出更加完善的结论。这是一种思维训练，可使学生克服思维的无序与混乱，学会逻辑地思考问题。

以上的应用途径是根据启发—创新模式的指导思想、内涵和方法论具体延伸总结的，不论哪一种途径，只要收到了良好的效果都是可取的。

三、具体做法

在以上四种应用途径的指导下，围绕案例启发、问题启发和讨论启发，本学期的教学改革采用的具体做法主要如下。

（一）创立依托于案例的问题情境

从第一堂课的"摩登时代"视频开始，探讨人力资源规划与工作分析方法的起源。依据教学大纲每章设定的教学内容，分别选取了中国建设银行数据中心项目（HRDC）、中粮集团人力资源管理信息系统、安盛集团高绩效的人力资源规划、Oracle Peoplesoft 人力资源整体解决方案、中国移动（香港）人力资源战略企划案、谷歌美国总部人力资源招募计划六个具体案例，以独立、生动的 PPT 形式向授课学生展示，课程依托案例情境，共设置了 11 个问题。与以往案例讨论不同的是，这些案例的安排均是在每一章节的开端，以一种事实的姿态呈现，然后转入问题情境。依据课堂的实际情况，学生由开始的惊讶感转为集中注意力，对问题的回答由最先的一片沉默逐渐转为试探式的发言。由这些案例引入的核心问题不要求学生立即回答，但是要求记录下来，在课程接近尾声时，爱发言的学生在课堂上参与讨论，较沉默的学生则可以在读书笔记上交时选择其中 3 ~ 4 个感兴趣的问题书面回答，与教师交流感想。学期结束后，有同学这样坦白："我觉得课堂不再是强迫我非得说话了，而是让我有话想要去说，这就进步了吧。"

（二）应用回溯认知提高思维能力

遵循着启发创新模式的步骤，从感性体验开始，进入问题思索，随即需要理性讲授。以往的讲授主要围绕教学知识结构和内容重、难点展开，以固有的教学框架为主。但是，依托于案例的问题情境设置后，在讲授过程中，要不断加入对于案例穿插引用背后的逻辑联系，还需要对同学的回答以及同学之间的相互讨论做出适时评价。反馈的重点不在于马上给出问题的知识答案，而是通过追问的形式，让他们对问题产生新的思考，在课程继续的同时评价思考的深度。这样不断反复加深理解，通过一种回溯性的自我修正而不断完善，找到较为准确的答案直至接近于知识本身。通过案例的回溯认知既是加深对理论的识记，也是激发学生对某些知识点产生兴趣、理清逻辑思维、培养理性思考能力的重要手段。

（三）注重与诵读经典结合避免陷入诡辩

启发式教学法的启发创新模式进入到授课后期，课堂探索发现，有些学生因对某个问题意见不合而总是各执一词，可能陷入一种诡辩的状态。理性的知识应用不仅包括提升思维能力、创新思考视角，也包括严谨的治学方法。因此，教学改革后期加入了与"经典进课堂"结合的成分，要求学生在阐述观点、提出看法时要更进一步指出这么说的依据，说明其应用该知识、该理论的来源。虽然只有为数很少的 2~3 个学生能做到这一点，但是从知识面的广度、眼界的宽度以及学习研究的态度上，无疑有益于引导班级其他同学努力的方向，而且有助于形成优良的、端正的学习竞争氛围。

四、简单的结论

通过以上的具体做法，在本学期课堂时间有限的条件下，得出一些对于启发式教学法应用与实践的基本结论。启发—创新模式中包含的理论基础十分广泛，具体说来，应该是心理学、信息论、交往理论、建构论等各种理论的综合运用。教学改革中最困难的部分在于如何创设激发学生的学习情感和求知欲望的情境，这个重要前提的铺垫直接决定了启发式教学的整体过程及其实践效果。由存在问题的实际出发，步步深入能够较好地集中学生的注意力，促使他们进行积极的思考，鼓励他们不论采取什么形式，勇于分享自己的见解。同时，对于教师的挑战来自于如何利用学生原有的知识存储去引导其接受新知识。因为通过课堂对学生的比较观察后发现，如果教师能够善于调动学生的知识积累和表象储备，在学生原有的认知结构中同化新知识、解决新问题，则能形成更为牢固的知识体系，使学生能够真正受到启发。此外，教师对于启发的把握力度也需要把控，对学生适时引导，但不是给他们带来强迫感；给学生鼓励，但不是给他们带来压力；给学生提示，不是代替他们去作论断。贯彻启发—创新模式要遵循循序渐进的教学原则。循序渐进原则是科学知识本身的特点和学生认知规律在教学中的反映。课程的设置以及每个章节课程知识的编排，都具有严谨的逻辑结构，不能主次颠倒，简繁错置。学生认知能力的发展总要经历从不完善到完善，从不成熟到成熟的心理发展历程；他们对知识的掌握总是由简到繁，由感性到理性，由具体到抽象，教学不能逾越学生的认知发展水平。启发—创新模式的具体应用效果，应该是求知状态的不断升华。最初是对知识的心理渴求继而发展为学生成为知识获取的主体力量，从而引起教师和学生对课堂乃至对彼此的认可。所以，不论是挖掘学生不易察觉的主体特征，强化每个教学阶段的目标特征，还是课堂授课创新的方法特征，或是成功引导学生的思维特征，都是值得深化并进一步探索的。

参考文献

[1] 王维娅，王维. 孔子与苏格拉底启发式教学法之比较 [J]. 华南师范大学学报，1994（4）.

[2] 查有梁. 新教学模式之构建 [M]. 南宁：广西教育出版社，2003.

[3] 毛礼锐，沈灌群. 中国教育通史 [M]. 济南：山东教育出版社，1985.

[4] 李建英，刘阳春. 启发式教学方法中教师的角色和作用 [J]. 中山大学学报论丛，2006（5）.

9. 情景模拟教学法在集体谈判课程中的应用
——以美国 C 大学集体谈判课程为例

雷晓天

一、情景模拟教学法的内涵与适用范围

（一）情景模拟教学法的内涵

情景模拟教学法是美国心理学家茨霍恩（H. Haytshoyne）等人首先提出的。所谓情景模拟是指根据被试者可能担任的职务，编制一套与该职务实际情况相似的测试项目，将被试者安排在模拟的、逼真的工作环境中，要求被试者处理可能出现的各种问题，并用多种方法来测评其心理素质、潜在能力的一系列方法。运用情景模拟教学法要求教师在教学过程中围绕某一教学主题，根据教学内容的要求，为实现特定的教学目标，按照现实的状况有针对性地设计高仿真的场景，安排学生在特定环境条件下以小组形式通过模拟的方式学习专业知识和技能的教学方法。如今，情景模拟教学法已被越来越广泛地运用于应用型课程的教学环节之中。

（二）情景模拟教学法的适用范围

情景模拟的教学方法一般适用于要求学生具有较强应用能力的课程。因为模拟教学方法与应用性课程对教学方法、教学内容和教学目标的要求是一致的。

应用性课程的教学就是需要学生在一种特定的逼真的环境中感受、模仿、学习和总结，而情景模拟教学可以根据不同的应用环境做相应的教学模拟，满足了应用性课程对教学方法的要求。

应用性课程教学最大的特点是"应用性"，在教学内容上往往需要安排较多技能性的知识点。传统教师讲授的教学方法让这些知识点仅仅停留在纸面上，缺乏形象性与直观性；而情景模拟教学完全能够支持技能性知识的传授，便于学生突破书本局限，锻炼动手能力，从而掌握各种技能。

应用性课程的教学目标往往是围绕提高学生实际动手能力而设计的，在这一方面，情景模拟法也具有较高契合度与一致性，且具有比较优势。

（三）集体谈判课程中运用情景模拟教学法的必要性

集体谈判课程是劳动关系专业学生的核心专业课程之一，是在学生学习了劳动关系、劳动法、工会学等专业基础课之后继续学习的专业性较强的课程。本课程要求学生对集体谈判的理论与制度架构进行深入理解与认识，具有一定的理论性。同时，该课程也要求学生掌握集体谈判实务操作的技术与方法，具有较强的实践性与应用性。通过本课程的学习，学生从理论到实践各个层面对集体谈判进行全方位的了解，能够对谈判各方角色的扮演和作用以及行为模式有深刻的体会。

作为一门既注重理论性又注重实践性与应用性的课程，集体谈判课十分有必要引入情景模拟的教学方法。课程的理论部分用以对实践环节进行指导，而对于学生实践应用能力的培养又反过来促进学生对理论知识的理解与吸收。传统的教学方法以教师教授为主，"重理论，轻实践"的缺陷不仅让课堂显得枯燥乏味，而且让学生损失了"实践"这一重要的技能储备机会。而情景模拟的教学方法可以克服这一缺陷，通过情景的设定，便于学生身临其境地体会集体谈判所面临的制度环境；通过角色的扮演，便于学生设身处地地认识到谈判主体的职责与互动关系；通过博弈的过程，便于学生扎扎实实地掌握谈判的策略与技巧。

情景模拟教学法在国际上已经有了较长时间的应用与传播，其教学效果在培养学生的沟通能力、谈判技能等方面十分明显。本文将通过介绍美国 C 大学集体谈判课程中模拟谈判教学方面的实践，总结其情景教学方法的特点与经验，并对如何完善我国集体谈判课程模拟谈判教学的实践进行思考。

二、美国 C 大学集体谈判课程中的模拟谈判

（一）模拟谈判的设计与实践

美国 C 大学的产业关系专业在世界大学中排名首位，其核心课程——集体谈判经过多年的持续改进，无论是在教学内容设计还是在课堂教学环节实践方面均已相当成熟。从给出谈判到谈判结束，其模拟谈判先后有如下几个主要步骤。

1. 组建谈判小组并选择角色立场

模拟谈判的初始步骤就是分组，一般遵循自由组合和教师分配相结合的原则。教师要求学生组成一个五人左右的谈判小组，并结合每个人的性格、能力特点，根据谈判案例的要求进行分工，确定各自的职责。一般会分主谈人、副主谈判人及其他辅助谈判人员等角色。

在分组完成后，需要根据小组成员的集体意向选择本小组在谈判中的角色立场，即扮演管理方进行谈判还是扮演工会方进行谈判。继而再通过双向选择，每个谈判小组选择一个小组作为自己的谈判对手（或由教师进行调配选择），两个小组将就同一个案例进行谈判。

2. 给出谈判案例

模拟谈判的第二步为给出案例，案例由教师认真准备，准备材料分发给学生。谈判案例对整个谈判环节起着重要的导向作用，是模拟谈判成功进行的基础，因此对案例内容具有较高要求。教师给出的案例都包括特别详尽的信息。

首先，案例包括谈判方的基本情况。管理方的材料包括公司的基本情况、行业领域、运行状况、管理层级特点、面临的挑战与机遇等；而工会方的材料则包括工会的建立、工会的职责、会员规模状况等。其次，案例也必须详细阐释谈判双方面临的议题。案例要明确管理方和工会方的主要谈判议题、各方对对方提出的谈判诉求、各方必须坚持的立场与谈判底线等内容。最后，案例要明确提出要求双方通过谈判所要实现的最终目标。

3. 谈判准备

教师给出谈判案例并作解释后，就可以要求学生开始着手谈判准备的工作。学生必须做好以下工作：进行团队合作查阅专业书籍、收集大量资料，小组内部充分沟通以确定谈判目标、谈判基本策略与风险防范对策，与谈判对手沟通确定谈判场地与谈判议程等。教师则要准备模拟谈判的规则，必要时辅助学生准备谈判场地。

4. 开始谈判

准备工作结束后，正式的模拟谈判开始。谈判完全按照正式集体谈判的程序，谈判各方进行开局、磋商博弈、达成一致与签订协议。在各阶段，学生始终坚持自己的角色与职责，遵照团队所制定的合同，运用不同的谈判策略与对方展开有理、有利、有节的磋商，不断调整各自的需要，缩小分歧，最终与对方达成一致。正式的谈判不只进行一轮，一轮谈判不能达成一致的情况往往需要进行多轮谈判。而谈判各方除去与对方谈判的过程，还有本方针对谈判未来的进展、策略调整所召开的内部协商会议。谈判环节一般耗时较长，通常需要一至两周的时间才能最终签订协议。教师在学生谈判过程中要进行观察、记录，必要时给予指导，发现问题及时纠错。

5. 总结与评价

各谈判小组均结束谈判并提交最终协议后，模拟谈判基本结束。教师需要结合评价标准对各小组的谈判全过程进行点评与评价。除了教师点评的方式，教师还鼓励学生对自己的谈判对手进行相互评价。通过回顾谈判过程，肯定成绩、发现不足，学生可进一步了解自己，不断提高自身的谈判水平和应对复杂多变的谈判环境的能力。

（二）模拟谈判的特点

通过 C 大学的模拟集体谈判中的谈判环节，可以总结出该课程模拟谈判具有以下几个特点。

1. 合理设计模拟谈判案例

C 大学的集体谈判课程需要学生真正体会谈判的氛围、掌握谈判的技巧与沟通的艺术。为达到此教学目标，课程中往往设计多种不同层次的谈判环节，并针对不同的谈判环节设计不同的案例。一般案例都由浅入深，将一次真正大型的企业层面集体谈判安排在最后环节。

首先，教师在课堂上设计全体学生可以一起参与的石油竞价、双人单次博弈、双人多次博弈等参与环节，目的是使学生对谈判中的力量博弈有初步了解与体会。然后，教师会安排一次双人的房屋买卖谈判（PARKER－GIBSON），一名学生扮演房屋的买方，另一名学生扮演房屋的卖方，两名学生要对房屋的成交价格进行博弈。此案例设计的目的是使学生体会谈判中的信息不对称以及一些基本的谈判技巧。继而，教师会安排一次较为复杂的演员合约谈判（SALLY SOPRANO），一名学生扮演演员经纪人，另一名学生扮演舞台剧的制片人，双方就演员的出演费用进行谈判，目的是使学生通过这一谈判体会谈判中让步的艺术并掌握更广泛的谈判技巧。最后，教师安排一次大型的企业层面集体谈判（STARFLEET ENTERPRISES，INC.），使学生体会集体谈判的全过程。

2. 有效组织模拟谈判过程

为了保证谈判过程尽量贴近真实效果，C 大学在模拟谈判的过程组织环节方面也下了大功夫，力图使学生体会谈判的全过程。

首先，合理分组，角色分工。学生被要求分为工会方与管理方，且各方人员要分出主谈与副谈，职务明确。其次，场地与时间保障。在教师的协助下，学生得到了充分的场地与时间保障，使学生的谈判不会在场地与时间方面遭遇不必要的障碍。学院的各会议室与空教室都可以出借给学生作为谈判场地，一些小型的接待室还可提供给学生作为休会期间的内部商议场所。最后，资料提供与工具辅助。为了方便更快更好地融入角色，尽快上手进行谈判，教师为谈判双方都提供了详细的公司背景资料与行业数据、详细的工会背景资料、合同文本及计算工具等，不会让学生被谈判以外的其他环节所打扰。

3. 适时控制模拟谈判环境

为了让学生了解真实的谈判环境与技巧，教师在谈判中尽量为学生营造接近真实状况的谈判环境。谈判开始后，教师要求双方严格按照谈判的座次要求，面对面谈判，不能采取圆桌座次，更不可随意落座，并强调双方注意开场礼仪等细节。另外，谈判双方被要求严格保密彼此的信息与策略，这一点与真实谈判中信息不对称的特点非常契合。整个谈判过程的氛围控制在友好与严肃交织的范围内。值得注意的是，根据一些谈判小组情况的需求，教师还抓住时机，引入了真实谈判中很有可能出现的情景，包括第三方介入的情景与采取压力手段的情景。

4. 设置客观的成绩评价标准

客观合理的成绩评价体系对学生的知识积累与技能获取具有重要的导向作用。C 大学对模拟谈判教学环节非常重视。模拟谈判结束后，教师会专门设置一节评价课，对每小组最终签订的集体合同进行对比评价，对学生在谈判中的表现进行细致的点评。教师对学生的成绩评定也分为两个部分，一个部分是小组成绩与排名，另一个部分是对个人的成绩评定。这一成绩要综合学生个人在谈判中的职责完成情况、让步情况、利益争取程度等进行评定。通过这些评价与解释，使学生认识到集体谈判中的关键环节，并体会到何时应该坚守而何时需要让步妥协。

三、完善模拟集体谈判教学的思考

（一）案例设计：可行、多样与翔实

模拟谈判教学中案例的选择非常重要，既要注意其可行性，选择一些学生熟悉的企业进行模拟以达到更好的效果，同时还要注意案例的多样性。如果内容太单一，容易引起学生的厌倦和疲惫感，而多样化的内容具有新奇感和吸引力，更能够激发学生的兴趣。学生可以扮演不同的角色体会谈判过程的不同侧面，也可以从不同的谈判对象和谈判过程中受益更多。另外，案例的设计要尽量保证资料的详尽与真实有效，使学生体会真实的谈判情境，太过虚构的案例容易引起学生的反感与抵触心理。

（二）情景设计：中国情境

情景模拟教学是通过特定情景的再现实现所需的教学效果。而我国实际的集体协商制度与西方成熟市场经济国家的集体谈判制度还有较大差异。因此，在中国的集体谈判课程中应适当考虑中国集体协商中的特殊情境设置，以便于学生在学习我国集体协商制度时更有效地理解"中国特色"；另一方面，也有利于培养适应中国情境的专业人才。

（三）成绩评价：对学生认知的导向

模拟谈判对学生的认知具有重要的导向作用，因此，小组谈判结束后教师的总结分析与成绩评定是十分关键的环节。教师的总结分析应力求及时详尽，有理有据，应指出具体的问题，不要含糊其辞。成绩的评定要注重从团队和个人两个层面进行，对团队的评价便于学生理解集体谈判的团队合作精神，而对个人的评价要便于学生理解集体谈判中个人职责担当的重要性。

10. 苏格拉底教学法在心理学课程中的应用与实践

李晓曼

苏格拉底法又名苏格拉底反诘法，其实质上是一种质问的辩证法。柏拉图曾在与苏格拉底对话中描述过这种办法。在这种哲学质询的形式中通常有两个人对话，其中一人带领整个讨论，另一人因为同意或否定另一人而提出一些假定。具体方法包括：①讽刺，即不断提出问题使对方陷入矛盾之中并迫使其承认自己的无知；②催生，即启发、引导，使对方通过自己的思考得出结论；③归纳和定义，即让对方逐步掌握明确的定义和概念等。由于苏格拉底把教师比喻为"知识的产婆"，因此，"苏格拉底方法"也被人们称为"催生法"。

一、引言

（一）传统社科教育的困惑

社会科学体系庞杂，大量内容需要记忆，加上考核方式单一，往往被学生认为是需要死记硬背的学科。此外，由于教材较为单一、教学方法偏于灌输式，使学生在课堂上注意力不集中，课堂教学效果不佳，更谈不上激励学生的独立思考与创新能力。

按照现代教育大师杜威在其《教育哲学》中所提到的核心概念——"经验"和"问题"，笔者认为我们在社会科学教育中对这两个核心的忽视是导致教育陷入困境的重要原因。经验是世界的本来面目，否定了学生的经验，则课堂上就只存在"教"而不存在"学"了。问题是一切科学研究的基础，只有在学生意识到一个问题，随后探索并清楚地界定这个问题，接着进行透彻的检查和分析后，产生了怎样将原先进行的活动继续下去这一系列自发的问题探究过程，才会产生真正的"教"与"学"。

而在我们现有的社会科学的课堂中，学生缺乏对社会最本真的观察与思考，教师缺乏对学生"经验"的重视与让学生自发提出"问题"的引导。因此在课堂上，在教师看来是问题而在学生看来却不是问题的现象很多，这不符合学生的

"经验"形成，最终课堂教学变为教师一个人热衷的独角戏，沦为填鸭式单向灌输的过程。

（二）苏格拉底教学法在心理学课堂的作用

苏格拉底教学法对于强调技术路径、严密数理推导的课程来说可能并不适合，但对于以抽象理论和实验为主要内容的心理学课程来说却能很好地发挥作用，因为知识就存在于我们自身，只需要我们通过正确的推理来发现它。教师在对学生进行系统的知识传授的基础上，若能利用苏格拉底启发式教学法引导学生思索知识点背后的理论逻辑并体会对现实的解释作用将会收到事半功倍的效果。此教学法在人事心理学课程的运用旨在提供给学生自己发现真理、领悟而非记忆概念的机会，从而有利于帮助学生形成批判式的思维省察。

根据笔者运用苏格拉底教学法在"人事心理学"课程上的实践，发现该方法对于课堂的作用至少有如下三点：一是帮助学生对已有概念和定义进行独立的思考和分析，而不只是被动接受教材上已知的内容，从而培养了学生独立思考的能力。二是有助于扭转课堂上教师唱独角戏的局面，发挥学生主导学习的作用，在教师的连续提问中，学生往往能更进一步地思索问题，并调整其表达的方式与技巧，从而激发学生主动学习和勇于与老师探讨问题的精神。三是有助于学生对抽象的心理学理论的进行快速内化并引发学生主动运用理论来解释现象。

二、苏格拉底教学法实践过程

依据授课内容，本课程在以下三块内容中实践了苏格拉底教学法：经典概念与理论讲解阶段；"心理学游戏"和多媒体资料观影的总结分享阶段；就某一主题展开课堂讨论阶段。下面笔者将以第一块内容为例，来介绍苏格拉底教学法在心理学课堂中的实践过程。

苏格拉底教学法中的三个关键环节分别为有效讲授、有效提问、有效倾听并及时反馈。

（一）事前激励，讲授充分

该阶段以清晰讲授相关概念与理论为核心，并辅之以一些简单有趣的问题热身，给课堂创造轻松活泼的互动氛围，为之后实现积极的师生互动做好热身准备。在实践中，笔者发现苏格拉底教学法实践中的难点在于学生并不愿主动提问，更进一步是不进行主动的思考。即使教师主动选择了进行对话的学生提出引导性的问题，学生仍然表现出消极甚至是抗拒的情绪。

经分析发现，学生不提问主要有三方面原因：一是不知问什么；二是怕说错；三是缺乏提问动机。针对学生惧怕课堂提问的心里，在该阶段教师就需要营造一个轻松活泼的课堂气氛，应主动引导学生关注教学中的一些关键理论点，并给予提问或回答问题的学生以积极的肯定，甚至是纳入课程考核体系中，从而解决学生提问的动机问题。

（二）围绕主题，聚焦问题

苏式问题可以分为三类：自发的（非计划的）问题、探索式问题和焦点式问题。自发的（非计划的）问题不是事先设计好的，甚至是无定论的；探索式问题旨在探寻学生对所学知识的了解；焦点式问题给学生提供足够思考的空间，使思维不断向纵深发展，培养思维的敏感性。在问题内容的选择上，我们可以在相关概念理论中，利用新奇、怀疑、困难、矛盾等去引起学生的思维冲突，使他们主动地去解决问题。下面，以人事心理学课程心理测量章节中介绍的信度、效度概念以及其相互之间的关系为例，来展示苏格拉底式提问的实践过程（见表1）。

表1 关于信度与效度的提问—回答过程

学生	如果没有信度就一定没有效度吗
教师	我们为什么关注信度
学生	为了知道分数的测量误差
教师	那效度呢
学生	看看我们实际测到的内容与所要测量的内容是不是一致的
教师	哪些原因会导致两者不一致呢
学生	测量有误差
教师	哪种误差
学生	不清楚
教师	如果秤砣是我们所说的测量工具，现在用它来称菜，如果三斤的菜现在称起来是二斤半，可能是哪些问题造成的
学生	看错刻度了
教师	这是随机误差，还有呢
学生	秤砣不足斤
教师	这是系统误差
学生	也就是说效度里面包含了这两种情况喽？
教师	是的，那你现在来回答最开始的那个问题
学生	没有信度就是随机误差大，那效度肯定会低
教师	好的，我们现在再来一起总结一下两者之间的关系

信度与效度是心理学测量章节中的难点。由于概念非常抽象，又是学生感到缺乏生活经验的理论，所以一般性的讲解过后学生还是会出现概念混淆。表1描述了一次课堂上在笔者介绍完相关章节的内容后，与一位同学进行的关于信度与效度的对话。在这样一段苏格拉底式的问答之后，该生非常清晰地理解了两个概念之间的区别与联系，收到了较好的教学效果。

（三）认真倾听，快速反馈

有效的反馈是苏格拉底教学法的关键步骤，它需要教师事前做好充实的准备。在交互问答中，教师在认真倾听的基础上，引用翔实的参考资料维护自己的观点，并进行新一轮的提问，以期在讨论中引导学生总结出相关规律或概念的基本内容。那个关于秤砣称菜的例子就是这样一种尝试，当学生在抽象的概念上迷路，不知该如何回答接下来的问题时，这样一个很形象的例子带着学生走出了相似概念难以区分的泥沼，快速找到了梳理两个概念间联系的方法。

（四）交流感受，分享收获

在课下我们也需要与学生主动交流，询问课堂问答中学生的感受以及收获，并在此基础上调整、改善和提升教学过程以及评估苏格拉底教学法的有效性。

三、心得体会

经过一个学期"人事心理学"课堂上苏格拉底式教学实践，笔者有以下一些体会。

（一）教师课前必须进行充分的准备

该教学方法对教师提出了很高的要求。在熟练掌握相关知识体系的基础上，教师必须在课下预先准备和练习，精心设计提问环节，甚至需要模拟学生们提问、回答到最后获得发现的全过程。此外，教师还需要在课下有意识地练习自己把握过程、控制决策的能力，并且掌握一定的推理技术避免沦为肤浅的提问者。

（二）课堂中需要给学生足够的鼓励

苏格拉底问答法虽然只在有限提问的双方间展开，但其示范效果很大，足以推动课堂上所有学生的共同思考和探索。因此，在苏格拉底教学法中最关键的角色是一个有求知欲并且思路灵活和表达流畅的学生。为了能够鼓励更多的学生承担这样一个角色，在实施苏格拉底问答的过程中要给予学生足够的鼓励。若学生得出的结论与教师不同，只要分析方法科学，就有可取之处，应适当引导并赞赏。若学生得到的结论与预设结论相同，但选择了错误的思维路径，教师也应该给予鼓励，并进行总结点评，修正其不足的地方。课堂上的示范作用，将鼓励更多的学生主动提问，加入到苏格拉底教学法的参与者中来，最终成为培养探索精神的受益者。

（三）课下研究与考核环节挂钩方法

在充分准备的基础上，教师在问答过程中应该保持轻松自如，从而有更多时间观察、记录学生在问答环节中的表现。为了进一步推进学生配合苏格拉底教学法的实践，在条件允许的情况下，我们可以将学生苏格拉底式问答中的表现也纳入成绩评定体系。

一旦将学生的问答表现纳入学习成果的考核，教师必须在课程开始时就给予学生更多关于提问与回答的指导，并结合苏格拉底教学法制定出最能体现学习目标任务的规则与评价标准，以便学生在课堂上更好地展示思维过程和问答技巧。

苏格拉底教学法只是我们在向以学生为主导的探究式教学方法转变的努力之一，通过教学和考核各个环节的改革相配合，我们期望能够打造一个更加开放的、以学生为中心的、培养其独立思考能力的优质课堂。

11. 五步教练技术在经典进课堂中的应用

徐　斌

一、教练式管理与学生发展

教练式管理方式是指通过引领当事人，激发其内在动力，明确努力方向，在逐步实现自我管理的同时，持续靠近理想目标的过程及结果。这一方法在西方的教育与管理实践中已经有了 30 年的历史，并且还在逐步完善。笔者在学校的教学与管理中也不断探索着这一做法。本学期的"组织发展"课上，笔者有意识地实施了更明确的五步教练技术，这五步分别是：第一步，通过积极引领正向思维，了解学生的内在需求；第二步，通过积极思考和行动，促进学生见到成效；第三步，积极发现问题（批判性思维），为挖掘潜力作准备；第四步，引领学生推动创造性地实施计划和行动方案；第五步，自我总结和提升。

从课程的最终效果看，实现了预期的目标。

"组织发展"是笔者专门设计的一门经典课程，目的是让学生在前几个学期学习完"组织行为学"等一些常规的课程之后，再增加一些个人内在成长的和团队合作提升的切身体验，通过理论和实践两个方面组合课程体系，结合最有效的教练（启发引领）式授课和管理方式，发展出学生自我管理的好习惯。

按一般规律来看，本科生升入三年级，同学之间会越来越熟悉，相互之间的交流会越来越充分。但实际上，由于缺乏有效的组织，同学之间有意识地在知识和能力上的交流并不多，导致同学之间不能有效形成相互促进、相互激励、相互督导的良好学习环境；除此之外，这些 90 后的学生，由于缺乏人际互动的方法，学生之间有些涉及人际关系方面的矛盾和冲突，他们却不知道如何有效化解。从心理学和管理学的角度看，如果能解决好学生自己和同学之间的情绪管理问题，专业知识方面的互助效果也能优化很多。

所以，组织发展课程目标就非常明确了：根据这两方面的问题，将此课程分成五个步骤调动学生的内在动机（正情绪），分阶段地引领学生主动提出解决问题（人际管理方面）的方式和方法，步步激发学生在学习和管理两个方面的潜力。而这个课程就是实现这个目标的桥梁。

本学期课程快结束的时候，学生干部发信说，这门课是本班学生持续出勤率最高的课程之一。这可能从一个侧面反映了课程对学生的影响，也是本课根据学生需求加以有效引领的结果。

二、五步教练技术——系统激发学生自主能力

课程的实施过程主要依据教练式引领法中的五个步骤来进行。

（一）第一步，通过积极引领正向思维，了解学生的内在需求

2011 级的人力资源实验班的学生，学科基础好，学习能力强，如果引领得当是完全可以激发他们真正的内在需求的。根据这一实际情况，笔者在第一节课就放下架子，虚心地征求学生意见，邀请学生自主地表达他们的需要。笔者首先给出了本次"组织发展"课程的基本大纲：《第五项修炼》《高效能人士的七个习惯》，特别强调了主动积极的态度是学习这门课的关键。在第一次课上，笔者明确地表示：学生是课程的真正主体，学生的需求就是主要的课程方向。只要大家愿意提出，各位的想法和建议都会受到尊重。听到这样的表态，学生们都很放松，老师和学生之间的关系也拉近了很多。

在建立了平和的师生关系后，笔者在一次课上找准时机，采用团队排名法，激发学生自主发现对课程的真正需要。具体的做法是：按座次依次发言（一个人都不能少），每个同学集中要点说出最主要的课程需求。这种发言规则使得每个人在认真倾听其他同学的发言的同时，激发了自己的内在思考。他们无形中会自问：我是谁？我的需求是什么？我如何得到？与其他同学的需求有什么相同和不同的地方？如有的同学说，在这门课上需要调整自己与他人的合作方式，学习和谐有效的沟通技巧；有的接着说技巧非常关键，还要用心观察同学的情感变化及个性特征，采用对方容易理解的方式交流，以达到建立信任、相互理解的效果等。通过平和的、有序的提问，大家的思路打开了，开阔了，愿意坦诚面对一些实际问题了。

这一次课堂的效果很好，从容和淡定的组织环境使得大家敞开了心扉，大家觉得很有内在的触动。实际上，在这里笔者采用了教练引领技术的 3F 倾听方法：找到感觉（Feel）、聚焦目标（Focus）、表达事实（Fact）。在顺次发言中，大家觉得受到了尊重。由于不提倡对同学的观点进行质疑性评价，只允许补充优化，教师也不直接给答案（教练不直接给答案），而是请大家提出解决方法，所以同

学很有安全感。这种照顾到所有人而且让大家积极正向思考的效果，也让大家感受到了教练法的魅力。

（二）第二步，通过积极思考和行动，促进学生见到成效

在对班级的初步接触中，给笔者印象非常深刻的同学是杨红开。她给笔者的第一印象是总低着头，有点害羞，不是很自信。经过几次课程有效的引领交流，她终于有了很好的感悟："老师，我以前上课总不愿意坐在前面。而在您的课上，我总是受到正面表扬，同学之间也几乎没有了主观判断，我胆子也大了起来。课上我说什么您都能敏锐地找到我发言的可取之处，感觉总是受到鼓励，谢谢！"

整个学期，杨红开同学几乎都是坐在第一排，面带微笑，认真专注，积极参与小组活动，认真回答问题，没有缺勤。这是一个非常令人感动的场景。很多同学也有不同程度的优秀表现。

在课堂上，随着同学间互动和交流频率的提高，同学参与教学的意愿也逐步加强。举例来说，如李雨明、王旭旭、孙文、王珊等，每次特别主动地准备课程所用物品，询问老师需要什么帮助，并且用正向积极沟通的方式对课程提出新的思路和建议。有好几次，笔者还会请学生把上节课的内容用图形法的方式进行全面回顾，展现在黑板上，大家觉得既有趣又有助于理解。这些信任关系的建立，相互的沟通与真心的表达，加强了老师和学生之间的友谊，也给同学展现了学以致用的效果。

从这些方面也可以看出，让大家切身体会合作与沟通的良好效果比单纯的灌输要好得多。

（三）第三步，积极发现问题（批判性思维），为挖掘潜力作准备

这个班的学生属于90后一代，他们从外在的表现和言谈举止都反映出很强的个性。如果发现他们身上的不足后直接指出来可能让他们非常敏感，甚至有些不适应，所以通常效果不佳。这是与这一代人的成长经历有直接关系的。

教练技术特别强调责任相关者之间的督导和促进是个人和组织发展的关键，这就要改变过去单纯从上向下的管控方式，尽可能从组织内部（平行法，相互尊重的教练文化）寻求发展的要素。这里的责任相关者指的就是同学之间有最大的可能相互支持和帮助，他们上课、活动都在一起，如果能组织起来，有意识地采用有效的方法，可能就会使整个班级更有凝聚力。

王旭旭和李雨明同学悟性很强，他们体会到组织发展课程恰恰讲的就是个人、群体和团队发展支持体系的建立。他们敏锐地看到，虽然已经是本科三年级

了，似乎很多人并没有融入团队，同学之间的在学业和能力方面相互支持的潜力巨大。了解到课程中的教练式学习后，学生们普遍意识到，一个人光靠自己是很难发展的，因为每个人都有懒惰和拖沓的弱点，都需要相互教练（引领和督促）。笔者跟同学们沟通后，发现时机已经基本成熟，学生代表王旭旭和李雨明更是有了比较成熟的思考，不仅提出班级分组建议，还有了后续的计划和行动方案。对此笔者表示支持，请他们和同学协调，放心大胆去实践班级小组课程的学习和实践计划。

事情进展到这一步，说明对学生引领得当，他们就会自动自发地产生行动。当基本实施条件具备时，教师给以适度的支持，如及时有效的沟通和承担同学的教练职责，就会催化出良好效果的实现。

（四）第四步，引领学生推动创造性地实施计划和行动方案

有了基本准备，笔者的心里也有了计划。在随后的一次课上，笔者邀请大家按照他们自己分好的学习小组（3~5人）分组进行讨论，题目是：发现自己的不良习惯。学生自己提出改进计划，同时主动邀请本组的人员作为督导者（教练），定期向督导者汇报计划进展的情况。

为实现目标，就得引导大家学会自我承担责任。课上，大家分组谈论得十分热烈：起有创意的组名、画组标，每个人在大白纸上写上自己需要发展出的好习惯，同时写上请谁监督（教练）以及阶段性评估的时间。经过认真热烈的讨论，大家在课上写出了每个人需要发展的能力、需要改进的不足，并公开张贴出来，以承诺实现。笔者请同学把这些方案及时用手机拍下来并存档，并告诉他们笔者要作为大教练对各组成员的承诺进行监督。

在随后的几个星期，王旭旭等小组定期汇报了组内督导计划的实施情况，包括谁执行了原有的计划，谁没有按计划实施等，结果非常令人惊喜。因为笔者原来有个观念：90后的学生比较随性，不一定有坚持力，相互的约定实现也很难。而他们在课上和课下的实际行动让笔者对他们有了新的认识。

（五）第五步，自我总结和提升

本学期生"组织发展"的课程结束了，同学们也有了诸多体会和进步。在期末的考试中，笔者要求同学们自己拍摄视频，谈学习体会，写文章总结自己的成长，并在他们提交的结课报告中有所体现。总的来看，笔者带领同学完整地体验了这个发现自己、提升自己的过程，基本实现了预计的目标。

整体回顾来看，课程的教练式管理十分重要。在教学管理中，老师是大教

练，培养的是自我管理和组织的学生小教练，这对三年级的学生是很重要的学习。

教练的特点就是激发被教练者的自我潜力，自主发现，自主成长。这个过程培养了当事人的自尊和自豪感，改变了老师为主导、学生只是被动学习的旧的教学模式，学生有了主人翁的感觉。在这个过程中，笔者作为老师也深有体会，90后这一代人的知识和领悟能力很强，很有个性，有巨大的学习潜力。

另外，作为大教练的老师，自我的修养十分重要。比如，我们自己是否能真的尊重学生？是否能真诚地发现他们的需要？是否能做到更积极的引领（而不是平淡的说教或指责）？这些问题可能是我们首先要给自己布置的作业。

三、进一步研究与实践

这次实践的五步教练法，是一种尝试，有很多不足，也有很多需要提升的地方，值得进一步探索。如，本次课程之后，学生的学习小组能不能持续发展？能不能有新的形式？有可能产生的新问题是什么？这些问题需要深度地思考和在实践中进一步优化。

笔者会在今后的"经典进课堂"的理论与实践中，加强对教练式激发与管理的体会总结，不断改进，实现优化与进步。

12. "劳动力市场概论"双语教学研究报告

黎 煦

一、引言

2001 年教育部提出了各高校要积极推动使用英语等外语进行公共课和专业课教学的要求。2004 年年初,教育部印发的《关于进一步加强高等学校本科教学工作的若干意见》指出:要提高双语教学课程的质量,继续扩大双语教学课程的数量。2007 年,教育部决定在 2007—2010 年期间,在全国范围内确定 500 门双语教学示范课程,每门课程资助经费 10 万元进行重点建设。自 2007 年 8 月全面启动申报评审工作以来,仅 2007 年一年就有 100 门课程被评为 2007 年度双语教学示范课程。[①]

"双语教学"中的"双语"是指将母语和外语(尤其是英语)相结合来完成教学任务,其方式主要有三种:①母语教材、英文讲授;②英文教材、母语讲授;③教材、讲授全部用英文。三种方式中的师生互动多用母语交流。其中,第一种方式用得很少;第三种方式对于教师和学生的英语水平有很高的要求;目前我国高校中应用最广的是第二种方式,本课题双语教学使用的也是该种方式。

二、研究背景

课题负责人曾于 2012—2013 学年第二学期对我院 2011 级劳动与社会保障专业班的"劳动经济学"和"就业管理"两门课程试用英文原版教材。通过一个学期的学习,大部分同学表示在英语和专业上都有了较大的收获,在期末结合中文教材复习的时候,感觉英文教材的解释更加清晰、易懂。但是,也有部分同学觉得外文教材太难,跟不上来,影响了学习的积极性。此外,同学们也反映由于其他课程太多,没有很多时间来预习和复习;教师上课和学生互动不够,过分强调课堂讲授,忽略了同学的讨论等,影响了对这门课程的掌握。

---

① 数据来源:中华人民共和国教育部网站,http://www.moe.edu.cn/publicfiles/business/htmlfiles/moe/s3850/201008/93902.html。

在总结经验的基础之上，课题负责人在2013—2014年第一学期对该班进行"劳动力市场概论"双语教学时，对教材内容进行了取舍，删除了比较艰深、和我国实际联系不是非常紧密的内容；把教学课件提前发给同学，要求大家提前做好预习；布置适当数量的课后思考题；通过组织一些课堂测验等多种方式来提高教学效果。

总的看来，通过对2011级劳动与社会保障班一年时间里三门课程（劳动经济学、就业管理、劳动力市场概论）的双语课程教学，同学们在专业知识、英语阅读和写作等多方面有了显著的提高，在劳动力市场概论期末闭卷考试（见附件二）中取得了比较优异的成绩。当然，在教学中还存在很大的改进空间。

从教学的基本规律来看，教学过程可以视为信息在教师和学生中传递、转化的过程，而双语教学作为一种新型的教学类型，格外需要注重教学过程中的信息反馈，增强信息传递及接受过程中的师生协调合作，从而实现教学过程组织调控的最优化，使教与学更加和谐地开展。为了进一步提高双语教学质量，很重要的一个环节是了解学生对双语教学的基本看法。本课题力图通过对学生问卷反馈信息的分析，为以后的教学改进提供依据。

三、调查问卷结果分析

（一）基本情况

本次调查问卷的调查对象是2011级劳动与社会保障专业的学生，采用非实名制调查方式，目的是希望获取来自学生的真实信息。共发放问卷30份，其中有效问卷28份。问卷（见附件一）内容共分为六大类，第一类是对学生基本情况的调查，问题涉及学生的英语水平、学习时间、预习/复习情况和对课堂内容的掌握程度；第二类是学生对老师授课方式的信息调查，包括老师的授课方式、学生对授课方式的接受程度和需要改进之处等；第三类是对学生所使用英文原版教材的看法调查，涉及的题目有学生对教材难易程度的评价、使用时的主要困难、外文教材的特色及外文教材的所需改进之处；第四类是对学生总体感受程度的调查，包括适应度及不适应之处，帮助度及有帮助的方面，满意度及不太满意的原因，以及学习兴趣的变化；第五类是对双语教学优劣势的比较及双语教学的目标；最后一类的开放性题目询问的是学生对课程改进的建议。本问卷从教学过程的主要方面对学生的反馈进行了调查分析，以下是调查分析的主要结果。

（二）具体内容分析

1. 学生的英语水平和学习时间

双语教学要求学生具备基本的英文阅读能力；由于在课堂上主要讲授专业知识，不可能抽出很多时间来讲解生词，因此学生课前预习和课后复习十分重要。为此，问卷设置了以下三个问题来了解学生这两方面的情况：①你的英语程度；②你每周用于这门课程的学习时间；③你是否进行课前预习或课后复习。统计结果显示，64% 的学生通过了大学英语四级考试，29% 的学生通过了大学英语六级考试，考过托福或雅思的学生所占的比例大约为 4%。具体情况参见图 1。可以看出，总的来看这个班学生的英语基础比较好，但成绩分化比较严重，有近40% 的同学没有达到四级水平。从花费的时间来看，高达 71% 的学生用于学习这门课程的时间仅是在课上，21% 的学生在课外拿出不到 1 小时的时间，在课外花费 1~2 小时的同学只有 7%。可以看出，70% 左右的同学仅仅只是上课听讲，课后没有花费任何时间进一步学习。18% 的学生只有课前的预习，14% 的学生只有课后的复习，加在一起有过预习或复习的学生比例仅为 32%，有近 70% 的同学既无预习也无复习。具体情况参见表 1。

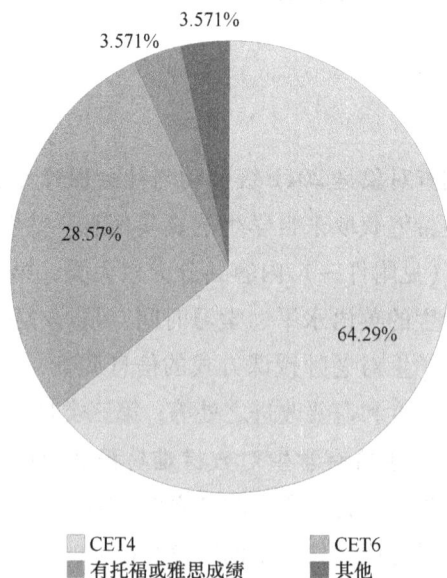

图 1　2011 级社保专业学生英语水平（$N = 28$）

表1　学生的学习时间及复习/预习情况　（N = 28）

		人数	所占比例（%）
学习时间	仅是课堂时间	20	71
	课外1小时以下	6	21
	课外1~2小时	2	7
是否预习和复习	只有课前预习	5	18
	只有课后复习	4	14
	既有课前预习又有课后复习	2	7
	既无课前预习也无课后复习	17	61

2. 对教师授课方式的评价

问卷设计了三个题目询问学生对教师授课方式的评价。第12题将教师的授课方式设定为传统老师讲授、老师讲授和学生提问相结合及其他三种；第13题将学生对讲课方式的喜欢程度分为五个维度，分别是完全不喜欢、不太喜欢、一般、喜欢、非常喜欢。对这两项不同类型的变量进行交叉分析后就得出了下面的二维表。数据显示，学生认为授课方式分别是上述三种方式的人数依次为12人、7人、9人，人数差别不大。进一步分析学生对各种讲课方式的喜欢程度，有14名同学觉得老师的授课方式一般，10名同学喜欢老师的授课方式，而只有4名同学不太喜欢，说明了教师的授课方式基本上被大家所认可，但还有很大的提升空间。再看每个单元格的行百分比数值，若将一般及以上维度定义为学生对授课方式的认可，则可以看到，无论采用的是哪种授课方式，学生对这种授课方式的认可比例都超过了80%。具体参见表2。

表2　教师授课方式与学生喜欢程度的交叉表　（N = 28）

授课方式	是否喜欢老师的讲课方式			合计
	不太喜欢	一般	喜欢	
传统的理论讲授	2	7	3	12
	16.67	58.33	25.00	100.00（%）
老师讲授和学生提问相结合	1	3	3	7
	14.29	42.86	42.86	100.00（%）
其他	1	4	4	9
	11.11	44.44	44.44	100.00（%）

续表

授课方式	是否喜欢老师的讲课方式			合计
	不太喜欢	一般	喜欢	
合计	4	14	10	28
	14.29	50.00	35.71	100.00（%）

问卷中第 14 题对教师讲课需要改进的地方分为四个方面：①突出重点和难点；②讲义或课件更加清晰有条理；③理论联系实际、增加案例；④增加小组讨论、活跃课堂气氛。对这四个选项学生可以多选。从表 3 可以看出，有一半左右的同学认为，突出重点和难点，讲义更加有条理，活跃课堂气氛十分重要。

表 3　讲授方式需要改进方面的百分比（$N=28$）

需要改进的方面	人数	所占比例（%）
突出重点和难点	14	50
讲义或课件更加清晰有条理	12	43
理论联系实际、增加案例	6	21
增加小组讨论、活跃课堂气氛	12	43
其他	4	14

3. 对使用教材的评价

双语教学的一个关键是教材的选取和讲授内容的取舍。第一个学期选用的教材是 Woodbury 的 *Labor Market and Public Policy*，是课题负责人从美国密歇根州立大学做访问学者时带回的一本课程讲义。第二个学期选用的是东北财经大学出版社出版的鲍哈斯的《劳动经济学》英文版。本问卷中第八题是对教材难易程度的考察，第九题是询问学生觉得教材有难度的原因。数据分析表明，57% 的学生认为教材比较难，36% 的学生认为难度适中。一半以上的同学之所以认为教材偏难，有学生英文基础的原因，也有教材本身的原因（鲍哈斯的这本教材在国外也是面向本科生和研究生两个层次）。具体情况参见图 2。

教材理解困难的原因包括：①单词量不够，专业词汇不理解；②专业基础知识不扎实，无法理解更深一层的知识内容；③因英文教材的编写思维与中文教材不同而导致无法透彻理解及其他方面。从表 4 可以看出，60% 的同学认为是单词量不够，专业词汇不能理解；46% 的学生认为是因为自身专业知识的缺陷；认为

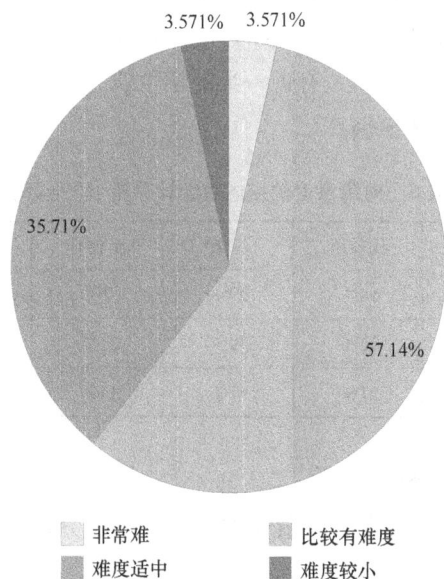

图 2　教材难易程度比例图（$N = 28$）

是国外教材的编写体例不同导致理解困难的只有 7%。这说明学生基本上认可英文教材的科学性，不强调客观原因，都从自身差距上来找原因。

表 4　教材理解困难的原因（$N = 28$）

觉得有困难的原因	所占百分比（%）
单词量不够，专业词汇不理解	61
专业基础知识不扎实，无法理解更深一层的知识内容	46
因英文教材的编写思维与中文教材不同而无法理解	7

4. 学生总体满意度分析

为综合考查学生对双语教学的适应度、帮助度和满意度等三个维度，在问卷中对这三个维度的提问选项设置了由低到高五个维度。统计数据显示，在适应度方面"比较不适应"的学生人数最多，占 54%；"一般适应"的占 29%，"非常不适应"和"完全适应"的占比都很小，分别为 3% 和 7%；有近一半的同学还不太适应英文教材教学。在帮助度方面，认为有"一般帮助"和"比较有帮助"的比例分别是 39% 和 21%，二者相加认为有帮助的学生的比例为 61%，说明绝大部分学生认可双语教学方式。在满意度方面，觉得"一般"的为57%，不太满意的占21%，比较满意和非常满意的合计占18%。大部分学生的满意度只是一般。进一步的原因分析表明，有近一半的学生认为自身英语水平的限制及专业知识的难度大是两个主要原因。

表5　对满意度的描述性统计分析（$N = 28$）

	非常不	比较不	一般	比较有	完全有	合计
适应度	4%	54%	29%	7%	7%	100%
帮助度	4%	32%	39%	21%	4%	100%
满意度	4%	21%	57%	14%	4%	100%

5. 双语教学的优劣势分析

这一部分是对双语教学模式的优劣势分析。数据分析表明，学生认为双语教学最大的优势是能提高英语水平，持这种观点的学生占75%。除此之外，英文教材对专业知识具有"原汁原味"解释的优势，对与国际接轨的优势的支持声音也很高，分别为61%和68%；对于英文教材具有更符合学生认知需求的优势，只有25%的学生认可该看法。在劣势分析中，与中文教材相比，认为英文教材使课程的难度加大的学生占比为71%。同样与学习汉语课程相比，认为双语学习将会耗费更多时间的学生的比例为57.14%。虽然难度加大和花费更多时间在双语教学中不可避免，但在教学改革初始阶段，这两点对学生的学习形成较大压力。一半的同学认为双语教学的一个劣势是影响了对专业知识更透彻的理解；有1/3的学生认为，双语教学降低了学生的学习兴趣。大部分学生并不认为双语教学使得课堂信息的传递量减少。具体情况参见表6。

表6　双语教学的优劣势比较（$N = 28$）

		比例（%）
优势	提高外语水平	75
	内容组织更适合认知需求	25
	有助于理解专业知识内涵	61
	与国际接轨	68

续表

		比例（%）
劣势	使课程难度加大（与汉语教学相比）	71
	耗费更多的时间（与汉语教学相比）	57
	影响自己对知识的透彻理解	50
	降低自己的学习兴趣	32
	使课堂传递的信息量减少	18
	老师教学水平有限	25

6. 开放式问题的答案汇总

最后一题为开放性问题，要求学生对课程加以评价并提出改进的建议。具体汇总结果参见表7。

表7　开放式问题汇总

需改进方面	改进建议
教材、讲义、课件	上课所使用的教材应更有条理
	教材的目录部分应更完善
授课方式	讲课应更突出重点、难点
	思路应更清晰、易懂
	适当提高音量
	对每部分内容进行总结以便学生加深记忆
课堂气氛	增加课堂讨论和学生发言机会，活跃课堂气氛
考核方式	适当安排课后作业以鞭策学生课后的学习
	适当进行课堂测验以便及时掌握学生学习情况
	最后的期末考试应与其他汉语教学班相区别
课程设置	安排在学生精力充沛时，而不是下午或晚上

四、对双语教学改革中存在的主要问题的思考

问卷调查的分析结果使我们能够比较完整真实地了解学生对双语教学的看法，从中也发现了一些问题，主要有以下几方面。

（一）英语基础和学习时间的制约

整体来说，2011级劳动与社会保障班学习氛围比较浓厚，基础较好。在大

二第二学期给该班采用双语教学时，全班就有2/3的同学已经通过英语四级，接近1/3同学过了六级。即便该班英语基础较好，英语词汇、特别是专业词汇仍然是学生理解英文教材的主要障碍之一。相对常规教学方式，双语教学对教师的备课和授课提出了更高的要求，一般来说教师的备课时间至少是中文教学的两倍以上。同样，学生对双语教学课程必须要花费比其他课程更多的时间才能有所收获，遗憾的是，调查发现，70%左右的同学课前和课后都没有预习和复习，仅依靠教师在课堂上的讲授。通过和一些学生课后交流得知，这主要有两个原因：一是有畏难情绪，不想再花时间；二是想学但没有时间学。据了解，他们大二上学期和大三上学期是课程最为集中的时间，一个学期平均有六门以上的课程，大大制约了他们花在英文课程上的时间。

（二）教师授课方式需要改进

其一，英文教材普遍视野开阔，涉及的主题很多，并且教材内容有较大的弹性。一本好的教材在国外至少适应本科生和研究生两个层次（有的甚至还可以做博士生的教材，比如伍德里奇的《计量经济学》等）。教师如何根据课程大纲，从国外教材中选取合适的内容就显得非常重要。其二，国外教材基本上依据发达国家的经济社会现实编写，而我们的学生对美国等国的一些基本制度和背景缺乏了解（对这些背景的了解并不是学生理解基本知识点所必需的）。由于对其背景的不了解影响了学生学习的积极性，如何结合我国国情和国外教材中的知识点来授课，成了对教师的一个挑战。其三，在调查中发现，学生普遍反映教师教学手段比较传统和单一，基本上采取的还是老师讲、学生听这么一种形式。枯燥的专业知识，英文阅读的困难，再加上教师乏味的讲解势必会让教学的效果大打折扣。因此，教师要积极运用小组讨论、课堂提问等多种方式来调动学生的积极性。其四，突出教学的重点和难点。要把教学和学生最为关心的考试结合起来，把考试的重点和难点集中放在课堂讲授，不能让学生时刻担心考试的结果。

（三）扬长避短、变劣势为优势

"课堂传递的信息量少"是双语教学的主要劣势之一。在相同课时内，由于英语非母语的限制，英语授课中教师输出的信息和学生摄入的信息两个方面都达不到中文授课时的程度及规模。授课信息量的不足将会影响学生对这门课程的系统掌握，这也是学生认为这种教学模式对其学习的帮助有限的原因之一。为了弥补这一缺陷，可以把教学内容适当分散。比如，对英文单词和句子本身的理解放在课前预习阶段，不占用课堂教学时间；相关主题的延伸阅读、理论和中国问题的结合及思考等可以放在课后复习阶段。在课堂教学过程中，采取提问式教学引导学生完成预习和复习；采取案例式教学等方式变单向信息传递为双向信息交流，把学生从被动接受转为主动思考和学习。

（四）完善考试考核方式

同一门课程，如果既有双语教学又有中文授课，则前者花费的时间和精力将大大多于后者。因此，有学生认为，单纯依据考试结果考核全体学生，将会使英语授课班的学生面临不利局面，从而影响学生参与英语授课的积极性。可以考虑提高英语授课班级的平时成绩所占的比重，采取多种方式考核的手段来克服这个问题。

五、总结

随着国际化人才培养理念的深入，教育行政主管部门和各高校都积极鼓励双语教学模式的探索。课题负责人在美国密歇根州立大学做完一年的访问学者后，开始在我院2011级劳动与社会保障班使用英文教材进行双语教学。通过两个学期、三门课程的教学，笔者给该班发放了问卷，力求通过调查学生对这一教学模式的看法和体会，为以后提高教学质量提供参考。本课题的主要发现和分析都是基于该班的问卷调查。由于这并不是一个统计意义上的随机样本调查，因此课题的结论不具有普遍推广的意义，只能为我们学院完善双语教学提供一定的参考。

参考文献

［1］仲伟合. 中国高校双语教学改革的探索与实践［M］. 北京：高等教育出版社，2010.

［2］汪泳. 对高校基层教学组织形式改革的思考［J］. 长春工业大学学报：高教研究版，2010（6）.

［3］郭捷，王若梅. 教育团队建设若干问题的思考［J］. 当代教育论坛，2010（2）.

［4］刘艳娥. 和谐视野下高校双语教学团队建设的现状及对策分析［J］. 当代教育论坛，2009（6）.

［5］何云辉，肖爱. 对专业双语教学的理性反思［J］. 沧桑，2010（4）.

附件一　调查问卷

1. 你的英语程度是_____
   　　A. CET4　　　B. CET6　　　C. 有托福或雅思成绩　　　D. 其他

2. 通过对本学期这门课程的学习，你认为与上学期的双语课程相比收获有_____〔可多选〕
   　　A. 没有更多收获　　B. 英语水平得到了提高　　C. 专业知识更加系统化
   　　D. 学习视野更广阔，增强了与国际接轨的意识　　E. 其他

3. 你每周用于该门课程的学习时间是_____
   　　A. 仅是课堂时间　B. 课外 1 小时以下　C. 课外 1～2 小时　D. 2 小时以上

4. 你是否有课前预习或课后复习_____
   　　A. 只有课前预习　　B. 只有课后复习　　C. 既有课前预习又有课后复习
   　　D. 既无课前预习也无课后复习

5. 你对课程内容的吸收掌握程度有_____
   　　A. 基本没掌握　　B. 只掌握了少部分　　C. 掌握一半左右
   　　D. 大部分都能掌握　　E. 基本都能掌握

6. 目前你对双语教学模式的适应程度_____（若选 E 则跳过第 7 题）
   　　A. 完全不适应　　B. 比较不适应　　C. 一般适应　　D. 比较适应
   　　E. 完全适应

7. 如果你对这种教学模式不太适应主要是因为_____
   　　A. 自身英语水平的限制　　　　B. 专业知识有一定的难度
   　　C. 老师的授课方式　　　　　　D. 其他

8. 你觉得目前所使用的这本英文原版教材的难易程度是_____（若选 E 则跳过第 9 题）
   　　A. 非常难　　B. 比较有难度　　C. 难度适中　　D. 难度较小
   　　E. 没有难度

9. 如果你觉得在阅读教材时比较困难，主要是因为_____
   　　A. 单词量不够，专业词汇不理解
   　　B. 专业基础知识不扎实，无法理解更深一层的知识内容
   　　C. 因英文教材的编写思维与中文教材不同而无法理解
   　　D. 其他

10. 与国内同类教材相比外文教材的主要特色是_____

    A. 内容组织形式符合思维习惯   B. 理论与案例紧密结合

    C. 习题与扩展阅读内容丰富   D. 其他

11. 你认为在双语教学的过程当中使用哪种形式的教材或参考资料合适？ _____

    A. 全英文   B. 中英各半   C. 英文为主中文为辅

    D. 中文为主英文为辅   E. 全中文

12. 你认为该课程老师的讲课方式主要是_____

    A. 传统的理论讲授   B. 老师讲授和学生提问相结合   C. 其他方式

    D. 学生自学为主

13. 你是否喜欢老师的讲课方式？   （若选择 E 则跳过第 14 题）_____

    A. 完全不喜欢   B. 不太喜欢   C. 一般   D. 喜欢   E. 非常喜欢

14. 你认为老师在讲课时需要改进的方面有_____［可多选］

    A. 突出重点和难点   B. 讲义或课件更加清晰有条理

    C. 理论联系实际，增加案例   D. 增加小组讨论，活跃课堂气氛

    E. 其他

15. 通过本学期的学习，你认为这种教学模式对你的帮助程度是_____（若选 A 则跳过第 16 题）

    A. 完全没有帮助   B. 帮助很小   C. 有一些帮助   D. 比较有帮助

    E. 很大帮助

16. 如果你认为这种教学模式对你有帮助的话主要体现在_____

    A. 仅是英语水平的提高

    B. 英语水平和对专业理论知识的理解深度都有提高

    C. 其他方面

17. 你对目前这种教学模式的满意程度是_____（若选 E 则跳过第 18 题）

    A. 完全不满意   B. 比较不满意   C. 还可以   D. 比较满意

    E. 非常满意

18. 如果你对教学模式不满意主要是因为_____

    A. 讲解不生动、不透彻   B. 课堂沉闷，缺乏师生互动

    C. 内容量大，消化不了   D. 英语水平跟不上   E. 其他

19. 通过这种教学模式的改革，你学习的兴趣与积极性_____

    A. 会降低   B. 不会有太大变化   C. 会提高

20. 你认为使用英文原版教材进行双语教学的目标是_____［可多选］

    A. 提升专业知识和能力   B. 提升英语知识和能力

    C. 适应社会实践需要   D. 开拓国际视野

21. 你认为开设双语教学课程的优势有_____［可多选］

    A. 有助于提高自己的外文水平

    B. 英文教材的内容组织更适合我的认知需求

    C. 与中文教材相比更有助于理解专业知识内涵

    D. 是与国际接轨的教学模式

    E. 其他

22. 你认为开设双语教学课程的劣势有_____［可多选］

    A. 课程难度加大

    B. 学习课程期间耗费自己大量的时间进行预习和复习

    C. 影响自己对知识的理解

    D. 降低自己的学习兴趣

    E. 使课堂授课信息量变少

    F. 老师教学水平有限

    G. 其他

23. 针对该门课程加以评价，并针对该门课程的学习情况提出自己的建议。（可以从教材及课件、授课方式、掌握情况、学习中遇到的困难、课程设置的不足等方面进行评价）

附件二

首都经济贸易大学 2013—2014 学年第一学期期末考试试题（A卷）

考试科目：**劳动力市场概论**   考试时间：**90** 分钟

考试方式：**闭卷**   试卷总分：100 分

题号	一	二	三	四	五	六	七	八	九	十	总分
得分											
评卷教师											

一、简答（每小题 10 分，共 20 分）

（1）1992 年 4 月 1 日，新泽西州将它的最低工资提高到每小时 5.05 美元，成为美国最低工资水平最高的州。但是邻近的宾夕法尼亚州却没有跟进，且把最低工资保持在每小时 4.25 美元，即联邦指定的最低标准。假定新泽西州最低工资法令生效之前，新泽西—宾夕法尼亚州分界线的两边存在大量的快餐店。位于州分界线西边（也就是宾夕法尼亚州）的快餐店，没有受到新泽西州最低工资法令的影响，因此这些快餐店的就业只会在经济条件变化时发生改变。通过比较州分界线两边快餐店的雇用数量的变化，人们可以"剔除"经济条件的变化效应并且把最低工资对就业的影响隔离开来。

表 1　新泽西州和宾夕法尼亚州最低工资的就业效应

	在典型的快餐店中的就业（全日制）	
	新泽西州	宾夕法尼亚州
在新泽西州提高最低工资之前	20.4	23.3
在新泽西州提高最低工资之后	21.0	21.2

请运用差异中的差异的技术方法计算并说明最低工资的就业效应，并运用相关理论予以说明。

（2）Describe the basic self – selection issue involved whenever discussing the returns to education.

二、论述题（每小题 20 分，共 40 分）

（1）论述马歇尔的派生需求法则的主要内容，并以此分析工会行为。

（2）为什么竞争性均衡可以使劳动力资源得到有效配置，请画图说明。

三、计算题（共一题，共 20 分）

Consider an economy with the following income distribution: each person in the bottom quartile of the income distribution earns $15 000; each person in the middle two quartiles earns $40 000; and each person in the top quartile of the income distribution earns $100 000.

What is the Gini coefficient associated with this income distribution?

四、案例分析（共一题，共 20 分）

Feeling that local firms follow discriminatory hiring practices, a non - profit firm conducts the following experiment. It has 200 white individuals and 200 black individuals, all of whom are similar in age, experience and education, apply for local retail jobs. Each individual applies to two jobs, one in a predominantly black part of town and one in a predominantly white part of town. Of the white applicants, 120 are offered jobs in the white part of town while only 80 are offered jobs in the black part of town. Meanwhile, 90 of the black applicants are offered jobs in the black part of town while only 50 are offered jobs in the white part of town. Using a difference - in - differences estimator, do you find evidence of discriminatory hiring practices? If there is discrimination, is it most likely employer - based, employee - based, customer - based, or statistical?

13. 大学通识教育在社会学教学中的应用

魏文一

一、国内高校通识教育开展现状

通识教育在我国内地高校可谓方兴未艾，最初是以文化素质教育课的方式出现的。1995 年 9 月，国家教委召开了第一次文化素质教育试点院校工作会议，之后 50 多所高校进行了文化素质教育的试点。1998 年，教育部成立了高校文化素质教育指导委员会。1999 年，32 所高校开设了"文化素质教育课程"，并以全校通选课的方式组织授课。2012 年 12 月，教育部又决定成立职业院校文化素质教育指导委员会。除了文化素质教育课的形式外，国内一些高校也对通识教育的路径进行了积极探索。2005 年复旦大学成立了复旦书院，实行住宿书院制和导师制，聘请著名学者担任核心课程负责人，在教学模式上，也采用阅读经典、小班授课、小组学习、助教制度等。2009 年中山大学成立了博雅学院，其学生要接受四年的不分科教育。浙大本科生院也要求学生修满一定的通识课程和大类课程。这些做法都旨在打破专业壁垒，促进学科交叉融合，培养宽视野、厚基础的本科生。除了各学校自己的尝试之外，北京大学、中山大学、复旦大学等高校还联合召开了六届通识教育核心课程讲习班，进行经验交流。此外，香港和台湾的高校也纷纷到内地传经。

香港的全日制大学，也基本开设了通识教育课程，只是各学校因为专业特色不同，通识教育的模式也有较大差异。理工大学和城市大学原来是培养专业技术人才的学校，课程实用性强。在通识教育上，两所学校突出"中国"元素，理工大学的"中国研读"是必修的通识课程，关注中国现实问题；城市大学的"中国文化"则强调传统。1998 年，理工大学设立了通识教育中心，负责通识教育的课程和师资协调工作。其通识课程由"中国研究"和"拓宽视野"科目组成。前者由通识教育中心教师及聘请的校内外专家担任，采用专题授课；后者主要由各学院负责。城市大学亦以全人教育为理念，1998 年成立了中国文化中心，帮助学生全面了解中国文化，除了聘请国内外专家到校举办文化讲座外，也组织学生实地考察。香港科技大学由理、工、商、人文社会科学学院组成，其通识课包括两部分：一是四学院开设的贴近专业的通识课，二是由学校的教学促进中心统筹的课程。科技大学还发挥人文社会科学学院强大的师资优势，开设的通识课程覆盖文、史、哲诸领域。香港大学则实施了"拓展项目"，由院系和研究中心开课。港大也成立了通识教育部，面向全体学生，引入社会资源，开阔学生视野。香港中文大学通识课分为"大学通识"和"书院通识"，学校设有通识教育部，各学院（崇基、新亚、联合、逸夫）也有对通识课程的要求。此外，中文大学注重对通识教育的思考和改进，审核教学内容和教学设计，适当调整通识课程科目。① 由此我们可以发现，在通识课程的安排上，香港的大学多成立校级的通识教育中心，与院系协调开设通识课程。

台湾"教育部"也在大学中主推通识教育，如 2003 年开始的"大学通识教育评鉴先导计划"，结合"推动研究型大学整合计划""大学校务评鉴规划与实施计划"对高校的通识教育进行考核。② 台湾高校通识教育主要有四种模式：①"共同与通识课程均衡选修模式"。在做法上，将共同科目定为学校必修课，属于基础课程或核心课程；通识课则作为选修课。选修课划分为不同的领域，可以交叉选修。以台大为例，其通识选修课分为四类，分别是"人文学""社会科学""物理科学""生命科学"。为了避免学生仅选择自己熟悉的课程，台大要求学生在所学领域外的其他三类中任选两类，每一类至少修够 4 学分。除了课程学习外，台大共同教育委员会还设立了"通识教育讲座"，以求兼顾通识教育的广度与深度。②"通识均衡选修模式"。其做法是将共同课程通识化，并划分不同的领域。比如辅仁大学将通识教育纳入"全人教育课程"体系，与基础课程、语言与文化涵养课程等并列，通识教育课程自身还包括人文与艺术、自然与科技、社会科学三大类。③"核心课程模式"。其做法是仿效哈佛大学的核心课程计划，核心课程和通识课程都服务于通识教育的理念，只不过在教学方式上有所不同：核心课程引导学生做更深入的思考和研究，通识课程重在"博雅"。④"大一大二分院不分系模式"。大多数高校采用的是第一、二种模式。

---

① 梁美仪，才清华. 香港各大学通识教育现况概览 [J]. 大学通识报，2006（1）：63 – 83.
② 黄俊杰. 台湾各大学院校通识教育现状：对于评鉴报告的初步观察 [J]. 大学通识报，2006（1）：27 – 28.

围绕共同课程与通识课程的关系，各学校也在不断革新。①

不过，通识教育面临的最大困境是人文学科与自然技术学科之间的"鸿沟"。科学家指责人文专业的学生对机器、甚至科技怀有敌意和不信任感，人文学者指责理工类的学生没有文化底蕴。文化上的争论延伸到教育领域，便是专业化与博雅教育、通识教育之间的矛盾。

时至今日，何为通识教育仍是仁者见仁，智者见智。与之相近的是，以追求心智解放、个人身心自由发展的自由教育或者博雅教育（liberal education）在西方有悠久的历史。整全而不限于某种偏见，是以广博、深厚的知识积淀为基础的。近代以来，知识日趋学科化、专业化，与之相应的是大学中院系的分裂也更加明显，学生的知识结构也变得日益偏狭，本专业之外的学问，对很多人来说都是可有可无，似乎只要能够做到"精""深"，就可以在学界或者社会上占据一席之地，就可以称作 professional。然而，在本专业执牛耳的人可谓凤毛麟角，大部分人不会"以学术为业"，只是将其视为找到工作的一件工具，合适则用，不合适则废。连续十余年的大学扩招，读书不为稻粱谋似乎有些不切实际了。② 在美国，康纳德、哈钦斯等人开创了通识教育的传统，但市场对人才或者说人力的需求，也对通识教育造成了很大的冲击，"通识教育成为零零碎碎的杂凑的拼盘"③。

尽管有诸多的质疑，但通识教育根植的是"大学"这块沃土，它要实现的仍是大学的教育目标，即我们要培养怎样的人，怎样的读书人，甚至是怎样的知识分子。所以，要反思通识教育，首先要回到大学本身。

二、大学与通识教育

大学，从其精神层面看，正如朱子所言"大学者，大人之学"。博学虽可以为政，却从格物致知、正心诚意而起。大学之道，虚灵不昧。卢梭也曾说教育有

---

① 黄俊杰. 台湾各大学院校通识教育现状：对于评鉴报告的初步观察 [J]. 大学通识报，2006（1）：28-39.

② 1998 年 12 月教育部制定了《面向 21 世纪教育振兴行动计划》，提出"高等教育入学率由 1997 年的 9.1%（新口径）提高到 2000 年的 11% 左右。普通高等学校生师比由 1997 年的 10:1 提高到 2000 年的 12:1，独立设置的普通高校平均在校生规模达到 4 000 人左右。"由此我国高等院校开始了大规模扩招。而根据教育部的最新统计，2014 年高校毕业生将达到 727 万。扩招的初衷之一便是延缓就业压力，提高劳动者素质。不过，扩招只是将就业高峰推迟而已。

③ 金耀基. 大学之理念 [M]. 北京：生活·读书·新知三联书店，2001.

自然人的教育和公民的教育，而好的社会制度则会改变人的天性，从自我的绝对存在、独立的个人状态转到共同体中去，成为共同体的一部分。① 这同大学之道也有相通之处。然而不能忽视的是，君子也罢，公民也罢，都是有道德的人，有公心的人。教化虽有士民、官民之别，看似无西洋教育求人之平等、博爱，但亲民、新民之义，也大可发扬，自天子以至庶人，皆以修身为本。就此而言，大学之精神，古今中外都兼顾修身与治世，可谓内圣外王之道。

大学，从其组织形态看，现代大学的起源可以追溯到中世纪，例如巴黎大学、博隆纳大学、牛津大学、剑桥大学，当然它们与教会密不可分。至于中国古代春秋时期的书院或者古希腊、罗马的学院，与现代大学都相去甚远。英文中 university 的含义，与之最接近的中古词语是 studium generale 和 universitas，意指从世界各地求学的学生聚集在一起，带有学术法团的意思。② 社会学家涂尔干考证之后认为，universitas 一开始并不指"集体性学术建制"，它本是法律用语，意思是"一体性的团体"，即法团。而它和 societas，consortium 是同义词，甚至是互换的。在少数情况下，universitas"可以指知识的整全，指人类学问的总体"，但"也用来指整体当中的部分"。在中世纪，只有极少的大学是百科全书式教学，不少大学都是仅限一门学科。③ 大学词义的变化，揭示了大学作为法团存在的悠久传统，意味着教师和学生可以有自己的团体，如巴黎大学就已经存在神圣的就职礼和执教权仪式。大学的管理模式，学者的职业伦理，都成为现代社会不可或缺的思想资源。

大学，从其地位看，雅斯贝尔斯（Karl Jaspers）称大学为"国中之国"（the university as a state within the state）。大学的存在依赖一定的政治条件，比如政治体的雍容大度（good grace），但是国家应当承认大学有自己的旨趣（its own interests）。威风凛凛的君王在大学面前都不能拔出自己的宝剑。大学拥有免受国家干扰（interference）的豁免权。不仅如此，国家还应当隆敬大学，使其免受其他各种形式的干扰，可谓为之"负弩前驱"。④

大学，从其功能看，国家之所以对大学如此"厚爱"，是因为大学昭示了知

① 卢梭. 爱弥儿 [M]. 李平沤，译. 北京：商务印书馆，2007.

② 金耀基. 大学之理念 [M]. 北京：生活·读书·新知三联书店，2001.

③ 涂尔干. 教育思想的演进 [M]. 李康，译. 渠东，校. 上海：上海人民出版社，2006.

④ Karl Jaspers. *The Idea of the University* [M]. translated by H. A. T. Reiche. Boston：Beacon Press，1959：121.

识分子的良知，聚在大学里的这批职业人只对真理的发展承担无限的责任（bear unlimited responsibility for the development of truth）。① 同样地，真理的传播也是高校教师的职责。

不过，就业率已经成为决定某个学科地位的重要依据，也决定了国家财政的投入以及师资的配备、招生的规模。学生工作的"好坏"，成为上上下下关心的大事，甚至一名导师能否收到学生，也要看他能否对学生的就业有所帮助，学校或院系甚至以此来考核教师。如此，学校俨然成为"技校"和"职业介绍所"。学生的就业固然是全社会都应关注的问题，但如此急功近利的教育理念，恐怕会适得其反，它只会从整体上降低高校的教育水平，而教学本身已经失去了独立的意义，学术也沦为圈钱的招牌。即便在校的学生想获得谋生的"技术"，也会因整个大学的堕落而不可得。

大学因其兼容并包的精神，呈现给学生的是多学科的视角、多元的价值理念，至于它们最后的取舍、融汇，都是由学生自己完成。尤其是通过阅读经典著作的途径，学生会建立自己的知识谱系。以赛亚·柏林曾经以狐狸和刺猬来比喻两种类型的学者，刺猬只会一种动作，而狐狸要"狡猾"的多。这里狐狸其实代表了价值多元和选择自由。我们所处的时代，个人的命运就是如此，应该努力去寻找属于自己的守护神。

大学是讲道理的地方，这是真实的互动，与虚拟世界的骂架截然不同。而当下的中国陷入了某种悖论之中，一方面网络成为全民参与、表达意见的窗口，但其中缺少理性的思维，不管是普通大众还是意见领袖，多以口号发泄不满、鼓动人心。他们以最简单却又最抽象的语言交锋，根本谈不上平心静气地交流。另一方面，社会上三教九流各色人等纷纷上阵，奇谈怪论屡见不鲜，人们被各种标新立异的论调搞得七颠八倒，不过，这两种情况都是心智尚不成熟的表现。人们与其说是在演说，不如说是在战斗。

社会的肌体无力，社会的精神错乱，不会被密封在少数人的圈子里，它们会攻城拔寨，弥散出来，传染给全体社会成员。通识教育就是因其诚而感人，因其真而服人，因其美而动人。

通识教育是往干涸的精神之河中注入涓涓细流，相信积水终成渊。"青山遮

---

① 黄俊杰. 台湾各大学院校通识教育现状：对于评鉴报告的初步观察 [J]. 高教发展与评估，2006（7）：7–19.

不住，毕竟东流去"，浩浩荡荡，气势磅礴。通识教育就是为那些爱思考的学生准备的思想盛宴。凡事预则立，不预则废。在此社会变革之际，纵使他人不知曲突徙薪之法，而有识者却知"防患于未然"之理。通识教育的推行者，即通晓此理之人，不求声势，踏踏实实，筚路蓝缕，泽被后世。他们未雨绸缪，持之以恒，集腋成裘。现在，通识教育在大学之中往往被指责为郢中白雪，曲高和寡，或者虚有其表，有名无实。然跬步千里，精诚所至，金石为开；明德惟馨，积德裕后，又岂能急于求成？

三、社会学与通识教育

古典社会学家，很难称之为单纯的社会学家，他们在社会理论的诸多领域中施展拳脚。例如，涂尔干除了对社会学领域有极大影响外，在人类学、宗教学、政治学、社会史方面也是功勋卓著，战后法国的结构主义也从他这里受益良多。韦伯也是一位天才式的思想家，法学、经济学、史学、宗教学、管理学也都从他这里汲取营养。其他社会学家如马克思、齐美尔、滕尼斯、帕累托等，都可谓"三头六臂"，功留青史。

不过，通识不等于通才，通识教育在社会学中的引入，与社会学学科本身的包容性有直接关系。无论是孔德还是涂尔干，都承认天文学、物理学、生理学、心理学是社会学的先导，而这些学科所"牢固确立起来的决定论观念最终扩展到社会秩序的时候，社会学才会出现"。在此之前，百科全书派的人已经提出"世界是一体的，所以科学也是一体的"，他们为社会学的产生扫除了障碍①。如果在孔德那里，"社会实在"还比较含糊的话，那么涂尔干在承认社会的总体性的同时，也区分了特殊问题的主题。

根据社会事实的类型，涂尔干划分了分支社会学，总体上它包括三大类：社会形态学、社会生理学和普通社会学。社会形态学研究社会的"外貌"，比如人口容量、人口密度、人们的聚居形态和地理环境。它们处理构成社会的基质，类似于解剖学研究组织和器官的构造。社会生理学则研究社会的生命现象，类似组织器官的功能。社会生理学更是细分为研究宗教信仰和仪轨的宗教社会学，研究道德观念和民俗的道德社会学，研究经济制度、生产、交换、分配的经济社会学，以及研究其他社会现象的法律社会学、语言社会学、审美社会学等。普通社

---

① 涂尔干. 社会学 [M]. 渠东，译. 上海：上海人民出版社，2006.

会学属于社会学的哲学部分，通过使用比较、系统的研究方法，在特殊的现象、规律中寻找更为普遍的特性。①

社会学的分支涉及多种社会科学，它将经济、政治、宗教、民族等社会现象纳入其研究范畴。虽然在此之前它们都已经有专门的研究，但是涂尔干认为，这些现象的"真正本性"——社会特征——并没有被表现出来，它们离开了地面悬浮在半空中。要了解这些现象，必须将它们置于"彼此联系"的"集体环境"中。② 社会学不是将上述学科的研究简单地拼凑起来，它添加的重要的东西就是社会性。

我们仅仅以涂尔干的观点说明了社会学的复杂性和包容性，但至少已经表明社会学的开放心态，以及与其他学科天然的交叉性，这与通识教育的根本精神不谋而合。所以，在社会学的教学过程中，笔者鼓励学生阅读文学、史学、经济学的经典作品，在课程的讲授中，也运用诗歌、回忆录等更容易为学生接受的方式讲解一些较为抽象的概念。对于一种学说，也极力回溯当时的历史背景，营造一种具体的经验环境。社会学教学本身即为社会学理念的实践。

四、小结

通过一学期的教学实践，笔者认为在社会学课程的教学中，通识教育与专业教育之间并不存在必然冲突，甚至在人文社会科学领域，二者之间也并不冲突。

首先，就学科的发展史看，文学、史学、哲学，是人文社会科学的共同祖先。现代的社会科学几乎都是从哲学中分离出来的。

其次，从学科的问题意识看，同样的社会科学问题，文学和史学也会以其独特的方式呈现出来，甚至提供了普通社会科学难以企及的高度和深度。除了训诂外，文学亦有文论；史学除了考据和史料外，亦有史论、史识、史观。陈寅恪先生"以诗证史"的研究方法，在文学和史学领域分别有着极高的建树。即便对于同一问题，陈先生也可以从文学、史学两端双管齐下。反方向看，钱锺书先生则"以史证诗"，援经引史，不止于证，更兼有阐发义理、判断是非、裁定曲直的深意。在中学脉络中，史学与经学更是密不可分，章学诚先生在《文史通义》中提出"六经皆史也"，虽在质疑经书皆为圣人垂教之作。王阳明先生也提出

---

① 涂尔干. 社会学与社会科学 [M]. 傅德根，译. 上海：上海人民出版社，2006.

② 涂尔干. 社会学 [M]. 渠东，译. 上海：上海人民出版社，2006.

"以事言谓之史，以道言谓之经，事即道，道即事"。

对于通识教育的目标，笔者以为不求立竿见影，欲速则不达，反有悖初衷。通识教育更多的是开拓学生的视野，启发他们的问题意识，指明若干可行的研究方向。甚至，如果进行较大程度的本科生培养模式改革，例如大一、大二不分专业，则对于以人文社会科学为主的学校来说是可行的。如此，通识教育就可以在一、二年级集中开展，而它所发挥的作用正如涂尔干在《教育思想的演进》中对"艺学院"功能的界定一样——前厅。虽然在 19 世纪之前，西方的大学也多以教学为主要任务，但是涂尔干发现在中世纪的巴黎大学，组成它的四个学院中，法学院、神学院和医学院是以专业为取向的，"为年轻人的特定职业生涯做好准备"。而艺学院却是非专业教育的机构，"在巴黎大学里，它所扮演的角色就相当于如今的中等教育。它其实就像一间公用的前厅，任何人要想进入其他三个系，都必须先经过它。学生必须先在这个系里耗上一定的时间，才能继续攻读神学、医学或法学方面的课程"①。可见，艺学院相当于预科学校。如今我国的教育体制内，中学直接过渡到大学本科，由基础教育直接转向专业教育，这样或许有些匆忙，而通识教育正好起到预科的作用。

如果要在大学中推行通识教育，我们还需要讨论一些基本问题。通识教育的初衷是偏理想主义的，它假定人的完整性，以及不同学科的学生可以有一个相通的知识平台，但这个相通的平台，是否要求所有专业的学生同读一本或几本经典，我想显然不是这样的。1978 年，哈佛大学的核心课程报告也只是提供了一份纲领性的共识，它要求学生一定要有主修，核心课程的选择也是广泛的；选修课所占的比重较大，因为他们深知大学已经不再是提供答案的地方，而是提出问题、自主探索未知的起点。②

在课程的形式上，学术讲座与系统性课程之间如何平衡，需要在学校和院系层面进行协调。香港诸多大学中设立学校一级的通识教育中心，或许可以为我们提供借鉴。在课程的考核上，如果以修够学分为考核的指标，尽管考核的内容可以是考试或者论文，那么这会遇到一个关键问题，即学生对通识课程的内容是否感兴趣，如何避免通识教育流于形式，也就是说，兴趣本身又该如何培养，还需要我们更多的思考。

---

① 涂尔干. 教育思想的演进［M］. 李康，译. 渠东，校. 上海：上海人民出版社，2006.
② 金耀基. 大学之理念［M］. 北京：生活·读书·新知三联书店，2001：58.

参考文献

［1］黄俊杰．台湾各大学院校通识教育现状：对于评鉴报告的初步观察［J］．大学通识报，2006（1）．

［2］金耀基．大学之理念［M］．北京：生活·读书·新知三联书店，2001.

［3］梁美仪，才清华．香港各大学通识教育现况概览［J］．大学通识报，2006（1）．

［4］卢梭．爱弥儿［M］．李平沤，译．北京：商务印书馆，2007.

［5］涂尔干．乱伦禁忌及其起源［M］．渠东，译．上海：上海人民出版社，2006.

［6］涂尔干．乱伦禁忌及其起源［M］．傅德根，译．上海：上海人民出版社，2006.

［7］涂尔干．教育思想的演进［M］．李康，译．渠东，校．上海：上海人民出版社，2006.

［8］Karl Jaspers. *The Idea of the University*. translated by H. A. T. Reiche. Boston. Beacon Press，1959.

14. 基于多任务委托代理模型的高校教师的激励合同研究

李晓曼

一、问题的提出

教学与科研是高校教师的两项基本任务，其完成效果直接决定了大学的长期声誉和社会价值。在此基础上，高校管理层与教师之间形成了一种多任务委托代理关系。为让教师自发地选择有利于高校管理层的行动，避免教师偏离高校的目标，高校必须兼顾教师从事两种任务的激励。

我们通过评估教师发表文章的数量和质量，就可以对教师的研究绩效进行准确考核。而对教学活动而言，高校要准确度量每个教师的绩效是非常困难的。在这种激励失衡的背景下，教师更热衷于追求科研成果而敷衍教学工作，倾向于在容易度量的科研上投入更多的精力。因此，探索如何针对高校教师进行多任务激励，从而有效提升教师对教学工作的投入就显得很有价值。

本文拟在霍姆斯特姆和米尔格罗姆（1991）所开创的多任务委托代理模型的基础上，建立一个适合高校教师绩效评价和激励的多任务模型，并研究这种激励机制对教师行为选择的影响和效果，旨在为我国现行的高校教师激励制度提出可行的建议。

二、模型建立及假设

在委托代理关系中，没有私人信息的一方称为委托人，处于信息优势的一方称为代理人。标准的委托—代理理论建立在两个基本假设上，即委托人对随机的产出没有贡献以及代理人的行为不易直接被委托人观察到。委托—代理理论经过30多年的发展，主要取得了三方面的成果：一是基本的委托代理模型已经发展得很成熟；二是归功于霍姆斯特姆和米尔格罗姆在1991年的开创性工作，委托代理分析方法已经从传统的单个代理人的单维努力发展到了将代理人的多维努力向量纳入分析决策；三是委托—代理理论得到了进一步的充实和扩张，并被广泛用来解释经济生活中的各种现象，研究在信息不对称的前提下的委托人如何通过最优契约的设计来激励代理人。

多任务委托代理模型正好可以用来解释高校在激励过程中对教师教学和科研两个方面都进行投入的要求。

假设一：在高校与教师的委托代理关系中只有一个委托人和一个代理教师，且委托人是风险中性的，教师的效用函数具有不变的绝对风险规避特征，即 $U = -e^{-\rho\omega}$，其中 ρ 是阿罗—帕拉特绝对风险规避度量，ω 为教师的工资。

假设二：教师对任务的努力是一个二维的向量（α_1，α_2），分别代表教师在科研任务和教学任务上的努力。教师的能力、努力程度和一些外生扰动因素（例如对于教学活动来说，学生的努力程度就包括在外生扰动项里）就共同决定了教师的产出。θ 是教师的能力水平，因此可以观测到的产出为 $\pi_i = \theta\alpha_i + \varepsilon_i$（$i = 1$，2）。$\varepsilon_i$ 服从正态分布 $N(0, \sigma_i^2)$，且 ε_1 与 ε_2 相互独立。

假设三：代理人的成本函数为 $C(\alpha_1, \alpha_2, \theta) = \theta/2(\alpha_1^2 + \alpha_2^2) + \delta\alpha_1\alpha_2$，其中 α_1 和 α_2 为成本系数，$-1/\theta < \delta < 1/\theta$。当 $-1/\theta < \delta < 0$ 时，两种任务可以不完全的互补；$0 < \delta < 1/\theta$ 时，两项任务可以不完全的替代。

假设四：教师的工资 $\omega = \alpha + \beta_1\pi_1 + \beta_2\pi_2$，其中 a 为委托人为代理人提供的固定工资，$\pi_1$、$\pi_2$ 为教师在教学与科研上的产出，β_1、β_2 为委托人对产出的分享比例。

三、基于多任务委托代理模型的激励机制分析

（一）委托人的期望收入

依据我们对委托人风险中性的假设，其代理人的期望效用即为其期望收入，可表示为：

$$E(U_1) = E(\pi_1 + \pi_2 - \omega) = (1 - \beta_1) - \theta_{\alpha_1} + (1 - \beta_2)\theta_{\alpha_2} - a$$

（二）代理人确定性等价

代理人是风险规避的，因此其确定性等价效用 U_2 为：

$$U_2 = E(U_2) - \frac{1}{2}\rho Var(U_2) = a + \beta_1\theta\alpha_1 + \beta_2\theta\alpha_2 - \frac{\alpha_1^2}{2\theta} - \frac{\alpha_2^2}{2\theta} - \alpha_1\alpha_3\delta - \frac{\rho}{2}(\beta_1^2\sigma_1^2 + \beta_2^2\sigma_2^2)$$

（三）最优决策

根据委托代理论，教师作为经济人在最大化自己的期望效用函数时，面临着来自代理人的两个约束：参与约束（participation constraint）与激励相容约束

（incentive compatibility constraint）。前者又称为个人理性约束，指代理人从接受合同中得到的期望效用不能小于不接受合同时能得到的最大期望效用，而其不接受合同时得到的最大期望效用取决于他面临的其他市场机会，即其保留工资水平；后者指由于委托人不能观测到代理人的行为状态，在任何形式的合同下，代理人总是选择使自己的期望效用最大化的行动。因此，任何委托人希望的行动都仅仅只能依靠代理人追求效用最大化行为。因此，代理人教师决策方程如下：

$$\max \left[(1-\beta_1) \theta_{\alpha_1} + (1-\beta_2) \theta_{\alpha_2} - \alpha \right]$$

参与约束条件为：

$$\alpha + \beta_1 \theta_{\alpha_1} + \beta_2 \theta_{\alpha_2} - \frac{\alpha_1^2}{2\theta} - \frac{\alpha_2^2}{2\theta} - \alpha_1 \alpha_2 \delta - \frac{\rho}{2} (\beta_1^2 \sigma_1^2 + \beta_2^2 \sigma_2^2) \geq \omega_0$$

激励相容条件为：

$$(\alpha_1, \alpha_2) \in \operatorname{argmax} \alpha + \beta_1 \theta \alpha_1 + \beta_2 \theta \alpha_2 - \frac{\alpha_1^2}{2\theta} - \frac{\alpha_2^2}{2\theta} - \alpha_1 \alpha_2 \delta - \frac{\rho}{2} (\beta_1^2 \sigma_1^2 + \beta_2^2 \sigma_2^2)$$

其中 ω_0 为教师的保留工资水平。根据激励相容条件的一阶条件可以得到

$$\alpha_1^* = \frac{\beta_1 \theta^2 - \beta_2 \theta^2 \delta}{1 - \delta^2 \theta^2}, \quad \alpha_2^* = \frac{\beta_2 \theta^2 - \beta_1 \theta^2 \delta}{1 - \delta^2 \theta^2}$$

为达到最优决策水平，根据参与约束等式，委托人不会给代理人更多收益，因此

$$-\alpha = \beta_1 \theta_{\alpha_1} + \beta_2 \theta_{\alpha_2} - \frac{\alpha_1^2}{2\theta} - \frac{\alpha_2^2}{2\theta} - \alpha_1 \alpha_2 \delta - \frac{\rho}{2} (\beta_1^2 \sigma_1^2 + \beta_2^2 \sigma_2^2) - \omega_0$$

将两个约束条件代入决策方程中可得：

$$\frac{\beta_1^*}{\beta_2^*} = \frac{\theta^3 + \rho \sigma_2^2 (1 - \theta\delta)}{\theta^3 + \rho \sigma_1^2 (1 - \theta\delta)}$$

（四）模型的进一步推导

$\dfrac{\beta_1^*}{\beta_2^*}$ 即是我们主要关注的内容，是委托人对代理人两项任务产出的分享比例，因此代表着高校对教师教学与科研两项任务的相对激励程度。为考察不同变量对这一激励强度的影响，我们分别对 $\dfrac{\beta_1^*}{\beta_2^*} = \phi (\theta, \rho, \sigma_1^2, \sigma_2^2, \delta)$ 求偏导数，其中 σ_1^2 与 σ_2^2 分别代表科研与教学两种任务的不确定性程度。

1. 求 σ_1^2 与 σ_2^2 的偏导数

$$\frac{\partial \phi}{\partial \sigma_1^2} = \frac{(1-\theta\delta) \rho [\theta^3 + (1-\theta\delta)] \rho \sigma_2^2}{\theta^3 + \rho \sigma_1^2 (1-\theta\delta)} < 0$$

$$\frac{\partial \phi}{\partial \sigma_2^2} = \frac{(1 - \theta\delta) \rho}{\theta^3 + \rho\sigma_1^2 (1 - \theta\delta)} > 0$$

上式说明相对激励强度与任务的不确定性的关系如下：激励强度随着科研任务的不确定性增加而降低，却随着教学任务不确定性的增加而增加。

结论一：在其他条件不变的情况下，随着教师科研努力的不确定性增加，为保证高校满意的产出，必须增加对科研性努力的相对激励强度，即对两种任务的激励相对强度应该与其不确定性正相关。

2. 对 ρ 求偏导数

$$\frac{\partial \phi}{\partial \rho} = \frac{\theta^3 (1 - \theta\delta) (\sigma_2^2 - \sigma_1^2)}{[\theta^3 + \rho\sigma_1^2 (1 - \theta\delta)]^2}$$

若 $\sigma_1^2 > \sigma_2^2$，$\frac{\partial \phi}{\partial \rho} < 0$；$\sigma_1^2 < \sigma_2^2$，$\frac{\partial \phi}{\partial \rho} > 0$

也就是说，考虑到教师是风险规避性的经济人，高校对教师的激励程度应该取决于两种任务不确定性的相对程度，即当科研的不确定性高于教学时，高校应该降低对于教师的科研激励；反之，高校应该选择增加对于教师的科研激励。

结论二：在其他条件不变的情况下，随着教师风险规避程度的增加，高校应该降低对于不确定性更高的那项任务的激励强度。

3. 对 δ 求偏导数

$$\frac{\partial \phi}{\partial \delta} = \frac{\theta^4 \rho (\sigma_1^2 - \sigma_2^2)}{[\theta^3 + \rho\sigma_1^2 (1 - \theta\delta)]^2}$$

当 δ 为 0 时，意味着两项任务是完全独立的，此时激励系数 $\beta_1^* = \frac{\theta^3}{\theta^3 + \rho\sigma_1^2}$，$\beta_2^* = \frac{\theta^3}{\theta^3 + \rho\sigma_2^2}$，此时相当于两个单项任务的激励强度。当 $\sigma_1^2 > \sigma_2^2$；$\frac{\partial \phi}{\partial \delta} > 0$，当 $\sigma_1^2 < \sigma_2^2$，$\frac{\partial \phi}{\partial \delta} < 0$。

这意味着当教学和科研属于不完全替代任务时，随着任务间替代程度的增强，应该提高对科研任务的相对激励强度；而若教学与科研属于不完全互补型的任务时，随着两项任务互补程度的提高，应该降低对科研的相对激励强度。

结论三：在其他条件不变的情况下，随着这两项任务内容之间替代性的增加，高校应该提高对不确定性较高的任务的相对激励强度；随着两项任务内容之间互补性的增加，高校应该增加不确定性较低的任务的相对激励强度。

4. 对 θ 求偏导数

$$\frac{\partial\phi}{\partial\theta} = \frac{\left[\delta\theta^3\rho + 3\theta^2\rho\ (1-\theta\delta)\ (\sigma_1^2-\sigma_2^2)\right]}{\left[\theta^3 + \rho\sigma_1^2\ (1-\theta\delta)\right]^2}$$

当 $\sigma_1^2 > \sigma_2^2$，$\frac{\partial\phi}{\partial\theta} > 0$，说明当科研任务的不确定性高于教学任务时，高校应该增加对于能力较高的教师的科研激励强度；而当 $\sigma_1^2 < \sigma_2^2$，$\frac{\partial\phi}{\partial\theta} < 0$，意味着当教学的不确定性高于科研任务时，高校为获得最大收益应该增加对能力较高的教师教学任务的激励程度。

结论四：在其他条件不变的情况下，随着教师能力的增加，高校应该选择增加不确定性更高的任务的相对激励强度。

四、基于多任务委托代理模型的教师激励方法

通过上述对于多任务—委托代理模型中各个因素的分析，我们得出的一个主要结论是：当教师同时面临科研与教学两个任务时，如果某些任务的完成情况是容易衡量的（确定性），某些任务的完成情况是不容易衡量（不确定性），则此时固定工资就优于绩效激励计划。因为如果高校给教师基于业绩的激励，教师就容易把所有的精力都投入到那些容易衡量成果的个别任务上（例如科研），而不愿意把精力投入到那些不容易衡量成果的任务上，从而扭曲资源配置。这也解释了欧美等发达国家在高校推行的终身教职制，意味着委托人给代理人提供一个固定的合同，从而有助于平衡教师对教学与科研的投入。

具体来说，高校在针对教师的激励上需要针对本校教师的能力分布情况、年龄结构（年龄在某种程度上与风险偏好程度密切相关）以及教学与科研在教师工作中的互补程度设计个性化的激励方案。

第一，由于教师在科研上的付出很容易从论文成果的数量以及质量上得到准确的衡量，而教学付出则在很大程度上取决于课程难度、学生的天资和努力程度以及一些随机因素，因此教学任务的不确定性高于科研。根据结论一，对两种任务的激励相对强度应该与其不确定性正相关，高校需要加强对教师教学活动的激励强度。

第二，根据结论二，若高校教师的平均年龄偏高，意味着教师整体的风险厌恶度加深，此时，高校可能需要降低对于教学活动的相对激励强度，防止科研整体表现的萎靡。反之，若高校的教师队伍偏向年轻化，高校此时需要降低对于科

研活动的相对激励强度，防止教师过于重科研而忽视了教学质量的提升。

第三，根据结论三，若教学与科研互相挤占老师的工作时间表现出很强的替代性，高校需要增加对于教学的激励强度；若教学与科研表现出了一定的互补性，此时高校可以适当增加对于科研的激励强度。这就说明，高校需要根据本校的具体情况，以及教学和科研在一定时期的关系变动，适时调整对于两者之间的相对激励强度。

第四，结论四为高校给海归和本地老师提供不同的激励合同提供了理论依据。假设取得海外学位的教师群体的总体能力水平高于在国内取得学位的教师群体，那么为海归教师提供更优厚的底薪待遇就是具有效率的决策。这有助于提升高能力群体科研成果数量并且引导其将更多的精力投向教学活动。

第五，教学与科研任务的不确定性的相对水平直接由高校采取的评价方式所决定，因此为建立起有效的高校教师激励体系，高校有必要完善现有学生评教体系，寻求增强其信度与效度的方法，并且着力探索高质量的教学评价指标体系，使得教师在教学上的投入能够得到公正、客观、准确的评价。

15. 高校考试内容和方法的改革与实践

边文霞

人们在生活中认识自己、了解他人，彼此关心、合作，是维持共同生存、促进社会发展的重要条件。比如选择人才时的考试制度，被世界公认为是心理测验的开端。到底什么是考试？考试与教育的关系怎样？考试有何种作用等均是本次教学改革实践的主要内容。

一、考试内涵

《教育辞典》解释"考试是对学生的学业成绩进行检查并做出评定所用的方法"①。《中华小百科全书·教育卷》中将"考试"释为"考核知识掌握程度和技术、能力水平的一种方式"②。《辞海》对考试的解释是："学校评价学生学业成绩的制度之一，检查学生学习情况和教学效果的重要方法。"

廖平胜教授对考试的界定为："考试是一定组织中的考试主体根据考试目的需要，选择运用有关资料，对考试客体某方面或诸方面的素质水平进行测度、甄别和评价的一种社会活动"③，"根据一定的考核目的，让被试者在规定时间内，按指定的方式、要求来解答试题，并对其解答结果评等级、记分。具有评定、诊断、反馈、预测和激励的功能，是教育测量的工具之一"④。廖平胜先生对考试的定义是一种较为具体的说法，包括了考试的具体过程，同时也指出了考试中的几个要素：即考试目的、出考者、受试者以及试题。

杨学为、朱仇美、张海鹏（1992）认为"考试是一种严格而又庄严的科学鉴别方法，是让考试对象在规定的时间内按指定的方式解答精心选定的题目，对解答的结果评分，为主考者提供考试对象某方面的知识和能力状况信息"⑤。

综上所述，考试具有在同等条件下对受试者某方面或某几方面素质进行测

---

① 陈玉琨. 教育评估的理论与技术 [M]. 广州：广东高等教育出版社，1987.
② 顾明远，申杲华. 学校考试与命题管理运作全书 [M]. 北京：开明出版社，1995.
③ 廖平胜. 论考试的本质与功能 [M]. 天津：天津大学出版社，2002.
④ 廖平胜. 论考试系统的结构要素及其关系 [J]. 湖北招生考试，2002（12）.
⑤ 杨学为，朱仇美，张海鹏. 中国考试制度史资料选编 [M]. 合肥：黄山书社，1992.

试、诊断、鉴定的功能，是针对教育教学质量进行有效测评的工具之一。

而所谓"学校的课程考试"则是在考试定义的基础上将考试场所缩小到正规学校范畴内，即"根据课程教育与教学目标的要求，由学校或教师个体编制和主持实施的一种诊断、检测、评价教学活动的手段"①。

二、考试与教育的关系

廖平胜教授（1988）认为"考试与教学的关系是既密切关联又相互独立、既相互促进又彼此制约，各以不同方式发挥其在实现学校教育基本任务中的作用"。

在考试与教学的关系中，有学者认为学校目标与教学目标是相一致的②，而廖平胜教授认为"就学校教育的整体而论，学校考试只是学校教育工作的一个方面，要受制于学校教育的内外部规律。然而，学校考试作为学校教育实现培养目标的重要手段，它又能动地作用于学校教育的其他方面"③。因此学校与教学是一种地位从属、交互影响的关系④。

（一）地位从属

首先，两者目标之间的从属关系，主要体现在考试目标必须服从于学校教育目标，同时学校考试作为教学过程中一个非常重要的环节，它又必须服从教学目标和课程目标，无论是安置性考试、诊断性考试、成就性考试都必须以教学大纲为依据进行考试测量。

其次，两者之间的从属关系，还体现学校的考试内容必须服从学校的教学内容。学校教育的教学内容是学校考试的物质基础，"人类教育发展的历史表明，学校考试的内容总量是随着学校教学内容的变化发展而变化的。例如雅典贵族学校的教学内容除体操、军事外，还有读、写、算、音乐、文字、政治、哲学内容，其学校考试内容则为文法、诗韵、曲谱等内容的口头背诵测试，以及音乐、舞蹈、书写的操作性测验"⑤。

然而，也有学者认为教学是一个较长时间的认知过程，而考试只是对这个过

---

① 刘玉侠. 学校考试与学校教育关系研究［M］. 上海：华东师范大学出版社，2003.
② 杨晶晶. 高校教考和谐的考试系统的研究［D］. 呼和浩特：内蒙古师范大学，2007.
③ 廖平胜. 考试学［M］. 武汉：华中师范大学出版社，1987.
④ 刘玉侠. 学校考试与学校教育关系研究［D］. 上海：华东师范大学，2003.
⑤ 廖平胜，何雄智，梁其健. 考试学［M］. 武汉：华中师范出版社，1988：344.

程的最后阶段学生所具备的知识、能力水平的状态测量，因此，考试内容并不是教学内容的完整反映，考试对教学过程中的状态和各种因素影响的反映是十分有限的①。

（二）交互影响

1. 学校教育对学校考试的影响

学校教育对学校考试的影响可以从以下三方面看：

首先，学校教育目的决定学校考试的目的和类型，比如在资本主义制度和社会主义制度下的学校教育目的就有着本质的区别，因此学校考试的目的就会存在着根本差别。

其次，学校教育环境制约学校考试反馈信息的利用。

再次，学生的身心发展规律制约着考试内容的设计和实施②。

2. 学校考试对学校教育信息的反馈

（1）学校考试影响学校教学效果。如果师生以积极的心态看待考试结果，不盲目崇拜分数，也不把取得高分作为学习过程中的终极目标，而只是作为一种激励手段，那么考试就能使学校教育、教学效果得到提高，否则只会导致学校教育、教学质量下降。

（2）学校考试制约学校教学内容和方法。教师会根据学校考试的内容而选择教学的内容和教学方法，这就是考试在教学过程中"指挥棒"的作用。

（3）学校考试反映了学校的教学效果，这也是考试的主要责任。考试成绩可以反映教师在教学环境中哪里讲的比较好，哪种讲课方法比较适用，同时也反映了学生哪些地方掌握得好哪些地方掌握得不好，师生间依据考试成绩同时进行改进和提高。

三、考试的作用

日本学者梶田睿一先生在《现代教育评价论》一书中所指出："无论是考试或考查，都是为了把教育本身放在合理的基础上……运用更合适的形式促进学生的成长、发展"；同时强调，以考试为中心的教育评价，"无论是把它看作反馈机能也好，或者是看作'加速器'的机能也好，都是为了以稳健的步伐有组织

---

① 杨晶晶. 高校教考和谐的考试系统的研究 [D]. 呼和浩特：内蒙古师范大学，2007.

② 刘玉侠. 学校考试与学校教育关系研究 [D]. 上海：华东师范大学，2003.

地进行学习所必不可少的措施"①。

图 1 是笔者将高校课程考试分为三部分：除大家所熟知的期末考试，还应包含有平时阶段性考试及知识形成过程的隐性测试。

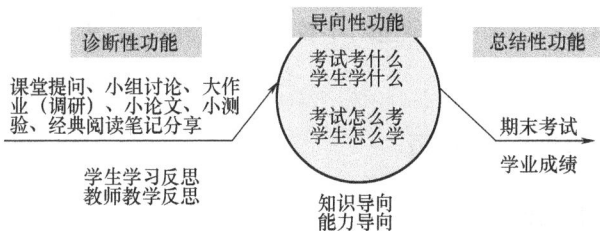

图 1　考试功能图

（一）提高教师教育教学质量

对教师来说，通过考试可以及时了解学生的学习情况和获得教学效果的反馈信息，从反馈信息中了解前期的教学效果以及自我反省在教学过程中的优缺点，例如教学内容是否适度、方法是否恰当，从而更好地提高教师教学水平，促进教学目标的实现。

（二）优化学校行政管理

首先，为学校教育班级管理决策提供依据。学校需要将不同身心发展水平的学生分成不同的班级或组别，并要求在学校教学的过程中能及时发现教学过程中存在的问题及其成因。

其次，学校考试为学生的升留级、评奖和确定毕业资格提供依据②。

（三）促进学生自身发展

正如梶田睿一先生曾经指出："如能在教育中恰当地开展评价活动，并为教育工作而灵活运用评价的结果，那就有可能保证所有的孩子都具有一定的学力，有可能实现既不强迫又不浪费的恰当的教学指导，以及养成孩子对自己进行恰当的自我评价的习惯，造成理想状态的教育。③"

考试对于促进学生发展作用主要表现在：

首先，考试是提高学生学习能力和促进其自身素质发展的有效手段。

---

① 梶田睿一. 教育评价 [M]. 李守福，译. 长春：吉林教育出版社，1988.

② 刘玉侠. 学校考试与学校教育关系研究 [D]. 上海：华东师范大学，2003.

③ 左艳芳，郑长成. 论高校课程考试的目标与措施 [J]. 湖南科技学院学报，2006（7）.

其次，学生可以及时得到学习效果的反馈信息，明确自己学习中的优劣势进而扬长避短。

再次，考试是评定学生的学业成绩是否达到规定教学目标的重要手段。对于学生来讲，考试既是压力，也是动力，它能发现每一个学生在知识、素质和修养方面的不足，如果能正确引导学生对学校考试的态度，这种压力将会转化为学生学习的动力。

四、高校考试中现存的问题

（一）以成绩为唯一目的，忽略教学目标的真正意义

在高校课程考试中，成绩成为追求的主要目标，进而忽略了教学目标中的其他要求。调查结果显示，43%的学生认为得到分数是考试的首要目的。"分分小命根"这句话说出了传统考试的本质。在现行高校中把分数的高低简单等同于知识素质状况，甚至是其综合素质的主要反映，同时以分数作为衡量好与坏、行与不行的标准的情况比比皆是。

然而考试的直接目的就是为了让老师解学生的发展进程以改进教学，但是大部分的老师认为考试对教学的帮助作用不是很大或者根本不大。这种倾向误解了考试的真正目的，甚至与教学目标的要求是相悖的。

（二）以教材为考试内容，束缚教法和学法

有学者通过调查显示[1]，分别有51%的学生和49%的教师认为考试内容中占比例较大的是课本中的内容。

由于考试具有导向作用，以课本为考试内容会引导教师在教学时以课本内容为重点，相应地，教师就会采用规范性的语言、规范性的板书向学生讲解。教师不能采用多样化的教学方法，这严重影响了老师教学的态度。

同时，大部分高校现在都实行"老师教什么，学生学什么，考试考什么"，容易造成考试内容中记忆性成分所占比重过大的情况，这样容易造成学生的知识面狭窄，进而不利于学生创新能力的培养和个性的发展。

（三）考试方式方法单一，影响学生全面发展

目前高校的大部分课程考试偏重于闭卷笔试。闭卷笔试这种考试形式操作简单、便于管理，但有一定的局限性：试卷所涵盖的内容有限，考核的知识面窄，

---

[1] 杨晶晶．高校教考和谐的考试系统的研究［D］．呼和浩特：内蒙古师范大学，2007．

考察点代表性差。这种单一的考试方式不能充分发挥学生的主动性和创造性，也不能很好地检测学习质量。这会使学生忽略整个教学过程的学习，只注重期末成绩，不注重平时积累；只注重成绩高低，忽略能力培养；只注重结果，不注重过程，加剧了学生的功利化倾向，不利于学生形成正确的学习观和学习行为。这不仅不能促进教学目标的实现，反而会因为这种形式较多地考虑学生的共同性而忽视了学生的个性素质和能力素质的培养。

（四）考试管理制度不健全

考试是一个十分复杂的过程，包括命题、组题、制卷、施考、监考、阅卷、成绩评定、试卷的分析与讲评、考试的心理训练等内容①。

1. 考试试卷编排不合理

目前在高校，多数情况下教什么、考什么与怎么考都由任课教师说了算，教研室、院系、职能部门很少过问。有调查显示，62%的教师表示一般都是自己命题，没有什么严格的命题要求，因此这种情况容易受出题者知识水平、个人风格及经验的影响而使试题具有很大的主观性和随意性。

另一方面，目前在评卷方面基本上是采用教师自评为主，这难免掺杂个人的主观因素，无法对试卷做出客观评判，从而助长了一些学生的侥幸心理和不良风气，导致教学质量的下降。

特别当考试试卷的设计缺少必要的理论依据，缺少对试题诸如难度、信度、区分度和效度等分析时，就会导致无法判断考试结果在多大程度上反映了教学的实际水平和专业要求的目标。

另外，对于考试后试卷分数的结果分析，从教师的角度来讲，由于教师时间和精力的限制，大都不能够对试卷的信度、效度及难度等指标进行分析；从学生的角度来讲，不注重考试结果，只要在这一学期"过了"就可以，针对考试中出现的问题也不进行及时纠正。这些均不利于学生成长。

2. 考试作弊现象严重

高校现在普遍对考试作弊"零容忍"，学校管理层面已认识到严重的考试作弊现象对高校教学质量的冲击作用。虽然学校再三要求严肃考风考纪，并采取一系列措施，但这种现象还是屡禁不止，严重影响了校风学风。

---

① 祝立英. 用现代教育思想指导考试改革的若干思考 [J]. 绍兴文理学院学报, 2003 (12).

五、高校考试改革措施

（一）考试目标观念转变

考试的目的在于掌握高校的教学情况，改进教学和督促高等教育目标的实现。教师、学生和管理者都应正确认识考试的目的，把考试的目的定位在检查教学效果、改进教学工作、巩固所学知识和提高素质和能力上。因此高校人才培养的观念要由应试教育向素质教育转变，由重知识教育向加强创新能力培养转变。同时还应拓宽大学生校外实践渠道，与社会、行业以及企事业单位共同建设实习、实践教学基地，培养学生的实践能力。

（二）改革考试内容

创新能力的考核应成为考试的重要内容。按照创新人才必须具备的良好的知识结构和扎实的知识基础的要求进行考试，应该把考试内容定位在对以往知识的理解和对学生独立思考能力的考查上，加强对学生的分析、理解、判断、表达及操作技巧等方面的考核内容，这样有利于培养学生创新意识和促进学生积极、理性品质的形成。

（三）采取多样化的考试形式

从考试方法本身的角度讲，应该采取多样化的考试方法，即在教育考试中所用的考试方法可以分为有纸化考试和无纸化考试。

1. 有纸化考试

有纸化考试即"纸笔"考试，包括三种不同的类型：闭卷考试、半开卷考试和开卷考试。

（1）闭卷考试内涵与优劣势分析

闭卷考试指在规定的时间内，要求学生不依靠任何外界的帮助而独立完成题目的考试形式，着重检验学生记忆知识的数量和理解知识的程度[①]。它是目前使用范围最广、影响范围最大的一种考试方法。

闭卷考试的优势是操作简单，易于管理且大体上可以检测出学生的学习效果，教师也可以从中获得教学反馈的信息，可用以改进、调节教学和指导学生学习；缺点是考察内容单一不全面，无法对学生的综合素质进行有效评价。就闭卷考试本身的特点而言，它比较适合考查学生的基础知识，特别是对于一些知识点

---

① 李俊．考试制度研究［J］．北京联合大学学报：人文社会科学版，2004（2）．

密集、理论性强的专业主干课程，为了保证学生掌握基本的教学内容以及基本的教学质量，闭卷考试仍然是一种有效的考试方法。

（2）半开卷考试内涵与优劣势分析

半开卷考试是近些年才刚刚兴起的一种考试形式，也称为限制性开卷考试。它允许学生在参加考试时携带一张 A4 大小的纸张，纸上可以抄录与考试课程相关的内容，其抄录的内容及多少不加限定；考试结束后，该纸张随试卷一同上交，作为评分依据的一部分，所以也称为"一页开卷"式的考试，多用于工科类的课程考①。

半开卷考试优势较多，这主要表现在以下几个方面：

首先，引导学生在课程学习中重视实际能力。"一页开卷"的考试方法允许学生将一些公式条文整理在纸上后带进考场，那么学生就可以把主要精力放在理解课程知识上，从而提高运用知识对实际问题进行分析与处理的能力。

其次，促使学生平时认真学习，考前进行系统的复习和整理。实际上考前浓缩、整理知识的过程就是一个很好的学习过程。

再次，有助于学生形成健康的应试心理，在一定程度上可以有效地防止学生考试作弊。

它的缺点主要是受课程类型、教学要求的限制。

（3）开卷考试内涵与优劣势分析

开卷考试也是纸笔考试的一种，但却与闭卷考试相反。在开卷考试中允许学生携带与考试有关的书本和资料进入考场，并在规定时间内完成试卷。

开卷考试的特点是侧重于考查学生的理解能力及分析问题、解决问题的能力。学生在分析解答问题时，必须有自己独立的思维能力。只有具备了扎实的基础知识，较强的理解、分析、书面表达及创新思维能力，才能完满地回答问题。

开卷考试不利于考查学生基础知识，同时也降低了记忆的要求。如果在教学过程中未能有效提高学生对于理论知识理解与应用能力，则无法达到开卷考试的真正目的。

2. 无纸化考试

无纸化考试是相对于有纸化考试而言的一类考试方法，包括口试、基于计算机和网络技术的机试，以及实际操作考试。

---

① 洪世梅. 关于改革高校考试制度的思考 [J]. 安徽工业大学学报. 社会科学版, 2000 (3).

（1）口试的内涵与与优劣势分析

口试法是考试史中最早采用的考试方法。口试法就是在主考人的面前，考生用口述的方式回答问题，主考人根据回答的正确程度评等级或评分①。由于它某些独具的优点，至今仍被广泛采用。

口试法的优点是：学生当面回答问题，即能考查出学生对知识掌握得是否牢固以及熟练程度，也可以看出学生思维的敏捷性和流畅性及口头的表达能力。另外，考生在口试考试中不易于作弊这也是口试优于笔试的一个显著特点。

当然，口试法也有自身的缺点：考查内容较少；考生在口试考试中容易形成较大的心理压力；考试结果易受主考官主观因素的影响。

综上所述，口试法首先适用于语音、语调和口头表达能力的考查；其次，口试主要应用于考生量较少或考试时间比较宽裕的场合，如论文答辩等。

（2）机试的内涵与优劣势分析

机试是采用计算机为工具替代人类的手工出题、发题、身份验证、监考、收卷、阅卷、统分和试卷分析等的过程，使考试更加严格、真实可信，降低了考试成本，提高了考试效率。同时，组织考试的机构也可方便地利用计算机组织考试，通过计算机简化了发卷、收卷、评卷等繁杂的考试过程，也可以利用软件分析考生的答题情况，反馈指导教与学活动。

实行机试有两个途径：一是要求任课活动老师熟练掌握计算机的技术，二是寻求擅长计算机老师的帮助，但是必须在机试中将任课老师的思想恰当地融入进去。而事实上要使两个不同专业领域的老师思路保持一致是很困难的。

（3）操作考试的内涵与优劣势分析

所谓操作考试法，就是让考生进行实际操作，并以考生实际操作技能中的表现对他们的知识和技能给以评分的考试方法。操作考试法是具有较强实践性的考试方法，它能检验学生运用所学知识分析解决实际问题的能力，全面检测考生的素质与智能，有其他考试方法难以替代的作用。操作法一般可以应用于理科专业的实验考试中，如物理、化学、生物等专业，也可以应用于体育专业的考试中，可以直观地考查学生的实际动手能力。

综上所述，每种考试方法都有考查的倾向面，都有其使用范围的适用性和局限性。因此，学校应该多种考试方式并举，针对不同的考试内容采取不同的考试

① 孙银莲. 高校考试制度改革与创新人才培养［J］. 湖南师范大学教育科学学报，2004（2）.

方法，促使考试效果发挥到最大化。

（四）实行综合考试模式

在高校考试中，建议采用多种考试模式并用的方式。考试模式主要有两种，即阶段考试模式和教考分离模式。

1. 阶段考试模式

以往学生的成绩单凭期末一考来决定，加之学生抱着期末考前教师圈重点、划范围的心理，常常导致他们平常不认真学习、逃课，考前死记硬背、突击复习的现象发生。

因此，应当将学生的学业成绩取平时成绩（作业、论文、课堂提问、出勤等）、期中（或月考）成绩和期末成绩进行综合评价，这种办法避免了主要由期末考试决定学业成绩的弊端，更重要的是使学生不停地"温故而知新"，加强对知识的融会贯通实现创新，激励学生将功夫用在平时。这种考试模式应用比较广泛、比较典型的是考查课。

2. 教考分离模式

学生考试的命题不是由任课教师完成，而是由外聘专家或利用试题库出题，评卷也是在密封状态下通过流水作业完成，以保证考试的真实、准确与客观。这种考试模式正在推广阶段，但是由于专业课程涉及的知识复杂，不同教师讲授的侧重点的差异及理解的偏差，都可能导致讲授与出题出现偏差而影响考核效果。因此，这种考试模式往往在基础课或考试课中实施。①

六、本学期课程中形成性考试实践

在笔者所采用的阶段性考试模式中，有一种用于诊断性功能的考核方式即"经典进课堂读书笔记"测试是大家不太熟悉的，这种测试的现实意义与其实践效果是怎样，也是我们须探索的。

因此，本项目实践主要着眼于此种形成性考试的实践。笔者于 2013 年 10 月 31 日—2013 年 11 月 12 日对首都经济贸易大学 2010 级人力资源管理辅修班全体同学做了有关"薪酬管理"课程中"经典进课堂读书笔记"测试情况的调查与分析。

---

① 刘宁. 高校考试改革模式与保障机制研究［J］. 沈阳建筑大学学报，2008，10（1）：123 – 125.

（一）经典进课堂项目有效性调查

本次调查发现"想读书"的同学是"不想读书"同学的三倍（参见图2），这说明我们开展经典阅读进课堂项目还是深受同学们的认可与欢迎的。

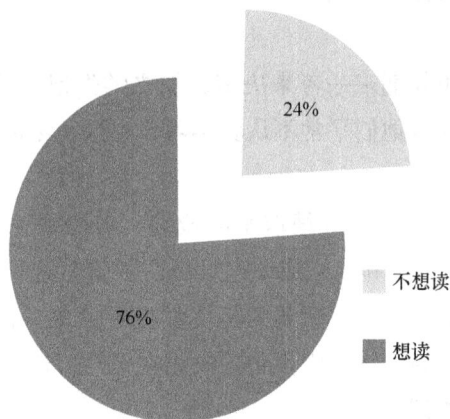

24%

76%

不想读

想读

图2　是否想读书的同学比例分布图

（二）读书笔记形式调查

图3告诉我们，方便教师做分数考核及训练同学们写作水平的"论文式"读书笔记，有九成同学不喜欢。究其原因，可能与这种写作形式偏难有关，而"摘要""随笔""PPT"等相对简单，无须追求创造性思维的写作形式反倒是同学们愿意采用的形式。

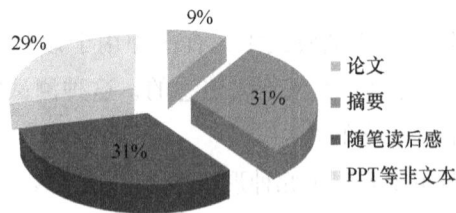

9%

29%

31%

31%

论文
摘要
随笔读后感
PPT等非文本

图3　读书笔记形式调查图

不过，就笔者而言，在每一门课程中所推荐的经典书目，不仅是对课程理论应用的深化，而且还有许多是课程理论的发展性知识。因此，笔者并不要求同学们对整本书都能做深度思考并结合自我理解写出个性化论文，只需要能够对其中某一种方法或某一章节内容结合现实即可。特别是笔者要求提交笔记时间为本课程开课一个月之后，其后会给予必要点评，找出其中优秀的笔记在课堂中加以分享。由于读书笔记分数是公开的，所以不满意分数的同学在借鉴优秀读书笔记报告形式与内容的基础上，可以提交二次或三次修改的读书笔记，直到达到他们认为满意的分数为止。

在这样一次次的修改过程中，教师的工作量必然是加大的，不过同学们所受到的写作训练与指导也是实实在在的，这也是体现我们教书育人本质的一方面。

（三）对教师推荐书目内容的建议

表1　经典书目内容建议表

有助于本门课程的学习，提高专业知识	25.5%
有助于与同学老师交流心得体会、开拓思维	30.9%
有助于了解先进的经典理论，对日后有帮助	23.6%
对本门课程学习帮助不大，但有助于拓宽知识面	20.0%
没什么帮助，只是普通的阅读而已	0.0%

表1告诉我们，对于课程经典而言，有三成同学认为所推荐书目应有助于加强与教师交流，达到拓展自我思维的目的；有四成的同学希望所读书目可以提高本门课程专业知识的理解与应用；二成同学认为经典书目没必要非得跟课程学习相关，只需配得上"经典"二字即可。表1还说明，同学们渴望得到教师对他们的个性化指导。

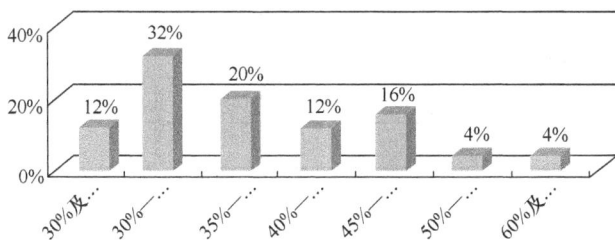

图4　读书笔记分数建议图

（四）读书笔记分数占最终总评成绩的建议

图4直观地显示出深受同学们认可的读书笔记分数应占最终课程总评分的30%～35%，其次是35%～40%。在占总分的30%～40%范围内，才真正体现笔记的劳动价值，特别是对教师诊断同学们知识把握与理解上有作用。

（五）班级课程经典容量测定

由于我的课程多为第五周开始讲授，每每听到某班同学在笔者布置经典课堂作业时"又来……""还有……"等话语时，笔者就知道这个班应当视读书为重大负担之一。对于每一个教学班，到底多少门课程才是最适度的，这也是作如下分析的重要目的。

想要了解一个班，课程经典容量只需测算出平均一门课程占同学们工作时间有多大即可。

通过表 2，经过加权后的结果为：经典书目阅读时间为 7.64 天，读书笔记初次完成的写作时间为 3.76 天，读书笔记二次修改时间为 2.44 天，总和为 13.84 天，约为 14 天。按一学期 16 教学周看，除去 8 个教学周用于同学们其他课余活动外，在有限的两个月中，一个教学班最大课程容量为 4 门课；若只除去 4 个教学周用于同学们其他活动外，在经典读书活动的三个月中，一个教学班最大允许的课程容量为 6 门课。

表 2　读书笔记劳动时间测定

经典 阅读时间	频率	读书笔记 写作时间	频率	读书笔记 二次修改时间	频率
2 天	4%	1 天	8%	0 天	4%
3 天	8%	2 天	44%	1 天	28%
5 天	12%	3 天	20%	2 天	32%
7 天	16%	4 天	4%	3 天	16%
8 天	20%	7 天	12%	4 天	4%
10 天	40%	10 天	12%	5 天	12%
				7 天	4%

（六）"经典进课堂"未来展望（参见表 3）

表 3　经典进课堂形式、书目未来建议

不要限制学生读书笔记的写作格式，可以指点学生在哪几个方面应着重阅读，读完书之后可以与读相同书目的同学进行交流，与读其他书目的同学及老师进行交流
推荐的书目内容应更加有趣、多样化
可读书目可以再多增加一些

续表

希望老师能分享自己有关每本书的感受
读书笔记有利于帮助同学理解书中内容，并引发大家的思考。个人比较喜欢针对某一句话或一段话开展笔记摘要的形式，这样可以促进同学们对于细节的理解与把握，这种形式可以促使同学们真正读完整本书，而不是简单地摘录
大家一起交流能有更多感悟 交流中可以提出一些更切实的解决问题的办法
建议老师给出的书目是参考书目，在征求老师意见后可阅读其他书目
希望可以和老师有更多交流
现有读书笔记 + 演讲 + 老师点评 + 同学续读其他感兴趣的备选书目的模式很完善！

参考文献

[1] 陈辉. 现行教育考试作弊成因及对策研究 [D]. 武汉：华中师范大学，2006.

[2] 程琴. 高校考试改革与培养大学生创新能力的思考 [J]. 医学考试研究，2008，7（7）：682 –683.

[3] 陈燕红. 考试与文化的互动性研究 [D]. 福建：福建师范大学，2009.

[4] 鄂甜. 德国职业教育考试新模式研究 [D]. 天津：天津大学职教学院，2008.

[5] 高亮. 课程考试改革与创新型人才培养模式的构建 [J]. 沈阳大学学报：社会科学版，2009（1）：35 –37.

[6] 郭华侨. 推进考试方法改革提升高等教育质量 [J]. 当代教育论坛，2011（12）.

[7] 洪世梅. 关于改革高校考试制度的思考 [J]. 安徽工业大学学报：社会科学版，2000（3）.

[8] 胡友安. 理论力学闭卷和半开卷考试方法并用实践 [J]. 科教文汇，2010（7）：94 –95.

[9] 金明. 高校考试方法改革势在必行 [J]. 吉林省教育学院学报，2012（6）：21 –22.

[10] 廖亚菱. 科举考试舞弊、防弊及对现代考试的启示 [D]. 重庆：西南大学，2006.

［11］廖云霞．区分度在考试试卷中的应用［D］．武汉：华中师范大学，2008．

［12］李俊．考试制度研究［J］．北京联合大学学报：人文社会科学版，2004（2）．

［13］林上洪．考试变革与汉唐江西教育发展研究［D］．江西：江西师范大学教育学院，2008．

［14］刘宁．高校考试改革模式与保障机制研究［J］．沈阳建筑大学学报，2008，10（1）：123－125．

［15］刘玉侠．学校考试与学校教育关系研究［D］．武汉：华中师范大学，2003．

［16］罗江华．教育资源数字化的价值取向研究［D］．重庆：重庆大学，2008．

［17］任志超．伦民国时期的文官考试制度［D］．山东：山东大学法学院，2012．

［18］邵守光．大学考试改革的研究视角与方法［J］．教育与现代化，2006（1）：13－18．

［19］孙银莲．高校考试制度改革与创新人才培养［J］．湖南师范大学教育科学学报，2004（2）．

［20］王辉．思想政治理论课发展性评价考试改革研究［D］．大连：大连理工大学，2013．

［21］王丽艳．Photoshop课程创新考试方法的研究与实践［J］．教学研究，2012（5）：34、44．

［22］肖如平．考试权独立的运作与困境［D］．江苏：南京大学，2006．

［23］徐海波．关于独立学院"管理学"课程考试方法的改革思路［J］．教改创新．

［24］杨娇寰．考试改革和大学生素质的培养［D］．长春：长春理工大学，2012．

［25］杨晶晶．高校教考和谐的考试系统的研究［D］．呼和浩特：内蒙古师范大学，2007．

［26］余浩．我国现行考试制度评析［J］．黄冈职业技术学院学报，2012，10（5）：20－23．

［27］张金标．关于推进高校考试改革的几点思考［J］．教育探索，2007（12）：39 – 40.

［28］赵冬阳．基于能力评价的高校考试方法改革探讨［J］.2011，9（3）：80 – 86.

［29］朱昌平．高频电路闭卷、半开卷、开卷相结合的考试方法研究［J］.实验技术与管理，2011，28（5）：20 – 23.

16. 理论教学测评量表设计与研究

边文霞

一、问题的提出

随着高等教育的发展，教学质量越来越受到人们的重视，学生参与教学质量评价成了一种必然趋势，自 20 世纪 70 年代以来陆续在世界许多国家兴起和发展。特别是进入 20 世纪 80 年代，高校教师理论教学测评以第四代教育评价创立者印第安纳大学教授 Egong Guba（USA，1977）和维德比尔特大学教授 Yvonna Session Lincoln（USA，1977）所提观点为标志，他们认为高校教师理论教学评价应当是参与评价的所有人，特别是评价者（学生）与被评价者（教师）双方交互作用、共同构建统一观点的过程。教育学家 Gareth L. Williams（UK，1983）和 Tessa Blackstone（UK，1983）则进一步强调应定期进行学生对教师教学状况的评价。

在我国比较规范的学生评教活动始于 1987 年。随着高校教师职称评定工作日益规范化，许多高校对教师的教学质量提出了越来越高的要求，"学生评教"作为教学质量监控与评价体系中的重要构成部分，为许多高校所采用，并且在实际教学管理工作中发挥出越来越重要的作用。它不仅能促使教师改进教学质量、提高教学水平，而且有助于教学管理人员的科学决策和提高管理水平。对学生而言，还可以树立他们作为教育产品消费者在教育活动中的主体地位，增强他们的主人翁精神，自觉、主动地投入到教学活动中去，从而在教学活动中受益更多。

相对于学生评教的实践而言，学生评教的研究工作在我国起步较晚，有些地方边实践边学习边总结，产生了对学生评教的不同理解，特别随着我国高校教学实践的深化和改革的深入，从测量工具的开发研究，到学评教效度与信度的论证、教学特征的归纳，再到评教技术和影响评教因素的分析，大量的理论研究支撑和指导了实践活动，使学评教的工作在改进中不断地向前发展。

在学生理论知识体系的传授上，目前课堂讲授方式仍占主流地位，而本文也主要拟从教师传统课堂讲授效果作为评价对象，提出一套"学生评教"体系。

二、"学生评教"研究作用与目的

（一）评教指标的规范作用

什么是教学？包含几个要素？各要素间关系如何？有哪些具体要求？许多教师对此感到困惑，特别是非师范院校毕业、未受过教育专业知识培训而走上教育岗位的教师，更不清楚教学工作的科学内涵。有些教师片面地将教学理解为教学内容和教学方法，有些教师则将它单纯地理解为教学效果。在教学内容、教学方法、教学效果等要素的关系认识上，高校教师的分歧很大。

认识上的局限妨碍了教师在教学工作上的全面发展。因此，有必要依据教育教学理论对教学工作及其所涵盖的内容做出科学界定，并形成规范，以便于教师全方位进行教学建设与改革。

"学生评教"工作的前提是要建立起科学的评估指标体系，确立评教项目及其在整个评估中所占的比重。这些评教项目和项目权重是经反复研究才确定下来的，不仅全面而细致地罗列了教学工作涉及的方方面面，而且以指标分值的形式表明各项目的主次、轻重和具体要求。因此，对教学工作来说，评估指标体系不啻为一种规范，教师可以通过对照评教指标，了解和掌握教学工作的目标及自身对目标的实现程度。

同时，由于教学活动是一个动态发展的过程，随着学校办学定位、学生需求等因素的改变，各时期教学所关注的重点和具体要求应做相应调整，评教指标体系要适应这种变化，各构成要素和各要素的权重必然要不断加以修正，或削减，或增加，从而使评教指标体系的设计更符合教学发展的需要。教师可以根据评教指标调整情况及时改进自己的教学工作，提高教学质量和教学水平。

（二）评教信息的诊断作用

教学过程是教师与学生双边互动的一种活动，它表现为教师传授知识、学生对知识进行选择、加工、组织、储存、提取和应用的过程。由于知识、技能和经验上的差异，师生间会存在信息上的不对称，比如有些教师认为自己组织的教学内容和选择的教学方法最易为学生所接受，而学生的认识却恰恰相反。这种信息不对称的状况如果长期持续下去，教师由于缺乏有效信息的指引，将不能对自己的教学情况做出科学诊断，因此也就不可能有目的地开展教学改革，进而会影响到教学质量与教学效果的提高。解决这一问题的关键是在师生间建立顺畅的信息沟通机制"学生评教"，为师生提供了一个信息交互平台。

通过反馈评教结果，教师一方面可以洞察学生对自己教学的真实感受和总体评价，认识自己教学的优势与不足；另一方面还可以了解学生学习该课程的态度、愿望与要求，获取大量进行教学改革的信息，以此来指导自己有针对性地进行教学建设与改革，自觉调整、改进自己的教学内容和教学方法，以获得最佳教学效果。

（三）评教结果的约束作用

开展"学生评教"最直接的成果是通过采撷、分析、处理评教数据，获得一个比较客观、公正的"学生评教"结果。但要收获由评教衍生的多种积极成果，还须对评教结果采取配套管理措施，以此来保证评教作用的充分发挥。对此，现在高校的普遍做法是引入竞争激励机制即将评教结果作为教师业绩考核、职务晋升和职位提升的重要依据之一。

评教结果与教师考核奖惩挂钩从表面上看，有重评教的终结性功能而非形成性功能、重评教的奖惩工具效用而非发展目的效用之嫌，但实质上，没有奖惩约束，会因教师个体自觉程度有差异，评教的形成性功能和发展目的效用也很难实现。因此，只有让评教结果在教师的利益问题上占据一定地位，对学生评价高的教师在政策、经费等方面实行倾斜，才能使教师自觉或不自觉地接受"学生评教"结果的约束。

教学成绩突出、受学生欢迎的教师，因其感受到评教结果带来的好处，工作积极性会更高，更愿意将时间精力投放到教学工作中去；相反，学生反映意见大、处于评教不利地位的教师，他们在评教结果与惩处面前感到压力，为了提高学生对他们教学工作的评价，他们会重视教学，加大对教学的投入；而那些教学成绩一般的教师，他们既羡慕优秀教师的待遇，又有不进则退的危机，在动力与压力的双重作用下，必然要关注教学工作。这样，一个整体状况良好的教学环境会逐步形成，而"学生评教"潜在的形成性功能和发展效用将得以实现。

三、"学生评教"结果应用的局限性分析

由于"学生评教"本身固有的缺陷和高校评价导向机制等因素的影响，评教作用的发挥也受到一定限制。

（一）评教指标设计因素

"学生评教"的质量很大程度上依赖于指标体系的科学化程度。因此，建立适合学生特点的科学的评价指标体系，是开展"学生评教"工作的基础和保证"学生评教"质量的重要因素。但是，事实上，评教指标在设计和实施过程中仍有不少问题。

1. 指标设计问题

理论教学工作依其线性过程可划分为课程设计与课程传授两个阶段。课程设计包括确定教学目标、决定教学内容与教学方法以及备课等方面；课程传授就是课程设计的实施过程。对学生来讲，课程传授是学生能实际感受、观察和直接测量的，因而较易进行评价；而课程设计由于涉及反映教师业务水平的一些指标，如教学内容是否达到教学大纲规定的要求、能否反映当代学科发展水平、选用教材是否合适、教学研究和教学改革措施等方面，学生则很难全面、科学地进行评价。

但是，目前高校采用的"学生评教"指标却涵盖了对课程设计与传授的评价，已超出学生评价能力所能接受的范围。这种情况的出现，主要原因在于"学生评教"的研究与观点是从学校管理者需要的角度为出发点，并未真正从学生需要参与和应该参与的角度考虑。学生对评教指标的确定没有发言权，仅仅处在被动接受、主动配合的地位，这样的结果是学生往往把对教师的评价看成是走过场，不少学生消极参与对教师的评价，评教的诊断作用因此受到制约。

2. 指标实施问题

评教指标体系是组成有效教学的各种成分的总和，是评教设计者根据教学理论与教学实践归纳得出的最能反映课堂教学的理想的教学模型。"学生评教"就是评价教师在多大程度上按照此指标体系来组织教学。评教指标设计者的初衷是为了用以规范教师教学，但是，教学不同于科学研究，它在某种意义上说是一种表演艺术。每位教师根据自己对教学的理解，结合具体课堂教学情境来进行表演，脱离特定教学情境的抽象的教学是不存在的。

用固定的一套评教指标来衡量不同教师给不同学生上的不同性质的课程，不考虑特定的课堂教学环境，容易导致课堂教学操作机械化，不利于教师教学水平的提高。因此，由各种教学情境中抽取出来的种种教学方法和技能组成的理想指标在特定的教学中适应性小，不能准确反映课堂教学的真实情况。

（二）评教结果可信度因素

在实际的评价过程中，许多因素直接或间接影响了学生对教师教学质量和教学效果的感知和判断。

1. 学生不是完全自由的评价主体

这种不自由表现为学生所具备的观察、分析、判断、评价能力与评教需要具备的能力有差距，他们所能进行的评价，大多只是主观上所能感觉到的情况。评估指标中涉及有关课程设计方面的内容，学生一定程度上可以说是被强迫做出与他们能力不相应的价值评判。

2. 学生不是完全理性的评价主体

受知识、经验及情感因素的限制，"学生评教"易受到学校教学条件、服务环境、课程性质、教材质量、学习动机等因素的影响，他们甚至将自己对学校的整体质量感受渗透在对教师的评价中，从而降低了对教师评价结论的可信度。

3. 学生不是完全信息的评价主体

了解和掌握与评教有关的各种信息是学生进行公正、客观评教的基础，但是，由于管理者更多关注评教指标设计和评教后结果处理问题，未重视评价前对学生的教育，学生不能正确认识评教的重要性，对评教要领与方法不熟悉，对评价项目和评价指标内涵的理解有偏差，最终会影响评教的整体质量。

"学生评教"由于存在主观性、随意性、片面性的成分，它仅从一个侧面反映了教师课堂教学的一些情况，因此不能作为衡量教师教学质量的唯一依据。如果片面夸大评教作用，简单利用评教结果，将会产生负面效应，挫伤教师教学的积极性。

（三）教学评价权重因素

当前世界各国高校普遍关注"学生评教"，其重要原因之一在于试图矫正研究型大学长期以来重视科研、忽视教学的不良现象，他们希望通过"学生评教"及其他教学评价方式，将教师的注意力重新吸引到研究教学工作上来，促使他们加大对教学的投入，进而达到改进教学质量、提高教学效果的目的。

遗憾的是，现实中我国高校的教学与科研在教师心目中的地位是不一样的，即教学与科研二者在高校教师岗位评价上的权重比例是失衡的。主要原因有以下几个方面。

1. 教学、科研达标难易程度不同

各高校为了抓好教学、科研工作，都对教师提出了合格要求，教师必须达到这一合格要求，才能保证自身发展不受威胁。从目前情况看，有几年教学经验的教师要达到教学合格要求并不难，而要完成学校规定的科研工作量还是需要用心投入的。

2. 对教学、科研水平信服程度不同

教学水平高低因经人为评价，涉及可信度等因素，评价结果不一定为所有教师认可。相反，科研水平高低是用公开发表论文的数量与质量（即发表刊物级别与论文的影响因素）来考量，能起到一锤定音的作用。

3. 对教学、科研成绩肯定的充分程度不同

与教学水平高而科研成果少的教师相比，科研能力强、成果突出而教学水平一般的教师所得到的利益相对要多得多，这也是教师更愿意将精力投放到科研工作中去的最主要原因。任何制度只有依靠人的积极参与才能产生实质效果，"学生评教"也是如此。

要教师积极主动研究教学、自觉将教学水平的提高内化为自身发展的某种需要，则需从根本上铲除重科研、轻教学的土壤。只有广大教师都来关心教学，"学生评教"在教师教学管理中的作用才能得以充分发挥。

四、"学生评教"的理论研究

有关"学生评教"的理论研究主要体现在以下六个方面。

（一）"学生评教"的信度研究

Feldman K. A. （USA，1977）的研究指出，评教的个数达到一定临界值时（20 或 20 以上），学生评教的可靠性就能胜过最好的客观测验。Marsh H. W. （AUS，1984）对学生评价 5 名教师教学的监测数据表明，当超过 50 人同时参与评价时，评教的可靠性达到 0.95。学生评教的实践在近 30 年的发展中已经获得了不俗的成就，尽管学术界仍存在着对学生评教的质疑声，但毋庸置疑的是学生评教是有效和可信的。有学者对 1 300 多篇有关学生评教的学术文章进行统计分析并得出结论：学生评教结果是可信与稳定的。可靠性的另一个评判标准就是评价者评价的稳定性程度。实践表明学生评教在时间轴上是较稳定的，日后的经历不会对评价结果产生深刻影响。

Overall （AUS，1980）和 Marsh （AUS，1980）在一项跟踪调查中，要求一

个班的学生在课程结束时和几年后对该课程做出评价。100 门课程结束时的评估与回顾性评估之间的相关系数达到 0.83，且每次评价的中间值趋于相等。可见学生评教的稳定性程度是可靠的。

沈玉顺（2002）在《现代教育评价》一书中总结：学生评教是迄今最为民主的评价方式，其可靠性也不完全是与评教的目的性画等号，并非所有的评教都有助于改进教师的教学工作。

（二）学生评教的效度研究

Marsh（AUS，1979&1982）分两次对学生评教和教师自评进行相关性研究，发现结合教师与学生共同评教的效果，比单独进行学生评教所得的结论更有助于教师改进教学，这正是教学评价多元化的初衷所在。其他学者在类似研究中也得出了较一致的结论。Howard Gardner（USA，1997）在比较在校学生、毕业学生、同行和独立评教者做出的评价结果后同样得出：在校学生和毕业学生对教学效果的评价比教师自评、同行评价和他人评价的效度更高。Pauli Murray（USA，1980）比较同行评价和学生评价后认为，在信度和效度方面，学生评教是优于其他评教的，其中非教学因素是主要干扰项。

姚利民、邓菊香（2005）在《提高学生评教有效性之对策研究》中指出，学生评教中存在的问题能够直接影响到其有效性，高校必须采取有效措施加以预防，消除其中的干扰因素，更好地发挥学生评教的效用。庞丽丽（2007）在《"以学生为本"的课堂教学评价标准研究》中从教师与学生行为和过程性要素两个维度出发构建以学论教的评价标准和原则，倡导评教过程中学生的主导地位和主体作用。孟凡（2010）在《利益相关者视角下大学学生评教制度研究》一文中提出，大学学生评教制度格局将向利益相关者参与治理型转变，学生、教师、行政管理者各方参与评教的决策和相互制衡机制将逐渐形成。

（三）学生评教的偏差研究

Marsh（AUS，1980）检验了 16 项"潜在偏差"和 SEEQ 之间的多重关系，发现学科兴趣是影响评教最大的偏差因素。Marsh（AUS，1981）在此类研究中还发现，即使有微弱的上述关系，也不一定是偏差负荷，比如作业难度关系与偏差假设所预示的方向刚好相反。当同一名教师在两种不同状态下教授同一门课程时，打分的宽松度相等，希望得到较高期末成绩的班会对教学效果给予较好的评价。研究者大多认为偏差是有限的，干扰因素是可控的，评教结果是可信的。有研究还得出：扩大学生评教的基数，让学生采用不记名评教，利用数理统计方法校正偏差出现的概率，都可以减小干扰因素的影响。

王静琼（1998）在《课堂教学评估中的若干心理干扰及其对策》中着重强调了学生不同心理特征对评价结果相关性的影响程度和区分维度。王新凤、杜丽娟（2004）在《学生评教中评估偏差的心理分析》中指出，"学生心理如戒备心理、应付心理、模式心理、晕轮心理、颠倒心理、报复心理、预设心理、从众心理等都会直接或间接影响评教的结果。"王永林（2005）在《学生评教的特性及其影响因素初探》中指出课程类型、学科领域、班级规模是影响教学效果的客观存在因素。

（四）学评教指标体系研究

Marsh（AUS，1981）的教师教学质量评价问卷（Student's Evaluation of Educational Quality，简称为 SEEQ）是最具代表性、应用范围最广的，它包括学习价值感、教学态度、组织清晰性、教学互动、人际关系、知识宽度、考试成绩、功课量、教学难度九大维度 32 项指标。30 多年的实践表明，SEEQ 是一项可靠而有效的度量教学质量的工具。Centra J. A.（USA，1979）研究指出学生评价教师教学质量主要包括组织架构清晰度、师生沟通、教学能力三个维度。

1994 年，孟庆茂和林文莺两位学者就曾对 SEEQ 进行修订改良，尝试建立一套适合中国教育体制的学生评教量表。雷敏、马国建、王海军等学者都曾尖锐地指出：国内部分高校设计的指标过于宽泛和抽象，极易造成误读和曲解，其可操作性也备受争议。缪园（2004）在《美国高等教育领域学生评教的典型模式与启示》中指出，"评估的内容不仅用教师的行为来判断教学效果，而且还通过学生学习行为的自评，用学生在课堂目标方面的进步来确定教学效果。"

（五）学生评教的影响因素研究

在关于影响学生评教因素的文献研究中，以下三大因素值得关注：学生因素（学生的性别、年级、考试成绩、学习期望、学习动机、课程偏好、班级规模等）对评教有直接影响；教师因素（教师的性别、年龄、教龄、职称、知识宽度、授课态度、与学生的交流频率）是主要影响因素；课程因素（课程所属学科、课程类型、内容深度、课业负担、课程重要性和难易度等）对评教结果会起到干扰作用。

Greenwald A. G.（USA，1997）和 Gillmore G. M.（USA，1997）认为，广泛开展学生评教可能会导致教师的宽厚效应并因此降低教学质量。Centra J. A.（USA，1979）的研究表明，学生会根据教学效果的好坏来调整和选择合适的课程，根据教学效果选择课程的学生对教学质量的满意度和期望值会更高。Coleman（USA，1979）研究认为，学生评教结果会左右其他学生的选择，评教得分高的教师和课程会更受青睐。据此推断，学生评教结果会影响他们对课程和教师的选择，潜移默化中倒逼教师迎合学生意愿，督促教师改进教学方式、提高教学水平。

魏红、申继亮（2003）在《背景特征对学生评价教师教学的影响》中运用回归分析得出课程重要性、教师职称、学生偏好、课业负担、课程难度五项特征对评教结果有显著影响。

（六）学生评教结果应用研究

李亚东、王孙禺（2002）在《从两种不同的评价观看教学评估结果的公布》一文中从我国高等教育实际情况出发，结合不同学校的传统与特色，提出以促进教师发展为目的的评估结果处理方法。陈文（2007）在《学生评教数据处理与分析》中将运筹学、控制论等数理统计原理运用于评价噪声、灰色关联分析等数据处理上，巧妙地嫁接了理学与教育学的桥梁。此外，评教的组织管理学研究在整个教育学研究领域中也占有着一席之地。

五、"学生评教"测评量表的设计与进一步思考

本着适用、可度量的原则，适合于同学们操作的原则，依据理论课程前期准备设计教学和后期教学实践流程设计本次学评教测评量表（见表1），权重配置采用经验配置方法，至于层次分析方法将于2014年上半学年度开展。

表1　理论教学评价量表

评价要素		评价标志	评价标度		小计
一级指标	二级指标		满分	得分	
教学设计 （40）	重点明确	教学重点明确，能有效突出重点，如本门课只清晰讲授20个理论，由此20个理论讲授时间区分出本学期教学时间、教学大纲与任务安排	25		
	难点有效	教学难点清楚，可衡量与评价，即在针对20个理论的理解与应用上，到底哪些结点是同学们难以理解的，突出难点设计的有效性	15		

续表

评价要素		评价标志	评价标度		小计
一级指标	二级指标		满分	得分	
教学过程 （60）	情景设计	理论课程讲授过程中，并非一贯的教师一言堂，而需要适当设计情景，假设理论创立时的状态，由同学们自主发现理论。这体现了教师教学水平是否对同学们具有启发引导作用	10		
	媒体应用	多媒体资源启发性强，适时、适量	5		
	教法设计	教学流程设计科学、符合学生认知结构与年龄特征，能激发学生的兴趣，有利于学生的学习以及高级思维能力的培养	20		
	学生活动	有学生活动的时间和空间的保证，但不能一味将理论课堂娱乐化，还要保证课程的严肃性、规范性	10		
	教学评价	设计可操作的评价方式，体现形成性评价和过程性评价的观点，主要体现在学生平时成绩的评定	5		
	教学特色	有创新、有特色、有个性，这体现了同时期各授课教师风格的横向比较结果，哪些风格受同学们欢迎	10		
综合评价	好（100~85）		较好（84~70）		一般（69~40）
简要评语 （除上述评价内容外，对此门课授课教师最想说的话是……）					

　　总之，无论何种学评教量表设计，最终都要注意突出学生在评教中的主体地位，尽量避开学生难以直接感受、观察到的指标项目，真正从学生需要角度出发，反映学生对良好课堂教学的要求。

　　只要完全自由、完全理性和完全信息这三个条件不被充分满足，要求"学生评教"结果100%可靠、准确是不现实的。因此，对于教学管理部门而言，"学生评教"结果与利益绑定时要"适度"，应该更多着眼于"学生评教"的建设性因素，关注教师未来的教学专业发展。

17. 基于 CRM 理念的本科学生干部培养模型初探[①]
——以首都经济贸易大学劳动经济学院为例

徐敬尧

一、引言

人才培养模式改革是高校培养本科生成长成才的核心。随着全球化发展呈现出多元性趋势，社会对人才需求的理念突破了传统的人才观，对大学生的综合素质要求越来越高。因此，人才培养模式改革不仅要通过第一课堂的教学改革落实到教学过程中，也要通过各类第二课堂培养平台的改革落实到第一课堂以外的高校学生校园生活的方方面面。对于本科生而言，学生干部队伍是培养大学生领导力的良好第二课堂育人平台。学生干部身份是使学生自身领导潜力得以充分发挥的催化剂，因而对本科学生干部培养模型的研究不仅有助于学院选拔培养出更多更得力的学生助手，更是以学生干部队伍为平台、提高大学生领导力培养实效性的一次有益探索。同时，领导力作为当今社会人才必备的要素之一，借助学生干部队伍育人平台对本科学生干部培养模型的研究也是人才培养模式改革需要关注的重要领域之一。

二、问题的提出与研究目的

美国凯洛杉矶基金会发表的研究报告《重新认识领导力：让高等教育参与社会变革》一文中指出，领导"并不必然是那些占有正式职位的人，相反，所有人都是潜在的领导者"。这说明领导力潜力不仅存在于拥有学生干部身份的学生中，也存在于普通同学中。一般来说，有学生干部经历的学生领导力会强于普通学生，但他们的能力也并非天生，也需要后天的培养和锻炼，而高校本科学生干部队伍便是良好的锻炼平台。作为高校学生干部队伍的专职管理者，

---

① 该课题为首都经济贸易大学劳动经济学院本科生教学研究项目。

如何利用好该平台，更多地挖掘普通学生的领导力潜力，更好地提升现有学生干部的领导力，使其服务学生全面成长成才自然成为摆在眼前的重要问题之一。

本研究以"高校学生干部培养"为关键词，通过检索中国学术期刊网数据库发现，目前学界关于"高校学生干部培养"等相关话题的研究存在三多三少，即：理论研究多，实证研究少；研究学生干部队伍内部群体的多，研究学生干部外部群体的少；套用现有理论研究某个单一环节的多，全方位构建培养模型整体的少。比如"高校学生干部培养中的目标激励机制"（王建平，金文，2003）等文献，主要在理论层面论述了制定原则、确立目标、激励学生干部不断进步的途径与方法；"基于企业文化建设理念的团学干部培养模式的理论与实践"（宋进，2009）等文献，主要是从高校团学干部培养存在的问题入手，基于某种现有理论引导团学干部处理好工学关系，发挥着先锋模范作用，从而实现团学组织职能；"90后学生干部选拔机制研究"（温海鹏，2013）等文献，主要是以学生干部培养的某一环节为切入口，结合相关理论经验提出了构建某种模型。

综上所述，本研究结合相关的定量研究结果，尝试借鉴市场营销领域的客户关系管理模型（Customer Relationship Management，CRM）理念，构建本科学生干部培养模型（Undergraduate Student – Leadership Relationship Management，US—LRM），旨在构建出全方位的本科学生干部培养模型，充分利用高校学生干部队伍第二课堂育人平台，不断地优化我院本科人才培养模式，更多地挖掘普通学生的领导力潜力，更好地提升现有学生干部的领导力，服务学生全面成才。

三、研究内容与方法

（一）研究内容

本文将结合相关的定量研究结果，尝试借鉴市场营销领域的客户关系管理模型（Customer Relationship Management，CRM）理念，构建本科学生干部培养模型（Undergraduate Student – Leadership Relationship Management，US—LRM），并结合本院实际情况，分析解释该模型的应用。

（二）研究方法

本文采用了文献法、调查法和逻辑推演法。

1. 文献法

通过检索中国学术期刊网数据库等电子文献和手工检索未上网的刊物、书籍、文件、统计资料、研究论文和课题报告等，了解和梳理关于本研究的现状。

2. 调查法

2013 年 8 月到 9 月，劳动经济学院大学生科研创新小组编制了调查问卷，对 2011 级和 2012 级学生会全体成员进行了问卷调查。问卷数据主要包括两个部分：第一部分主要用于了解学生会整体运行情况，第二部分数据主要用于了解学生会各个部门的具体情况。此处调查共发放问卷 178 份，回收问卷 148 份，回收率为 83.1%，有效问卷 135 份，有效率为 75.8%。

3. 逻辑推演法

借鉴市场营销领域的客户关系管理模型（Customer Relationship Management，CRM）理念，尝试构建出本科学生干部培养模型（Undergraduate Student - Leadership Relationship Management，US—LRM），并结合本院实际情况，分析解释该模型的应用。

四、研究结果与分析

（一）CRM 客户关系管理模型理念的内涵

CRM 是"Customer Relationship Management"三个英文单词的缩写，中文被翻译成客户关系管理。1999 年由美国一家最具权威的 IT 研究与顾问咨询公司提出（Gartner Group），最近流行于电子商务领域。

CRM 理念的核心内涵是指为企业提供全方位的管理视角，赋予企业更完善的客户交流能力，最大化客户的收益率。即企业通过富有意义的交流沟通，在每一个与客户的接触点上都更加理解并影响客户行为，最终实现提高客户获得、客户保留、客户忠诚和客户创利的目的。在这个定义中，充分强调了企业与客户的互动沟通，而且这种沟通是富有意义的，能够基于此来了解客户并在了解客户的基础上能够影响引导客户的行为，通过这样的努力最终实现的是获取更多的潜在客户、保留原来的老客户、提高客户的忠诚度，从而达到客户创造价值的目的。

（二）US—LRM 本科学生干部培养模型的构建理念

受到 CRM 理念的启发，在本科学生干部培养上可以构建相应的 US—LRM 本科学生干部培养模型，即"Undergraduate Student - Leadership Relationship Management"（本科生领导力关系管理）。

US—LRM 理念的核心内涵是指为学院提供全方位的学生干部领导力管理

视角，针对学生的领导力赋予学院更完善的培养空间，最大化学生的领导力发展潜力。即，学院以构建强大的本科生学生干部队伍为目标，通过富有意义的观察、交流沟通等综合手段，在每一个与学生的接触点上都更加理解学生的领导力发展需求并通过各种激励手段影响学生领导力行为，最终实现挖掘更多有潜力的同学成为学生干部，使现有的学生干部持续抱有饱满的工作热情，不断培养提高现有学生干部的领导力潜力，为其提供更高的职位平台，最终提高其社会综合竞争力以找到理想工作。该理念充分强调了学院与学生的互动沟通，这里的沟通是广泛意义的沟通，包括交流了解情况与各种手段的激励措施等。而且这种沟通是富有意义的，能够基于此来了解学生的领导力潜力，并在了解学生的基础上引导其领导行为的发生，通过这样的努力最终实现的是获得更多有潜在领导力的学生干部，不断激发现有学生干部的持续工作热情，不断提高现有学生干部的领导能力，从而提高学生的综合社会竞争力，使其收获一个更美好的未来。

（三）US—LRM 本科学生干部培养模型的构建与应用

US—LRM 本科学生干部培养模型是一个从学生入学到毕业的全方位学生干部领导力管理模型，是从学生领导力潜力挖掘到加入学生干部队伍、持续留在学生干部队伍中，不断提升领导力直到毕业找到更好工作的全过程。该模型可细分为四个阶段：领导力挖掘阶段、领导力培养阶段、领导力升级阶段和领导力转化阶段。下面，将结合本院实际情况进行具体论述。

1. 领导力挖掘阶段

该阶段是 US—LRM 本科学生干部培养模型的第一个阶段，即学生干部的选拔阶段。US—LRM 模型认为，所有人都是潜在的领导者，所有人能具备领导力潜力，领导力潜力不仅存在于拥有学生干部身份的学生中，也存在于普通同学中。基于此论断，在学生干部队伍选拔新成员的时候，应将视野放宽，一方面不仅要重视已有学生干部经历的学生，也应接纳那些渴望在学生干部队伍平台中获得锻炼的普通同学，不断发现其身上存在的领导力潜力，并在第二阶段注重培养。另一方面，学院也应主动挖掘那些具有领导力潜力的普通同学，善用各种激励手段使其加入学生干部队伍并获得到锻炼。

调查结果显示，我院本科学生会八个部门的用人需求具体如表 1 所示。

表 1　首都经济贸易大学劳动经济学院本科学生会各部门用人需求（排名不分先后）

部门	用人需求
传媒中心	1. 组织领导能力　2. 交际能力（沟通/协调）　3. 高度的责任感　4. 时间管理能力　5. 团队合作精神　6. 奉献精神
秘书处	1. 有责任感　2. 工作细心　3. 沟通协调能力　4. 做事有条理　5. 善于分清主次、统筹安排团队合作　6. 无私奉献
生活部	1. 服务意识　2. 细心与耐心　3. 组织协调能力　4. 责任心　5. 团队意识　6. 良好的人际沟通能力　7. 爱心与热情（一颗能够温暖别人的心，能够营造温馨的氛围）
实践部	1. 强烈的责任心和上进心　2. 宏观协调能力　3. 良好的沟通能力　4. 较强的组织和领导能力　5. 良好的团队合作能力　6. 公平公正　7. 极强的执行能力　8. 做事有逻辑性、计划性　9. 工作效率高
体育部	1. 组织领导能力　2. 交际能力（沟通/协调）　3. 有责任心　4. 时间管理能力　5. 团队合作精神　6. 奉献精神　7. 行事果断　8. 热爱体育活动　9. 良好的身体素质
外联部	1. 较强的人际交往能力　2. 积极向上的心态　3. 坚持不懈的精神　4. 应变能力　5. 抗压能力　6. 自信心　7. 耐心　8. 责任感
文艺部	1. 显著的文体天赋　2. 组织协调能力　3. 人际沟通能力　4. 责任感　5. 抗压能力/忍耐力　6. 创新能力　7. 工作热情　8. 个人魅力（号召力）　9. 审美能力　10. 时间管理能力
学习部	1. 细心　2. 责任感　3. 奉献精神　4. 人际沟通能力　5. 组织协调能力　6. 团队合作　7. 创新精神　8. 文案写作能力

2. 领导力培养阶段

该阶段是 US—LRM 本科学生干部培养模型的第二个阶段，即学生干部的培训阶段。这是学生的领导力潜力是否能成功转化为领导力实际、转化率高低并产生领导行为的重要阶段。调查结果显示，目前阻碍我院本科学生会发展的要素依次为"领导思想的问题""选拔新领导者的问题""领导工作能力的问题""干事工作能力的问题"。其中领导者的选拔问题在第三阶段具体探讨，其余三项均与学生干部的培训相关。通过对已加入学生干部队伍的学生进行恰如其分的培训，完全可以解决"领导思想的问题""领导工作能力的问题""干事工作能力的问题"，因而制定恰当的培训计划是非常重要的。比如采取集中培训或个别指导的方法，通过树立典型、举办经验交流会，提高他们的实际工作能力。经常分派任务，并指导他们组织开展多种形式的文体活动，使他们在实践中得到锻炼和提高，逐步学会发现问题、解决问题的领导能力。

调查结果显示，我院本科学生会八个部门的具体培训内容需求如下表（表2）。因此，学院应在此基础上，设计合适的培训形式，针对不同部门学生领导力成长的不同需求给予相应的培训支持，使得其领导力在学生干部队伍平台中得以不断地发展，同时适时适当的培训也是激发学生热情持续留在学生干部队伍中的重要方法之一。

表2　首都经济贸易大学劳动经济学院本科学生会各部门培训需求（排名不分先后）

部门	培训需求
传媒中心	1. 稿件撰写技巧　2. 摄影技术　3. 计算机常用办公软件　4. 计算机图像处理软件 5. 计算机视频编辑软件应用等专项技术
秘书处	1. 公文撰写　2. 时间管理方法
生活部	1. 办公礼仪　2. 其他通识技巧
实践部	1. 创意策划技巧　2. 素质拓展技术
体育部	1. 活动策划技巧　2. 各项比赛裁判员、记录员培训　3. 安全急救相关技能 4. 训练运动员相关技巧　5. 专业体育技能
外联部	1. 语言技巧及渠道挖掘能力　2. 外联的基本注意事项　3. 商业策划书撰写能力 4. 展台的策划和维护能力　5. 发放传单及张贴海报的方式方法
文艺部	1. 声乐培训　2. 形体培训
学习部	1. 活动策划技巧　2. 各项比赛主持人、裁判员、记录员培训

3. 领导力提升阶段

该阶段是 US—LRM 本科学生干部培养模型的第三个阶段，即学生干部的激励阶段。这是学生的领导力能否持续提高以及学生干部的工作热情能否持续高涨的关键阶段。调查研究显示，同学们回顾自己一年或两年以来在学生会的生活，能够保持高涨的工作热情的同学仅占14.1%，保持热情持续高涨的仅有7.41%，值得注意的是有17.04%的同学表示心灰意冷。由此可见，目前我院学生干部在领导力提升阶段遇到了较大的阻力，情况不容乐观。

谈及影响工作热情的原因，"领导者的人格魅力""自己的生活状态与心情""能否获得锻炼机会"名列三甲。不难看出，影响学生干部工作热情位列前三位的原因分别属于三个不同维度，可见影响学生干部工作热情的原因是多种多样的，与此相对应的是学生干部在领导力提升阶段的不同需求层次。只有很好地满足了各种不同的需求，才能更好地激发学生干部的工作热情。因而，应该对有不同需求的学生干部分层次对待，分别给予不同形式的激励。比如，受自己的生活状态与心情影响的学生干部，可以在了解其具体实际情况的基础上给予其适当的学习生活资助以及心理辅导；为关心能否获得锻炼机会的学生提供更多的校内外锻炼机会和精神激励，例如为其升职、委以重任等。

领导力提升阶段是学生干部在获得初级领导力、初步体验学生干部队伍的工作后对自身的相关能力发展提出更高要求的阶段，如果其自身的需求没有得到更好地满足和激励，则该部分学生很有可能流失。所以要不断地开发更多切实有效的激励形式，不断满足学生干部的发展需求，使其领导力得以不断地提升。

4. 领导力转化阶段

该阶段是 US—LRM 本科学生干部培养模型的第四个阶段，即学生干部迈向社会、将在学生干部队伍平台中获得的领导力转向社会资本和社会竞争力的阶段。这是学生干部的领导力培养获得实际收益的阶段。一方面，学生干部几年的工作付出得以回报，学院的育人成效得以验证。另一方面，处于前三个阶段的学生干部可以切实看到自身发展的未来，有助于激励其在学生干部队伍平台中不断提高自身能力。

因此，在该阶段的培养过程中，学院应以市场需求为指引，切实在培养中有意识地启发学生干部发现自身适应社会、团队协作、人际交往以及处理危机能力的过人之处，并不断挖掘其潜力，寻找匹配其自身能力素质的岗位。另一方面，学院应积极探索与校外建立社会实践考察调研基地，为学生干部提供完整的实践平台，使其在老师的推荐下，加强与企业单位的项目合作与管理，增强社会适应综合能力和社会发展能力。同时，引导处于该阶段的学生干部带领处于前几阶段的学生干部参加社会实践和经验报告会。

五、小结

高校人才培养工作是一个系统的复杂的工程，要集合各方面的力量。本文以高校学生干部的培养模型为切入点，构建了 US—LRM 本科学生干部培养模型，探讨本科在校生的领导力挖掘、发挥发展、提高及转化的全过程，希望以此抛砖引玉为今后研究探讨高校学生干部培养模式及人才培养模式提供一种新的视角。

同时，本文还存在很多不足，比如只对 US—LRM 本科学生干部培养模型的构建进行了初步探讨，其中每个阶段的具体细节并未展开讨论，具体实践中会遇到的障碍也并未进行充分论证，希望今后在研究和实践中可以继续深化、细化、丰富该模型。

参考文献

［1］王建平，金文. 高校学生干部培养中的目标激励机制［J］. 湖北社会科学，2003（7）.

［2］曹科岩，王磊. 大学生领导力研究述评［J］. 当代青年研究，2012（5）.

［3］郑学刚. 从马斯洛需求层次理论看高校学生干部的培养［J］. 教育管理，2009（4）.

［4］沈燎，刘枭. 高校学生干部胜任力模型构建研究［J］. 当代青年研究，2009（12）.

18. 基于社会责任对社会科学学习能动性的激发
——以社会保障教学为例

劳动经济学院　王晓霞

从事社会科学专业的教学工作，意味着要引导学生从理论上学习和揣摩经济社会规律，更要培养他们理论联系实际的能力，这包括观察社会现象、洞悉社会问题，并以社会科学思维探索这些问题出现的潜在原因以及解决这些问题的潜在方案。社会保障课程的教学是这类课程的典型代表之一。社会保障关乎社会中的每个劳动者个体，在整体上又与社会经济的发展有密切的相互影响。

改革开放三十几年来，中国经济社会发展迅速；与此同时，中国经济社会与国际社会的往来范围和频率也迅速增长，国际化程度不断加深。经济社会领域的这些发展催生和推动了一系列经济社会领域的变革。要适应经济社会发展变革的节奏，社会科学的学科教育也需要革新，以进一步与社会现状和社会变革相结合。

理论知识的理解、学习与课程实际上与社会规律的结合是相辅相成的。更好地掌握课程的理论内容，同时更好地认识和分析社会问题，特别是变革中的新问题，需要在教学中培养学生关心经济和社会的态度，以此激发他们的学习热情，使他们更主动地思考问题、搜寻答案。这种自主积极的方式可促进形成更加和谐的教学氛围，使学生更有效地吃透课程内容。从长远来看，在教学中持续有效地培养积极主动的学习热情，能够锻炼学生的思维能力，还将有助于他们未来的研究发展甚至职业判断。

在2014—2015学年第一学期，笔者在首都经济贸易大学讲授《社会保障概论》课程。讲授过程中，笔者努力将社会保障的现实制度与课堂讲授结合起来，较大地激发了学生群体的社会责任感和学习能动性，使他们能较为积极地参与到课堂学习和讨论中来。他们普遍认为教学的过程较为灵活，课程学习使他们具备了认识社会保障制度的更专业的视角。

一、教改思路：社会保障课程与社会责任感

社会责任感是关心经济和社会的原动力，在社会学科的教学中需要在教师同学生的互动中，有意识地培养学生的这种责任感。社会保障是一个国家主导的社会化的庞大制度系统，每个劳动者个体都是其中的参与者，社会保障制度的规律和制度改革会影响到庞大的人群。因此，可以在社会保障类课程的教学中开展相关的研究。

社会保障制度体系庞大，包含社会保险、社会福利、社会救助等多项内容，每个子制度在整个制度体系中处于不同的层次。其中，社会保险又是应对风险的政府主导的强制性、广覆盖的制度安排。如何引导学生理解市场与政府在应对风险中的不同作用——为何在保险领域引入社会保险，而不是由市场主导？对社会保障制度本质和结构的认识将关系到整个课程的学习。

如果是死板地将这些内容灌输给学生，非常容易使课堂陷入枯燥，学生也容易产生迷惘。与其他社会科学类课程类似，社会保障课程有其丰富的现实社会制度背景。社会保障制度以保障制度参与者的基本生活质量为根本目的，符合条件的社会成员如果其生活现状不能达到基本生活质量要求，按照法律规定，他/她应当可以得到社会保障制度的待遇。因此，社会保障制度与每个社会成员个体都息息相关。进一步从宏观角度来看，社会保障制度的构建也与收入分配格局、社会整体福利息息相关。

基于学生的社会责任感，笔者希望能够在课堂教学中有效地将社会保障制度的本质与现实制度结合起来，引导学生从中央计划者（social planner）、社会整体福利或某个社会群体的角度而不是旁观者的角度去接触社会保障制度理论学习，充分挖掘社会保障制度的现实背景。对社会保障制度现实背景充分挖掘的过程，可以使学生更清晰地掌握制度的现实基础和历史基础。在此基础上，学生会根据自己的理解提出所关心的问题，从而激发他们对课程学习相关知识点的兴趣，也辅助和加深他们对课堂理论的吸收。事实上，课程学习和基于社会责任感的对现实制度的探索是相辅相成、互相促进的，甚至很难严格地将二者区分开来。课程预习阶段，社会责任感的激发可以促使学生去了解现实制度并提出问题；在课程学习阶段，对理论的接触可以在一定程度上回答之前提出的问题，理论学习的效果也得以加强；在掌握理论知识点后，社会责任感的激发能够使学生自然而然地回归到对现实制度的观察和思考中，是对课堂学习的补充和丰富（见图1）。

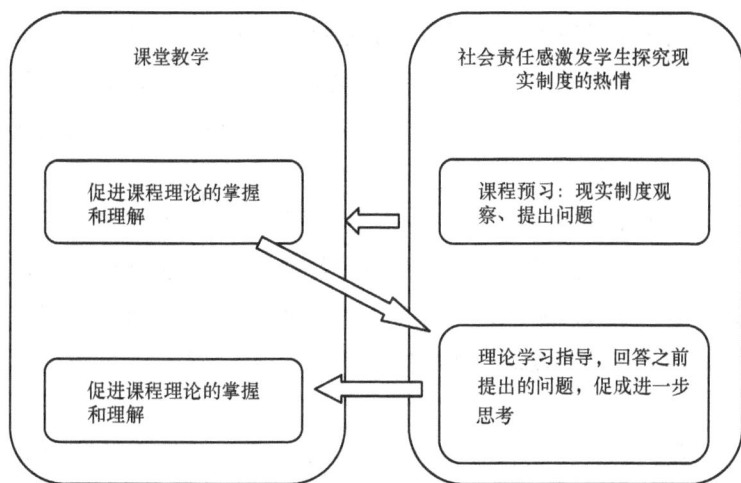

图1 课堂理论学习与基于社会责任感的对现实制度观察之间相互促进的关系

综上所述，课堂的理论学习与基于社会责任感的对现实制度的观察之间可以形成互相促进的良性循环。最终，学生能够更深刻地认识现实制度，思考现实制度的形成、发展逻辑和紧迫问题。从成就动机的角度，学生在学习和现实制度观察中的收获也会增加其在学习过程中的成就感和价值感，连同对社会保障制度的认识和思考深入，都会进一步增强其社会责任感。

引导培养学生社会责任感的过程不是一蹴而就的，而是需要注重方式方法，特别在不同的教学阶段，应根据学生的实际状况进行合理的方法选择。而且，如何根据学生所掌握的能力进行相应的引导也很关键。在教学各阶段，特别需要注意以下引导：

第一，在课程最初阶段，学生对社会保障制度尚未有系统的认识，更多停留在个人经验的积累上，不妨就通过学生自身、所在家庭或所在单位成员与社会保障的联系出发，增强他们从个体角度出发的好奇心，作为社会责任感培养的起点；

第二，随着课程的深入，适时恰当地选取与教学内容相关的数据和案例，逐渐培养他们从整体角度对现实社会保障制度的认识，随之提出相关的问题，启发学生自发地从宏观角度形成对社会保障制度的兴趣，展开对社会保障制度的探索；

第三，当课程进行到一定程度，一方面接收学生思考的反馈，相应地调整教学内容；另一方面，根据学生对制度理解和思考的深度，引导和提供给他们更丰富的材料，也提出难易适当的问题，激发他们自己对制度现实的进一步探索；

第四，最终的效果是，希望学生以主动积极的姿态理解课堂教学内容的同时，最终形成对社会保障制度较为全面切实的认识，以及能使学生独立地对社会保障制度做出有深度且负责任的评价和展望。

此次教学改革主要体现出以下特色：①将书本知识和社会现实相结合，使学生不读无用之书；②锻炼学生自主学习和探索知识、分析问题的能力；③加强学生在教学过程中的主人翁精神，大幅提高他们的课堂参与兴趣；④积极主动学习将带来有见地的认识，在教师合适的指导下，更容易培养学生的逻辑思维和前瞻能力。

接下来，将以养老保险和医疗保险这两个社会保障制度教学的重点内容为例，回顾和总结笔者在教学环节中从对培养学生社会责任感角度出发激发学习能动性的实践。

二、养老保险的教学环节

（一）养老保险的本质学习

养老保险是社会保障制度最核心的组成部分，其制度覆盖面最广，涉及资金规模最大。按照法律规定，每个签订劳动合同的劳动者都应纳入到养老保险制度中来。但是为什么要有这样的安排？为何不能倚靠个人养老？（未来将）身处制度中的学生在学习养老制度开始时应当能够回答这样的问题。因此，在开始养老保险部分教学时，笔者从个体角度提出这样的问题，鼓励学生们思考。在提出这一问题的同时，也给出西欧和北欧国家的一些人口结构的宏观数据资料（如图 2），希望能帮助学生理解目前养老保险制度的重要性。

年老是每个劳动者个体几乎都无法避免的风险，年老对多数人意味着劳动能力和收入来源的丧失。因此，年老期间生活水平的维持就是一个人人生过程中不能避免的问题。从个体角度，同学们都能对此做出恰当的理解。

对于养老保险的性质，学生的认识并没有达到一致或者自成逻辑。最初，还有些同学认为养老保险是一种国家对个体应当兑现的福利。当人口年龄结构趋向老龄化时，国家兑现这种福利的负担就会增加。还有些学生没有思考过这个问题。总之，大家普遍不太能够以经济学的思维去认识养老保险的性质。

为了帮助学生先从个体利益出发认识到养老保险的性质，我接下来又提供了一组中国的高储蓄率数据，以及养老金 11 年连续增长 10% 的新闻，询问学生高储蓄和养老金增长有什么关系。

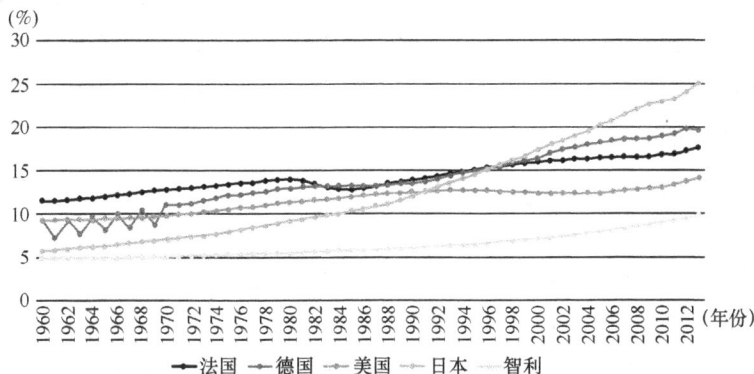

(%)

图2 一些国家 65 岁及以上人口占总人口的比重（%）[①]

表1 中国人口老龄化结构

年份	总人口数（万人）	60 岁及以上人口数（万人）	比例	65 岁及以上人口数（万人）	比例
2000	126 583			8 811	6.96%
2005	130 628	14 408	11.03%	10 045	7.69%
2010	133 972		13.26%		8.87%

经过引导使学生们意识到，老年阶段的收入不能够（或者预期不能够）满足老年阶段的需求时，有必要在生命周期的年轻阶段进行更高的储蓄。也就是说，在极端的养老保险制度缺位的条件下，劳动者个体需要依靠自身年轻阶段的储蓄为老年阶段提供生活质量的保障。接下来的问题便是，个体是完全理性的么？如果人的选择是理性的，年轻时便能够保证有充足的储蓄，以保证老年阶段的生活质量；但反之，如果人是短视的，在年轻阶段不能完全预测到老年阶段对经济生活来源的需求，那么就有可能不能做出足够的储蓄。为了防止这种情况的产生，养老保险便是为个体年老生活来源所做出的强制性安排。

为方便学生理解这一性质，笔者又提出政府在其中的角色。假设政府是慈善

---

① 数据来源：经济合作与发展组织（Organization for Economic Co - operation and Development）https：//data. Decd. org/population. htm#indicator - chart.

的（benevolent），养老保险是解决个体不能够完全为抵御年老风险所做储蓄准备的干预性结果。

养老保险产生的原因不一定仅限于此。回到某些学生提到的养老保险是国家福利的观点，探求这一观点是否有依据。对于终生收入较少的群体，这些人在年轻阶段可能没有能力做出充足的储蓄，而不是由于他们过于短视。因此，这一人群的年老生活可以在一定程度上获得养老保险制度"额外"的照顾，也就是某些同学所观察和思考到的养老保险制度对某些个体的"福利"。用偏专业化的语言来讲，这实际上是养老保险基金向低收入阶层的流动，这体现了养老保险制度（特别是先收现付制度）从高收入人群向低收入人群的收入再分配的功能。从社会整体的角度而言，相对更关注低收入人群的年老生活，一方面提高了这些相对更困难人群的年老阶段的生活福利，另一方面也稳定了社会秩序。

学生在理解收入再分配功能后，有些人开始主动去查阅养老保险金的计发规则，在课间和课后与教师展开讨论。同时，关于收入再分配功能的讨论也为之后养老金替代率的讲解和学习提供了良好的基础。

总之，在社会保障课程教学开始的环节，笔者与学生进行了充分的互动，首先以访问的形式充分了解学生个体因亲身体验对社保制度性质和形成的认识，调动了他们对这个制度的好奇心。随后又通过具体的数据和理论的讲解，使学生从劳动者个体的角度和收入再分配的角度对养老保险的性质和功能进行了进一步的理解。特别是对收入再分配功能的探讨性学习，使得学生对社会保障制度现实了解的积极性形成了从个体角度向群体角度的转变。

（二）学生对养老保险制度现实的积极探究

养老保险制度作为最重要的社会保障组成，本身也具有复杂的结构。学生对养老保险制度中的很多问题产生了兴趣和积极探索的热情。

1. 关于企业年金

1994 年，世界银行提出了三支柱模型：公共养老金计划、企业补充养老保险和个人储蓄性养老保险。目前，中国养老保险最主要的组成部分是城镇企业职工基本养老保险，而以企业年金为代表的企业补充养老保险还处于覆盖较小的阶段。关于这种现象产生的原因，学生们积极给出了他们的理解和解释，包括：①如果企业的盈利能力不是很好，那么法定的社会保障负担就已经成为企业的巨大成本，企业便无力进行额外的补充性企业年金；②企业年金可以作为一个额外的职工福利，因为具有选择性，所以企业可以在能力范围内提供给部分职工，特别是具有高能力的人员，而不是全部的职工；③企业年金需要在资本市场上运作。中国的资本市场还不够成熟，企业年金的收益需要交给业务能力更好的机构投资者帮助运作，从而获得理想的收益。

在此过程中，笔者作为授课教师和学生一起分析了人力资源和社会保障部基金监督司公布的 2012 年度、2013 年度和 2014 年分季度的《全国企业年金基金业务数据摘要》，其中，对企业年金的覆盖范围变动趋势、涉及基金规模的变动趋势、基金运营的收益等几个方面都进行了讨论式学习。由于美国的企业年金 401k 制度覆盖范围较广，教师和学生也花了一节课的时间对 401k 的制度规则和运行现状进行了学习，这其中也包括企业年金对金融系统风险较弱的抵抗力——比如 2008 金融危机对制度收益的负面冲击。经过一系列的学习和对现实制度的思考，学生们普遍认为，在现阶段，企业年金在中国广泛实施的可能性还不大，特别是如果选择将企业年金更高的权重赋予股票等较高风险的投资品，将不会是很多企业职工的满意选择。企业如果要提供对职工的福利，应该采取更保守的激励方式。

2. 关于中国养老保险跨地区的转移接续

有学生提出，尽管目前已出台《城镇企业职工基本养老保险关系转移接续暂行办法》，养老保险制度在外地满足十年缴费就可以在外地进行养老金领取手续的办理，但是现实中这种规则的真正兑现还伴有其他问题。例如，养老金的领取需要办理退休手续，退休手续则需要档案。对于外地就业、缴费和办理退休手续的职工，档案如果不在工作地区，退休的办理和养老金的领取都会成为问题。再者，学生还普遍关心如何实现地区之间养老保险关系的转移接续，不同地区如何根据职工个体的缴费历史计算各地区对养老金支出责任的划分——学生们也对此展开了讨论。与地区间转移接续相关的，学生们还对中西部劳动力净流出省份养老基金的充足性提出了担忧，这也关系到如何在地区间分摊养老金支出责任的问题。如果一个地区吸收了外来的劳动力，那么这些劳动力为居住地的经济发展做出了贡献，是否意味着居住地应当承担更多的支出责任等。

3. 关于养老金的替代率问题和基金缺口问题

学生们通过考察数据，发现中国的养老金替代率没有达到制度设计的 60% 的目标替代率（如表 2），而且呈不断下降的趋势。分析其中的原因，有可能与选择的城镇单位就业人员的平均工资有关。一般来说，城镇单位就业人员的平均工资收入会高于城镇就业人员的平均工资收入。尽管有十一连增，但是就业工资也在增长，这样一来养老金相对工资收入的相对增长并没有提高。替代率的下降问题强调了养老金缺口的问题，如果要达到目标替代率，就要求养老金在未来继续以较高的速度增长，这对于人口年龄结构不断老龄化的养老保险基金而言将是一个重要的挑战。

表 2　中国养老金平均替代率①

时间	计算的平均养老金（元）	城镇单位就业人员平均工资（元）	计算的平均养老金替代率
2000 年	6 674	9 333	71.5%
2001 年	6 867	10 834	63.4%
2002 年	7 880	12 373	63.7%
2003 年	8 088	13 969	57.9%
2004 年	8 536	15 920	53.6%
2005 年	9 251	18 200	50.8%
2006 年	10 564	20 856	50.7%
2007 年	12 041	24 721	48.7%
2008 年	13 933	28 898	48.2%
2009 年	15 317	32 244	47.5%
2010 年	16 741	36 539	45.8%
2011 年	18 700	41 799	44.7%
2012 年	20 900	46 769	44.7%

三、医疗保险的教学环节

同养老保险类似，医疗保险是社会保障制度中非常重要的组成部分，是社会保障中第二重要的组成成分。目前中国的医疗保险和医疗卫生制度都面临巨大的改革压力，因此借这一部分的学习，笔者和学生结合理论的学习，对这一部分进行了充分的探讨，在增加现实制度思考的同时，也加深了对课程的学习。

（一）医疗保险本质的学习

在这一部分的教学环节中，笔者作为授课教师，以一些医疗领域的实际案例和公开数据给学生展示了中国广泛存在的看病难、看病贵、医疗支出、医疗保险

---

① 数据来源：中国国家统计局数据库。

支出上涨速度快等问题（如图3）。在看病难、看病贵的问题上，一些大病更容易给家庭造成巨大的负担，也成为家庭和个体面对的大型风险。因此，医疗保险是为抵御疾病风险而产生的社会保险制度。

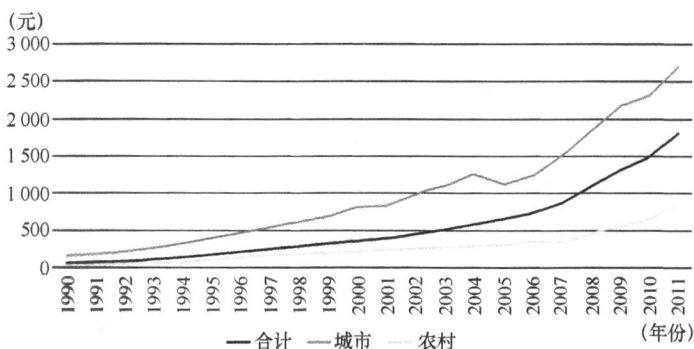

（元）

图3　中国人均卫生费用（元/年）①

在市场经济条件下，针对疾病风险有商业医疗保险，为何还要针对该风险实行社会保险制度？在这部分教学中，教师和学生从市场失灵的角度分析商业医疗保险容易遇到的逆向选择问题。由于保险的供给需求两方信息不对称，给定一定的医疗保险保单，对身体健康风险大的人相比健康风险小的人将更有吸引力。医疗保险公司预期到这种情况，会倾向于对保单设更高的定价，便进一步降低了相对健康人群对医疗保险的需求。最终的均衡结果便是，身体健康状况不好的人以更高的价格买到医疗保险，而身体健康状况相对较好的人缺少有效的供给，即出现了逆向选择。为弥补逆向选择问题，在医疗领域由国家介入，强制实施医疗保险成为很多国家的制度。在此过程中，学生通过微观经济学中的市场失灵问题来理解社会医疗保险存在的经济学原因。

当然，商业保险非完全被医疗保障制度排除在外。学生们在对应的学习中，积极讨论了美国的商业医疗保险制度。美国的商业医疗保险模式不是简单地由完全交给市场的医疗保险机构和消费者组成，在控制医疗成本急剧上升的过程中，美国创立和发展了多种制度来试图缓解医疗成本的上升，例如健康管理组织制度（HMO：Health Maintenance Organization），通过在若干家医院间成立商业保险联

---

① 数据来源：《中国卫生统计年鉴》相关年份。

盟和建立全科医生（general practitioner）来控制医疗成本。在学习的过程中，还通过小组形式，请学生分析 HMO 的利弊。

（二）学生对医疗保险制度现实的积极探究

医疗保障领域与医疗卫生体制是紧密结合在一起的。在中国，医疗保险相关的一个重要问题是医疗卫生体制的改革。为更好地理解这一问题，学生同时开展了对国际上有代表性的医疗保障制度的学习和对中国医疗卫生体制的研究。国际典范如英国的国民卫生服务制度（NHS：National Health System），特别是制度的构造，以及如何实现在由财政成本节约的前提下对全民健康服务的覆盖。对中国医疗卫生体制的研究，学生采用了网页、视频甚至是实地调查等方式，分析问题的实质。一个较为统一的观点是，目前，医院的收入结构过分地依赖于药品收入和检查收入，以药养医的现象严重。医院的收入结构扭曲形成对医生行医的扭曲性激励，使得整个医疗系统效率较低的同时，存在相当大规模的浪费。这些浪费和低效率现象在一定程度上也造成了医患双方关系的紧张。①

在清楚了问题所在之后，教师和学生积极讨论了问题解决的途径。扭曲的收入结构需要打破，唯有医疗服务能够得到合理定价，才能够使得医疗服务的提供者和医院放弃对药品收入和检查收入的过度依赖。

由于中国某些地方正在实践医疗卫生体制的改革，学生在洞悉问题后，分小组学习和讨论了福建省三明市医改等典型案例。在这个过程中，医改中实施的医生年薪制改革和每人次检查费用上限设置等由于对医疗体系收入结构做出了颠覆性改变，得到了学生的广泛关注。同时，医改遇到的医药代表、药品供应商的阻力等也被学生所关注。

通过这些教学实践，引导学生从社会责任感出发，去探索制度之间的差异、现实制度的问题以及这些问题的应对方案。在这个过程中，学生发挥了积极思考和探索的能动性，增加了对知识的把握，也给整个教学过程带来了丰富的能量。

四、总结与思考

以上的操作取得了较好的教学效果，学生乐于思考学习，教师感觉沟通顺畅。当然，在这一过程中，需要特别注意以下几点。

---

① 2009 年《第四次国家卫生服务调查》显示，医护人员工作满意度尚可，但执业压力大，对医患纠纷的防范之心较重。

（一）要充分肯定学生为积极主动思考所作出的努力

也就是要给予学生适时的回馈。任何努力都有可能指向一个之前被忽略的问题。积极思考的过程也是思维锻炼的过程，也是强化社会责任感和理论学习的过程。肯定学生的努力，也包括不要轻易否定学生的想法。如果认为观点偏离了恰当的轨道，应当追踪其观点的本质，并循循善诱，调动其思维，使其结合所掌握的知识储备，回到恰当的轨道上来。

（二）鼓励群体讨论

对于社会科学的学习而言，讨论催生思想的产生和改进。在课堂上，针对重要的社会保障领域的题目，特别是与社会保障制度展望相关的题目，在学生中展开学生辩论，将他们对课程的认识和思考推向新的高度。

要恰当选取案例、数据，使学生完成从个体角度向从社会责任感角度对社会保障兴趣的转变，使之开始自主选择感兴趣的社会保障现实问题并对其展开探索；再根据学生对制度的理解和思考的深度，提供更丰富的材料，但更多地需要提出难易适当的问题，进一步激发他们自己对制度现实的探索，进而最终实现对社会保障较为全面切实的认识，使其对制度做出有深度且负责任的评价和展望。简而言之，要实现因地制宜。

（三）在课堂教学外加强对学生思考和课程掌握程度的调查

例如，在灵活机动的时间，开展对学生学习感受的访谈形式的调查。在课程期末考试中加入相应的开放性和启发性题目。

19. 基于建构主义学习理论的教学模式改革

劳动经济学院　毛畅果

一、引言

　　长期以来，高等学校都按照"以教师为中心"的传统教学模式来教育学生，其特点是教师讲、学生听，主要靠教师向学生灌输知识；而作为学习主体的学生在教学过程中始终处于被动状态，难以发挥其积极性和主动性。这样的教学模式既难以保证教学的质量与效率，又不利于培养学生的创造性和批判性思维。如何突破传统的学习模式，充分调动学生自主地学习知识、运用知识的积极性，是高校教育改革面临的重要问题。

　　建构主义学习理论为回答这一问题提供了有效的途径。建构主义学习理论强调以学生为中心，它不仅要求学生由外部刺激的被动接受者转变为信息加工的主体和知识意义的主动建构者，同时要求教师由知识的传授者转变为学生建构知识的促进者和建构环境的创设者。建构主义理论认为，学习的本质就是要借助学习情境，帮助学生认识到利用知识去解释、分析和解决实际问题的需要，从而实现学习者对知识意义的主动建构。不同的学习环境会导致学生对知识和技能的不同理解，创设有利于学生建构意义的情境是教学中非常重要的环节。

　　因此，从建构主义学习理论的角度出发，探讨高校教学模式改革的方式和方法，具有重要的理论和实践意义。

二、概念界定与文献回顾

　　"建构"的定义采用瑞士著名心理学家皮亚杰的术语，指个体心理发生从自身与外界事物之间的接触点开始，循着由外部和内部所给予的两个交互作用的方向，从一个较初级的结构逐步转化为较复杂的结构过程。这一概念包含了三方面的内容：第一，心理的发生是通过主客体的相互作用实现的；第二，相互作用的过程是内外双重建构的过程；第三，认知结构是从初级向高级持续建构的动态发展的无限过程。建构过程在于学习者通过新旧知识经验之间反复的双向的相互作用，来形成和调整自己的经验知识结构。在这一过程中，一方面，学习者对当前信息的理解需要以原有的知识经验为基础；另一方面，对原有知识经验的运用又不只是简单地提取和套用，个体同时需要依据新经验、新知识对原有经验和知识本身做出某种调整和改造，即达成同化和顺应的两方面的统一。

建构主义（constructivism）是认知理论的一个分支，是学习理论中的行为主义发展到认知主义以后的进一步发展。作为一种学习的哲学，建构主义至少可以追溯到 18 世纪拿破仑时代的哲学家维柯（Giambattista Vico）。他曾经指出，人们只能清晰地理解他们自己建构的一切。从这以后许多人从事过与这一思想有关的研究。从哲学角度看，建构主义扎根于对理性主义与经验主义的综合，他们认为，主体不能通向外部世界，而只能通过利用其内部构建的基本的认识原则去组织经验，从而发展自身的知识。

而现代意义上的建构主义理论最早是由认知发展理论领域的皮亚杰于 20 世纪 60 年代提出。皮亚杰基于对儿童认知发展的深入研究发现，儿童是在与周围环境相互作用的过程中，逐步建构起关于外部世界的认识，从而使自我认知结构得到发展。

随着社会文化理论的传播，认知建构观受到了社会建构观的冲击，这两种建构观的主要倾向所引出的认知活动的"个体性质"和"社会性质"的争论成为 20 世纪 90 年代西方教育领域中的新焦点。1990 年，美国佐治亚大学教育学院组织的"教育中的新认识论"系列研讨会上出现了包括上述两种建构观的六种建构主义新范式，它们是激进建构主义、社会建构主义、社会建构论、信息加工建构主义、控制论系统观和社会文化认知观点。

上述六种建构主义范式，其中最主要、影响最大的当属激进建构主义和社会建构主义。但建构主义学习理论还没有形成稳定、清晰的体系，从目前的了解来看，这六种建构主义范式基本上反映了国外建构主义的主体情况。在 20 世纪 80 年代到 90 年代初期，受皮亚杰发生认识论的影响，我国哲学界就曾对认识的"建构"问题进行过热烈的讨论（王玉，1988，1991；王振武，1987；越璧如，1988；邓兆明，1988；陈新权，1988）。经过讨论，多数人承认了认识的建构原则，它与认识的主体性原则、主客体相互作用原则和中介原则等一起，构成了我国认识论研究中的观念性突破（夏甄陶，王永昌，1989）。目前我国对建构主义学习理论的研究一方面是对国外建构主义学习理论研究的介绍与评析，另一方面在对建构主义学习理论研究的基础上结合当前我国新一轮基础教育课程改革，把统整的建构主义学习理论作为课改这一伟大实践的理论基础。

建构主义与客观主义相对。客观主义认为世界是客观真实的，关于世界的知识和结构都有可靠完善的体系。对于学生，他的目的就是获取知识；对于教育者，他的任务就是传递知识，帮助学生了解真实的世界，解释各种事件；学习的结果是假设学习者会复制一个和所教内容一样的认知体系。以客观主义为指导的教学，主要表现为高效、清晰地传递信息，学生为信息的接受者。然而从建构主义的观点来看，知识是不能传递给被动的接受者的。如果说学生不能从传授中学到知识，那么，建构主义未免太幼稚了；事实上，我们所有人都从讲授中学到过东西，而且学到过很有价值的东西。建构主义告诉我们，教师的讲授表面上好像是在传递知识，但实际上只是在促使学生自己建构他们自己的知识而已。学生自己从他们所听到的话语、所见到的形象、所感觉到的刺激中建构他们自己的意义，而不是因为我们说过，学生就像我们所计划的那样学到了东西。学生所学到的东西也许与我们所计划的完全不同。

三、建构主义对教学理念的积极作用

建构主义学习理论认为，知识不是通过教师传授得到的，而是学习者在特定的情境（即社会文化背景）下利用必要的学习资料，借助他人的帮助而实现的意义建构过程。建构主义学习理论认为"情境""协作""会话"和"意义建构"是学习环境中的四大要素。其中，情境是指创设情境，即根据教材的内容，适当地利用特定的情境，激发学习者的学习兴趣。建构主义认为，学习总是与一定的情境相联系，这样可以使学习者利用自己原有认知结构中的相关经验去同化和引导当前学习的新知识，赋予新知识某种意义。协作是指通过小组或团队的形式组织学生学习的一种策略。协作对学习资料的搜集与分析、假设的提出与验证、学习成果的评价直至意义的最终建构都有重要的作用，从而获得达到学习目标的最佳途径。会话是指在课堂教学中，教师要提出适当的问题以引起学习者的思考和讨论，让学习者在讨论中主动思索，在不断肯定和修正思维的过程中实现自我建构。意义建构是整个学习过程的最终目的，即让学习者明白事物的性质及事物之间的内在联系，达到对所学事物较深刻的理解。

因此，学习者通过学习获得知识的多少取决于学习者根据自身经验去建构有关知识的意义的能力，而不取决于记忆和背诵教师讲授内容的能力。建构主义的体系为现代教学理念和方式的革新提供了强有力的理论支持。

四、建构主义对学习的意义

（一）关于学习过程

建构主义者认为，学习者在日常生活中已经形成了丰富的生活经验以及基于这些经验基础之上的一系列的认知结构，对一些问题都有自己的看法，因而在学习过程中，学习者不是被动地在教师指导下进行接收、加工和储存知识，而是根据自己的知识背景，对信息进行主动的选择和加工，在他人协助下，形成自己的信息加工过程，建构自己的意义学习。

（二）关于学习结果

建构主义认为，知识结构不是如加涅（R. M. Gagne）所指的直线结构或如布鲁纳、奥苏贝尔等人所提倡的层次结构，而是围绕关键概念而形成的网络结构。学习结果应是建构结构性与非结构性的知识意义的表征。按此观点，学习可以分为初级学习和高级学习。初级学习属于结构良好领域，要求学生懂得概念、原理、技能等，所包含的原理是单一的，角度是一致的。此类学习也叫非情境化的或去情境化的学习。高级学习属于结构不良领域，每个任务都包含复杂的概念，各种原理与概念的相互作用很不一样，是非结构化的、情境性的学习。在此领域，直线结构或层次结构已无能为力。建构主义认为，学习应是抽象与具体、结构与非结构、情境与非情境的结合。传统学习领域混淆了低级、高级学习的划分，把原理等作为学习的最终目的，而真正的学习目的应是要建构围绕关键概念组成的网络结构，包括事实、概念、策略、概括化的知识，学习者可以从网络的任何一点进入学习。建构主义认为，网络结构的知识是打通的，层次结构的知识是封闭的，因而反对建立认知主义的层次结构。

（三）关于学习条件

首先，建构主义注重学习的主体作用，强调以学生为中心。其次，他们注重情境的作用，特别是真实情境（结构不良领域）的作用。再次，他们强调协作学习，交互学习，提倡师徒式的传授以及学生之间的相互交流、讨论与学习。此外，建构主义特别注意对学习环境进行设计，为教育者提供充分的资源。

五、建构主义在教学中的应用

运用建构主义方法对学习理论、教学理论进行研究是 20 世纪 90 年代以后教育心理学领域中的一种发展趋势。当今的建构主义者在发展建构主义理论的同时试图从独特的视角对学习和教学做出新的解释。在平时的教学中，建构主义有两种应用能够充分激发学生学习的积极性，从而取得较好的教学效果。

（一）情境性学习

建构主义学习理论的教学理论特别注重学习环境的设计，即尽量创造能够表征知识的结构、能够促进学生积极主动地建构知识的社会化的、真实的情境。

情景性学习是以情境性认知理论为基础的，但它与建构主义的思想却有密切联系。这种理论主张，学习应着眼于解决生活中的实际问题，应在具体情境中进行，学习效果应在情景中评估。下面介绍其中的抛锚式教学。教师将教学的重点置于一个宏观情境中，引导学生借助于情境中的各种资料去发现问题、形成问题、解决问题，借此让学生将数学或其他学科解题技巧应用到实际生活的问题中。抛锚式教学的主要目的是学生在一个完整、真实的问题情景中，产生学习的需要，并通过镶嵌式教学以及学习共同体成员间的互动、交流，即合作学习，凭借自己的主动学习、生成学习、亲身体验完成从识别目标到达到目标的全过程。

总之，抛锚式教学是学生适应日常生活，学会独立识别问题、提出问题、解决真实问题的一个十分重要的途径。抛锚式教学不同于通常课堂上的以"知识传递"为目的的教学，它在教学中利用以逼真情节为内容的影像作为"锚"，为教与学提供一个可以依靠的宏观情景。抛锚式教学遵循两条重要的设计原则：第一，所谓"锚"应该是某种类型的个案研究或问题情景；第二，课程的设计应允许学习者对教学内容进行探索。抛锚式教学对教师提出的最大挑战之一就是角色的转换，也就是说教师从信息提供者转变为"教练"和学生的"学习伙伴"，即教师自己也应该是一个学习者。因为教师不可能成为学生所选择的每一个问题的专家，为此，教师常常应该和学生一起做一个学习者。对教师角色的挑战不仅是抛锚式教学所具有的，而且是一切依据建构主义原则的教学所具有的特征。此外，抛锚式研究的基本目的不是提高学生在测验中的分数，而是为了帮助学生提高达到目的的能力，这种目的应该是完整的，即从某一个问题的一般定义开始，生成为解决问题所必需的子目标，然后达到目标。

知识具有情境性、社会性、不确定性和复杂性等特点，知识并不是对现实的准确表征，而只是一种解释，一种假设。学生对同一知识可能有不同的理解，学生对知识的理解取决于学生自身的经验背景以及特定情况下的学习活动过程。知识必须依存于具体情境，具有情境性，因而创设合适的教学情境尤为重要。建构主义学习理论主张情境化教学并强调知识的表征与多样化的情境相联系，以及根据不同情境来组织课程教学，认为"情境""协作""会话""意义建构"是学习环境的四大要素。所谓"情境"是与学习内容相关的一切信息，其组织是有利于学生对所学内容进行意义建构的；"协作"贯穿于学习过程的始终，是教师及学习同伴为了建构所学知识相互帮助、相互合作的过程；"会话"是学习者与教师、学习同伴之间的交流；"意义建构"是整个学习过程的终极目标，通过一系列的活动，使学习者对事物的性质、规律以及事物之间的内在联系有深刻的理解，从而完善其已有的认知结构并建立起新的认知结构。

贾斯珀解题系列（The Jasper Woodbuvy Series）创设了当今风靡美国教育界的建构主义教学模式的典范。贾斯珀系列共包括以录像为依据的 12 个历险故事（包括一些录像片段、附加材料和教学插图等），这些历险故事主要是以发现和解决一些教学中的问题为核心。每一个历险故事都是按国家教学教师委员会推荐的标准来设计的，而且每一个历险故事都为教学问题的解决、推理、交流以及与其他领域的科学、社会学、文化与历史等的互动提供了多种机会。其主要特征如下：

①帮助学生在真实的情境中通过问题解决学习数学；②创设了一种情境，它不仅帮助学生整合数学概念，而且使数学知识与其他学科的知识得到整合；③充分运用了录像这一媒体以及技术间的交互作用；④提高了学生的探究能力；⑤关注学生提出问题的重要性；⑥在一段相对宽松的时间内给学生提供了合作的机会；⑦提供给学生发展深层理解数学概念的机会；⑧提供了教师与学生共享的教学情境。

所以，在日常的教学中，比如在"职业生涯规划"的课堂上进行合理运用，就可以帮助学生模拟真实的情境，探索解决问题的方法。

（二）案例法教学

由美国哈佛商学院首创的案例教学法，作为适合于管理教学特点的独特而有效的教育方法之一，逐渐被人们所认识并不断地得到普及和推广。如同医院的病例、法院的审判案例，管理教学中所使用的案例反映了组织管理的现实情景、管理中所出现的矛盾与冲突、管理所应用的各种数据以及案例编写者所试图反映的管理理念。案例是管理工作的仿真和缩影。某个案例可能是带有普遍指导意义的事件和情境，也可能是特殊的；既可能提供成功的经验，也可能记载失败的教训，更多的可能只是截取管理活动中的某一片段，平铺直叙一种管理情景，将管理中的实际问题活生生地摆在人们面前。

案例教学法与传统的课堂讲授方法具有显著的不同。首先是自主性。案例教学法将课堂讲授中教师与学生的角色进行转换，学生成为主角，教师则成为导演或教练，给学生足够的空间展示自己的才能，自觉地学习。其次是亲验性。通过案例使学生感受到真实、具体的现实问题，以情景模拟的方式使学生们身临其境，并且运用所学的知识独立地观察、思考、分析问题。第三是交往性。在案例分析过程中，学生们可以互相交流看法，互相启发，开拓思路，有助于相互沟通。第四是实践性。案例教学的核心在于通过案例分析培养学生形成独特而有效的思维模式和解决问题的方法，使学生解决问题的能力得到锻炼。因此强化能力培养、提高学生素质是案例教学法的一大特色。

以"国际外派人力资源管理"课程为例，案例教学法的运用能够极大地帮助学生理解抽象的概念。这是因为虽然涉及国际外派，但人力资源管理的基础理论来源于管理实践。一经形成由概念、原理、原则、方法构成的理论体系，它就有了高度概括、抽象甚至凝固的特点。而管理者们，尤其是跨国管理者所面临的日常管理活动却永远是丰富多彩、变化不息的。不难看出，理论学习与实践活动的矛盾是客观存在的，如果在教学中只是概念到原理的照本宣科，不仅枯燥乏味，而且无助于学生面对日益复杂多变的管理活动，难以提高管理水平。但我们又不可能提供充分的条件，让学生到各种类型的组织中学习处理管理中的各种问题，即使有实习也非常短暂和有限。因此，在人力资源管理的教学与研究中，提供一种与理工科学生常用的实验室相当的手段，模拟管理活动，使学生能够身临其境就显得至关重要。而案例教学恰恰可以起到这样的作用。

"国际外派人力资源管理"课程具有较强的实践性。由于课程内容紧贴管理实际，尤其是与我国目前正在进行的劳动工资、人事制度改革、劳务国际输送紧密相连，因而其实践性非常突出；加上学生也已经具备了一定的管理理论知识，结合课程内容采用案例教学法，有选择、有针对性地安排案例分析和讨论，既丰富了教学活动内容，又锻炼和提高了学生的管理能力。所以，案例教学法不失为一种解决理论学习与实践活动之间矛盾的有效途径。

六、建构主义对教学模式的启示

（一）建构主义知识观对教学模式的启示

知识并不是对现实的准确表征，它只是一种解释、一种假设，它并不是问题的最终答案。知识不能精确地概括世界的法则，在具体问题中，并不能拿来知识便用，而是需要针对具体情境进行再创造。此外，对于同样的知识，不同的学习者有不同的理解，这些理解只能由个体学习者基于自己的经验背景而建构起来。这向传统刻板的教学和课程理论提出了巨大挑战，值得我们深思。

（二）建构主义学习观对教学模式的启示

建构主义认为，学习不是知识由教师向学生的传递，而是学生建构自己的知识的过程。学习者不是被动的信息吸收者，而要主动地建构信息的意义，这种建构不可由其他人代替。学习是个体建构自己的知识的过程，每个学习者都以自己原有的经验系统为基础对新的信息进行编码，建构自己的理解，原有知识又因为新经验的进入而发生调整和改变。所以学习并不是简单的信息的积累，它同时包含由新、旧经验的冲突而引发的观念转变和结构重组；学习过程并不是简单的信息输入、存储和提取，而是新旧经验之间的双向的相互作用过程。

（三）建构主义学生观对教学模式的启示

建构主义强调学习者在以往的学习中已经形成了丰富的经验，因此教学不能无视学生的这些经验，而要把学习者现有的知识经验作为新知识的生长点，引导其从原有的知识经验中"生长"出新的知识经验。教学不是知识的传递，而是知识的处理和转换。由于经验背景的差异，学习者对问题的理解常常各异，在学习者的共同体中便构成了一个宝贵的学习资源。

（四）建构主义教师观对教学模式的启示

教师不是简单的知识的呈现者，他应该重视学生自己对各种现象的理解，倾听他们现在的看法，洞察他们这些想法的由来，并以此为根据，引导学生丰富或调整自己的理解。这不是简单的"告诉"就能奏效的，而是需要与学生共同针对某些问题进行探索，并在此过程中相互交流和质疑，了解彼此的想法，彼此做出某些调整。

（五）建构主义的学习环境对教学模式的启示

学习者的知识是在真实或接近真实的情境下，为了完成问题解决类的学习任务，借助与他人之间的协作交流，通过意义的建构而获得的。因此，需要创设有利于学习者建构意义的情境是最重要的环节。从事具有挑战性的学习任务是建构主义学习的一个特征。协作交流要贯穿于整个学习活动过程中，同时，保持友好民主的教学气氛也不容忽视。

七、小结

综上所述，建构主义的知识观、学习观、学生观、教师观和学习环境对教学模式都存在积极的作用。作为一名入职不久的新教师，积极转变自身的角色，改进教学方法是十分必要的。就如同建构主义的启示一样，其学习理论强调以学生为中心，不仅要求学生由外部刺激的被动接受者和知识的灌输对象转变为信息加工的主体、知识意义的主动建构者，同时也要求教师的教学主体理念发生变化，亦即教师要由知识的传授者、灌输者转变为学生主动建构意义的设计者、组织者、促进者、参与者和帮助者。

20. 提高"劳动经济学"双语教学质量的研究

劳动经济学院　黎　煦

一、研究背景及问题的提出

在教育国际化、经济全球化的当今社会，在世界经济竞争日趋激烈的21世纪，英语作为一种公认的在全世界范围内普遍运用的语言，它的重要性也日益被人们所认识和重视。中国作为一个发展中的大国，在参与世界经济竞争的过程中要想拥有话语权，要想实现中国经济的迅速发展，提高国际竞争力，对英语这门语言及其综合运用能力的掌握就显得至关重要。本着这一目标，教育部对高校教学提出了培养复合型、创新型人才的要求，为了响应国家的这一号召，双语教学成了各高校对教学进行改革的重要内容之一。

自2001年4月教育部《关于加强高等学校本科教学工作、提高教学质量的若干意见》中提出各类高校要积极推动使用英语等外语进行各类课程的教学，到2004年教育部推出《普通高校本科教学工作评估方案》将是否进行双语教学作为专业建设与教学改革的主要评价标准之一，再到"十一五"期间500门国家双语教学示范课程任务的完成，双语教学已经在我国部分院校、相关学科的教学中取得了巨大的成绩和良好的效果，国家和高校也越来越重视双语教学这一教学模式。但是，总结分析当前我国高校双语教学的现状后不难发现，我们在双语教学的过程中还存在着许许多多的问题，这些问题如果得不到解决将会成为高校双语教学改革的瓶颈。基于以上背景，课题组对所在院系开展了调查研究，以期发现问题，研究难点并为问题的解决提出合理建议。

二、研究目的及意义

双语教学是指同时使用两种语言——母语及第二外语来组织、安排、实施教学活动，使学生在学习的过程中可以通过两种不同语言对同一知识的描述达到理解、思考进而掌握的目的。这是对双语教学的一个概括性的定义。如果所要学习的课程是语言类课程，比如英语，严格来说在课堂上是不允许出现英语以外的讲授或学习语言的，那么语言类课程的学习就不属于双语教学的范畴。因此，课题组对双语教学的定义是运用两种语言作为教学语言对非外语学科（课题组的研究学科是《劳动经济学》，它属于专业课双语教学范畴）进行教学，它是一种教学方式。既然是教学方式，我们就要强调教学的效果，也就是教学质量。从教育"以人为本"的理念出发，双语教学所要达到的效果就是通过教师向学生提供知识这样一个过程，实现学生在知识、能力、素质和价值观等方面的获得。以学生为出发点、以学生获得提升为最终目标也是课题组开展调查研究的目标所在。

通过对如何提高"劳动经济学"双语教学质量进行研究，为探索个性化的、适合不同高校特点的专业课双语教学模式提供了理论基础，能够弥补我国尚处于实行双语教学改革的初期，理论体系还非常欠缺的事实；为构建高校专业课双语教学管理体系提供了理论依据，能够使高校树立双语教学管理的新理念，巩固双语教学取得的成果，保障了双语教学的质量；为提高双语教师的教学水平提供了策略，从双语教材的选择到备课、授课乃至评估、反馈各环节都将有实践经验可循；为实现高校教育与国际接轨提供了参考，凸显出了高校的教学特色优势所在，提升了高校的声誉和竞争力。

三、研究内容

课题负责人曾于 2012—2013 学年第二学期及 2013—2014 学年第一学期对我院 2011 级劳动与社会保障专业班的"劳动力市场概论"和"就业管理"两门课程试用英文原版教材，所用教材分别为 Woodbury 的 *Labor Market and Public Policy* 和 Borjas 的 *Labor Economics*。通过两个学期的学习，大部分同学表示在英语和专业上有了比较大的收获，在期末结合中文教材复习的时候，感觉英文教材的解释更加清晰、易懂。但是，也有部分同学觉得外文教材太难，跟不上来，影响了学习的积极性。此外，同学们也反映由于其他课程太多，没有很多时间来预习和复习；教师上课和学生互动不够，过分强调课堂讲授，忽略了同学的讨论等，从而影响了对这门课程的掌握。

在总结经验的基础之上，课题负责人在 2014—2015 学年第一学期在继续使用伊兰伯格的 *Modern Labor Economics* 教材进行双语教学时，对教材内容进行了取舍，删除了比较艰深、和我国实际联系不是非常紧密的内容，采用把教学课件提前发给学生，让学生提前做好预习工作；布置适当数量的课后思考题；组织一些课堂测验等方式来提高教学质量。

总的看来，通过一学期的学习，同学们在专业知识、英语阅读和写作等多方面有了显著的提高，在期末考试时取得了比较优异的成绩。但是，提高只是相对以前来说，应该看到的是我们整个的教学过程中还存在着许多的问题，教学质量还有很大的提升空间。为了发现隐藏在其中的问题并解决问题，课题组展开了调查研究，以下是具体的研究内容。

（一）研究的基本情况

本次调查问卷的调查对象是我院 2012 级使用 Ehrenberg 的 *Modern Labor Economics - Theory and Public Policy* 教材进行双语学习的学生。采用非实名制、抽样调查的方式，共发放问卷 30 份，其中有效问卷 28 份。问卷内容共分为六大类，第一类是对学生基本情况的调查，问题涉及学生的英语水平、学习时间、预习/复习情况和对课堂内容的掌握程度；第二类是对老师授课方式的调查，包括老师的授课方式、学生对授课方式的接受程度和需要改进之处；第三类是对学生所使用英文原版教材的看法调查，涉及的问题有学生对教材难易程度的评价、使用时的主要困难、外文教材的特色以及外文教材所需的改进之处；第四类是对学生总体感受程度的调查，包括适应度、帮助度、满意度，学习兴趣；第五类是对双语教学优劣势的比较及双语教学的目标；最后一类的开放性题目考查的是学生对课程改进的建议。问卷从教学过程的主要方面对学生的反馈进行了描述性的统计分析，以下是统计分析的具体内容。

（二）研究的具体内容

1. 对学生的英语水平和学习时间的考察

双语教学要求学生具备基本的英文阅读能力。由于在课堂上主要讲授专业知识，不可能抽出很多时间来讲解生词，因此学生课前的预习和课后的复习工作就会十分重要。鉴于此，问卷设置了以下三个问题来了解学生这两方面的情况：①你的英语程度；②你每周用于这门课程的学习时间；③你是否进行了课前预习或课后复习。统计结果显示，64% 的学生通过了大学英语四级考试，有 29% 的学生通过了大学英语六级考试，考过托福或雅思的学生所占的比例大约为 4%。具体情况参见图 1。可以看出，总的来说这个班学生的英语基础比较好，但成绩分化比较严重，有近 40% 的同学没有达到四级水平。

从花费的时间来看，高达 71% 的学生用于学习这门课程的时间仅限于课堂，21% 的学生在课外拿出不到 1 小时的时间进行相关课程的学习，在课外花费 1~2 小时学习时间的同学只有 7%。可以看出，70% 左右的同学仅仅只是上课听讲，

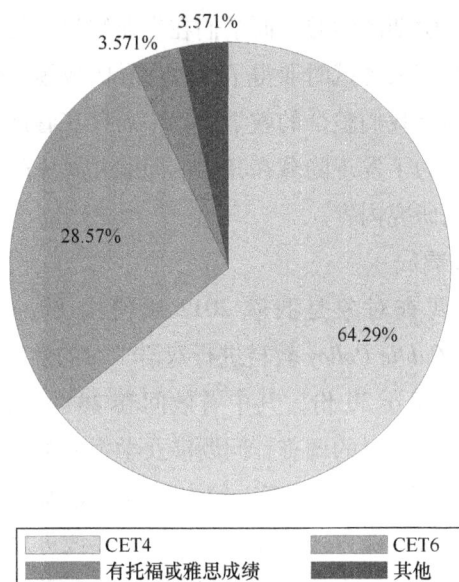

图 1　2011 级社保专业学生英语水平（*N* = 28）

课后没有花费任何时间学习。18% 的学生只有课前的预习，14% 的学生只有课后的复习，加在一起有过预习或复习的学生比例仅为 32%，有近 70% 的同学既无预习也无复习。具体情况参见表 1。

表 1　学生的学习时间及复习/预习情况（*N* = 28）

		人数	所占比例（%）
学习时间	仅是课堂时间	20	71
	课外 1 小时以下	6	21
	课外 1~2 小时	2	7
是否预习和复习	只有课前预习	5	18
	只有课后复习	4	14
	既有课前预习又有课后复习	2	7
	既无课前预习也无课后复习	17	61

2. 对教师授课方式的考察

问卷设计了三个题目考查学生对教师授课方式的评价：①将教师的授课方式设定为传统方式讲授、老师讲授和学生提问相结合及其他三种；②将学生对讲课方式的喜欢程度分为五个维度，分别是完全不喜欢、不太喜欢、一般、喜欢、非常喜欢。对这两项定类变量进行交叉分析后就得出了下面的二维表。根据数据显示，学生认为授课方式分别是上述三种方式的人数依次为 12 人、7 人、9 人，人数差别不大。接着，我们进一步了解学生对各种讲课方式的喜欢程度，有 14 名同学觉得老师的授课方式一般，10 名同学喜欢老师的讲课方式，而只有 4 名同学不太喜欢。这说明了教师的授课方式基本是被大家所认可的。再看每个单元格的行百分比数值，若将一般及以上维度定义为学生对授课方式的认可，可以看到，无论采用的是哪种授课方式，学生对这种授课方式的认可比例都超过了 80%。具体参见表 2。

表 2　教师授课方式与学生喜欢程度的交叉表（N = 28）（人数；所占%）

授课方式	是否喜欢老师的讲课方式			合计
	不太喜欢	一般喜欢	喜欢	
传统的理论讲授	2	7	3	12
	16.67	58.33	25.00	100.00（%）
老师讲授和学生提问相结合	1	3	3	7
	14.29	42.86	42.86	100.00（%）
其他	1	4	4	9
	11.11	44.44	44.44	100.00（%）
合计	4	14	10	28
	14.29	50.00	35.71	100.00（%）

问卷中对教师讲课需要改进的地方分为四个方面：①突出重点和难点；②讲义或课件更加清晰有条理；③理论联系实际、增加案例；④增加小组讨论、活跃课堂气氛。对这四个选项学生可以多选。从表 3 可以看出，有一半左右的同学认为，突出重点和难点，讲义更加有条理、活跃课堂气氛十分重要。

表 3　讲授方式需要改进方面的百分比（N = 28）

需要改进的方面	人数	所占比例（%）
突出重点和难点	14	50
讲义或课件更加清晰有条理	12	43
理论联系实际，增加案例	6	21

续表

需要改进的方面	人数	所占比例（%）
增加小组讨论，活跃课堂气氛	12	43
其他	4	14

3. 对所使用教材的考察

问卷考察了学生对教材难易程度的看法和学生觉得教材有难度的原因两个方面。数据分析表明，57%的学生认为教材比较难，36%的学生认为难度适中，也就是说有一半以上的同学认为教材偏难，原因可能是有的学生英文基础不够好，也可能是教材本身比较艰深难懂，具体情况参见图2。

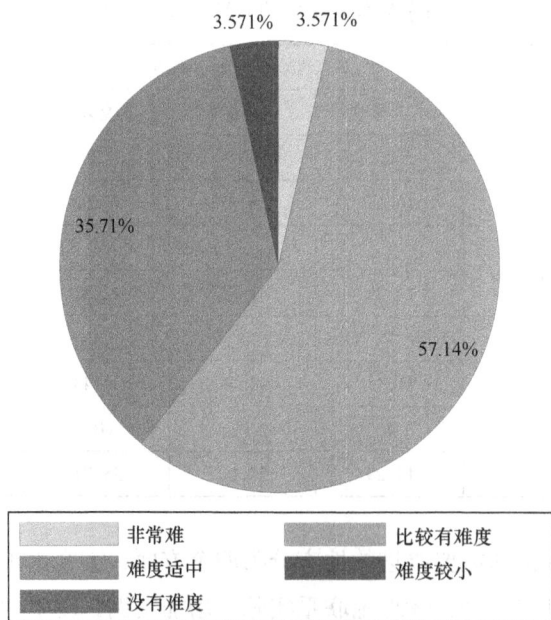

图2 教材难易程度比例图（N = 28）

进一步深入调查后发现，学生认为教材偏难的原因有三个方面：①词汇量不够，专业词汇不理解；②专业基础知识不扎实，无法理解更深一层的内容；③因英文教材的编写思维与中文教材不同而导致无法透彻理解及其他方面。从表4可以看出，60%的同学认为是单词量不够，专业词汇不能理解；46%的学生认为是因为自身专业知识的缺陷；认为是国外教材的编写体例不同导致理解困难的只有7%。这说明学生基本上认可英文教材的科学性，不强调客观原因，都从自身差距上来找原因。

表4　教材理解困难的原因（$N=28$）

觉得有困难的原因	所占百分比（%）
单词量不够，专业词汇不理解	61
专业基础知识不扎实，无法理解更深一层的知识内容	46
因英文教材的编写思维与中文教材不同而无法理解	7

4. 对学生总体满意度的考察

这部分主要考查学生对双语教学的适应度、帮助度和满意度三个方面存在的问题，问卷中对这三个方面的提问选项均设置了由低到高的五个维度。统计数据显示，在适应度方面"比较不适应"的学生人数最多，占54%；"一般适应"的占比为29%，"非常不适应"和"完全适应"的占比都很小，分别为3%和7%，也就是说有近一半的同学还不太适应英文教材教学。在帮助度方面，认为有"一般帮助"和"比较有帮助"的比例分别是39%、21%；二者相加认为有帮助的学生的比例为61%，说明绝大部分学生认可双语教学模式。在满意度方面，觉得"一般"的为57%；不太满意的占比为21%；比较满意和非常满意的合计占18%，也就是说大部分学生的满意度只是一般。进一步的原因分析表明，有近一半的学生认为受自身英语水平的限制，其次就是认为专业知识的难度大。

表5　对满意度的描述性统计分析（$N=28$）

	非常不	比较不	一般	比较有	完全有	合计
适应度	4%	54%	29%	7%	7%	100%
帮助度	4%	32%	39%	21%	4%	100%
满意度	4%	21%	57%	14%	4%	100%

5. 对双语教学优劣势的考察

这一部分是对双语教学模式优势的分析。数据分析表明，学生认为双语教学最大的优势是能提高英语水平，持这种观点的学生占比为75%。除此之外，英文教材对专业知识具有"原汁原味"的解释优势，与国际接轨的优势的支持率也很高，为68%；对于英文教材具有更符合学生认知需求的优势，只有25%的学生认可该看法。在劣势分析中，与中文教材相比，认为英文教材使得课程的难度加大的学生占比为 71%；同样与学习汉语课程相比，认为双语学习将会耗费更多时间的学生比例为 57.14%。虽然难度加大和花费更多时间是双语教学中不可避免的，但在教学改革开始时这两点确实对学生形成了较大压力。一半的同学认为双语教学的另一个劣势是影响了对专业知识更透彻的理解；接近 1/3 的学生认为，双语教学降低了学习兴趣；大部分学生并不认为双语教学使得课堂信息的传递量减少。具体情况参见表 6。

表 6　双语教学的优劣势比较（$N = 28$）

		比例（%）
优势	提高外语水平	75
	内容组织更适合认知需求	25
	有助于理解专业知识内涵	61
	与国际接轨	68
劣势	使课程难度加大（与汉语教学相比）	71
	耗费更多的时间（与汉语教学相比）	57
	影响自己对知识的透彻理解	50
	降低自己的学习兴趣	32
	使课堂传递的信息量减少	18
	老师教学水平有限	25

6. 开放式问题的答案汇总

问卷中最后一个题目为开放性问题，要求学生对课程加以评价并提出改进的建议，具体汇总结果参见表 7。

表 7　开放式问题汇总

需改进方面	改进建议
教材、讲义、课件	上课所使用的教材应更有条理
	教材的目录部分应更完善
授课方式	讲课应更突出重点、难点
	思路应更清晰、易懂
	适当提高音量
	对每部分内容进行总结以便学生加深记忆
课堂气氛	增加课堂讨论和学生发言机会，活跃课堂气氛

续表

需改进方面	改进建议
考核方式	适当安排课后作业以鞭策学生课后的学习
	适当进行课堂测验以便及时了解学生的掌握情况
	最后的期末考试应与其他汉语教学班相区别
课程设置	安排在学生精力充沛时，而不是下午或晚上

（三）研究结论

通过问卷调查分析，我们比较完整真实地了解到了学生对双语教学的看法，并从中发现了一些问题，这些问题主要集中在以下几方面。

1. 英语基础和学习时间的制约

从整体来讲，我院相关专业学生的学习氛围比较浓厚，基础较好，在对他们采用双语教学时，全班已有 2/3 的同学通过了英语四级，接近 1/3 的同学通过了英语六级，然而我们应该看到，即便大部分学生的英语基础较好，英语词汇特别是专业词汇仍然是学生理解英文教材的主要障碍之一。相对常规教学模式，双语教学对教师的备课和授课提出了更高的要求，一般来说教师的备课时间至少是中文教学的两倍以上。同样，学生对双语教学课程必须也要花费比其他课程更多的时间才能有所收获。遗憾的是，调查发现，70% 左右的同学课前和课后都没有预习和复习，仅依靠教师在课堂上的讲授，这势必会影响到教学质量的提升。通过和一些学生课后交流得知，形成这一现象的原因主要有以下两方面：一是有畏难情绪，不想再花时间；二是想学但没有时间学。据了解，学生们大二上学期和大三上学期是课程最为集中的时间，一个学期平均有 6 门以上课程，大大限制了他们花在英文课程上的时间。

2. 教师授课方式的局限

英文教材普遍视野开阔，涉及的主题很多，并且教材内容有较大的弹性。一本好的教材在国外至少应适应本科生和研究生两个层次（有的甚至还可以做博士生的教材，比如伍德里奇的《计量经济学》等），教师如何根据课程大纲，从国外教材中选取合适的内容是双语教学中非常重要的一环。国外教材基本上依据发达国家的经济社会现实编写，而我们的学生对美国等国的一些基本背景和制度缺乏了解（这些背景的了解并不是学生理解基本知识点必需的）。由于背景的不了解影响了学生学习的积极性，如何结合我国国情和国外教材中的知识点来授课，是对教师的一个挑战。在调查中发现，学生普遍反映教师教学手段比较传统和单一，基本上采取的还是老师讲、学生听这么一种形式。枯燥的专业知识，英文阅读的困难，再加上教师乏味的讲解势必会让教学的效果大打折扣。此外，在课堂的授课过程中，教师突出教学重点和难点的讲解是学生们比较乐于见到的，但我们老师在这方面的努力尚显不足。"使课堂传递的信息量减少"是双语教学的主要劣势之一。在相同课时内，由于英语非母语的限制，在授课的过程中教师输出的信息和学生摄入的信息两个方面都无法达到中文授课时的程度及规模，授课信息量的不足影响到了学生对这门课程的系统掌握，这也是学生认为双语教学模式对其学习的帮助比较有限的原因之一。

3. 学生学习积极性的不足

同一门课程，如果既有双语教学，又有中文授课，则前者花费的时间和精力将大大多于后者。因此，有学生认为，单纯依据考试结果考核全体学生，将会使英语授课班的学生面临不利，从而影响学生参与双语教学的积极性。

四、对策建议的研究

通过调查分析，我们发现在双语教学所涉及的学生、教师和高校三个主体方面都存在着或多或少的各样问题，这些问题如果没能得到及时有效的解决，将严重制约双语教学质量的保障和提高。鉴于此，课题组针对不同的主体提出了不同的对策建议。

（一）针对学生的对策建议

双语学家 Cummins 提出的阈限理论认为：在双语学习的过程中，学习者的认知存在两个阈限，每一个阈限代表着不同水平的语言能力。当学习者所掌握的两种语言能力都低于第一阈限时，不足的语言能力会对其专业知识和认知能力产生负面影响；当学习者所掌握的两种语言中有一种语言达到了与其年龄相应的能力水平时，其专业知识和认知能力既不会受到正面也不会受到负面影响；当学习者能够熟练掌握两种语言时，其专业知识和认知能力会受到正面影响。根据阈限理论，针对我院大部分学生英语掌握较好、少部分英语能力欠缺、母语（汉语）全掌握的现状，课题组认为解决问题的关键是根据学生的个体差异进行分类教学。对于已经达到第二阈限的学生，可以进行高端英语教学，采用浸入式的全英文授课，包括课后的作业乃至最后的期末考试，让学生在英语语境中理解和掌握专业知识，培养学生的国际化意识，打造高端英语人才；对于英语基础一般但有强烈意愿接受双语教学的学生，采用英汉融合的方式授课，但英语必须为主要的授课语言，至少占据授课语言的 50%，并且不断增加直至全英文授课。针对学生双语学习积极性不足的问题，课题组建议教师在注重提高授课趣味性的同时，对学生课程掌握程度的考核更多应该放在平时的课堂中，通过讨论、演讲、发言等灵活性的方式来完成，期末考试的成绩可以作为教师最终评分的参考而非依据，我们希望此考核方式的改进能够对学生的双语学习起到督促和激励的作用。

（二）针对教师的对策建议

为了提高师资力量，打造双语教学中的复合型师资队伍，社会和学校应开设分类分层的培训项目，鼓励教师积极参与。在分类上，可以针对双语教师的不同来源，分为专业课培训和语言能力培训两类；在分层上，可以开设有关双语教学理论和科研方法的培训以提高教师的科研能力，开设有关课堂教学策略的培训以提高课堂教学效果，开设有关认知规律和文化差异的培训以培养教师的国际视野和跨文化能力。此外，针对有条件的学院或专业，还可以实行专业教师和英语教师结对子的双语教学方式，以弥补各自的不足，同时也发挥各自的所长；邀请国内外专家学者介绍先进的教学理念和授课技巧，并对有关教学技能和教育方式进行课堂实践指导，沟通交流、互通有无也是提高双语教学师资力量的方法之一。教师英语水平、专业素养、授课能力的提高能够很好地解决英文教材选择以及课堂信息量传递不足的问题。

（三）针对高校的对策建议

双语教学作为一种创新的教学模式，在我国高校正处于试验和探索阶段。由于其理论定位和实践定位都相当高，不仅对师资、教材有着极高的要求，而且对传统的教学管理体系也是一种挑战。为了双语教学改革的顺利进行，提高双语教学的质量，与双语教学模式相适应的教学管理体系的建立和完善就成了高校的当务之急。虽然相较于师资力量和学生学习的积极性，管理体系在教师授课和学生学习的过程中所起的作用并未被反复强调和凸显，但是，管理体系的建立和完善对于双语教学的可持续、良性发展起着根基的作用。高校可以在借鉴国外及同行优秀经验的基础上，根据本校特点，建立并完善个性化的、具有本校特色的双语教学管理体系。

五、总结

双语教学质量的提高是一个循序渐进的过程，课题组由对以上"劳动经济学"专业课双语教学实践的调查，讨论了提高实施双语教学质量的几个重要问题，分别涉及了学生、教师和高校这三个双语教学改革中的主体。虽然我们的专业课双语教学取得了一定的成绩，但是从双语教学的内涵以及培养高层次人才的需要来说，应该承认我们离高层次的双语教学要求和目标还有相当的差距。因此，对于开展双语教学的高校来说，如何提高双语教学质量是一项值得长期研究的课题。本课题的研究结论和对策建议也许不够具有普遍性，还未达到能够被广泛推广的高度，但是它却对我院劳动经济相关专业学生的双语课程学习提供了参考和借鉴。

参考文献

［1］仲伟合．中国高校双语教学改革的探索与实践［M］．北京：高等教育出版社，2010．

［2］陈红蕾．双语教学的实践与思考［J］．高教探索，2003（3）．

［3］张同乐，程鹏．关于双语教学的再思考［J］．安徽大学学报：哲学社会科学版，2006（2）．

［4］乔红．"经济学"双语教学实践探索［J］．教育与职业，2008（20）．

［5］梁洪有，李爱国等．谈提高专业课双语教学质量的几个关键问题［J］．高教论坛，2006（2）．

［6］朱莉．积极开展双语教学 深化高等院校教学改革［J］．辽宁教育研究，2003（3）．

［7］张培．双语教学：热点问题的冷思考［J］．东北师大学报：哲学社会科学版，2002（3）．

［8］陈继茁，曹林．以教改立项的形式推进双语教学课程改革［J］．中国大学教学，2004（4）．

21. 创新创业融入专业教育的研究与实践

劳动经济学院　苗仁涛

一、问题的提出

西方社会高等教育大众化的普及的示范作用及中国经济社会发展的持续深入引发的我国高等教育也正在向大众化迈进，导致受过高等教育的待业者、失业者也越来越多，这些问题引起政府及社会的极大关注。然而，作为曾经的娇子，大学生却是最具创新、创业潜力的群体之一。因此，教育部在 2010 年《关于大力推进高等学校创新创业教育和大学生自主创业工作的意见》中指出："在高等学校开展创新创业教育，积极鼓励高校学生自主创业，是教育系统深入学习实践科学发展观、服务于创新型国家建设的重大战略举措；是深化高等教育教学改革，培养学生创新精神和实践能力的重要途径；是落实以创业带动就业，促进高校毕业生充分就业的重要措施。"

创业教育丰富并充实着教育科学理论体系。经济与管理专业（经济学、管理学）是高校科学理论体系的重要分支，对上述专业进行创新创业教育改革具有适合性、紧迫性和现实性。具体原因表现如下。

（一）适合性

经济与管理专业的知识结构在创新创业方面具有先天优势。俗话说"经济管理不分家"，专业学生既可以系统学习应用经济学的国际贸易学、产业经济学、区域经济学、金融学和统计学，也可以系统地学习企业运营中的人力资源管理、财务管理、物流管理、生产管理、市场营销和战略管理等相关知识。通过对其进行创新创业教育改革，有力助推学生创办企业及提升其创新能力，使其形成企业家精神。

（二）紧迫性

经济与管理专业通常是培养掌握管理科学与经济科学方面的基本理论，具备良好的经济、管理、法律及企业管理方面的知识和能力的经营与管理人才。然而，在当今激烈竞争的商业社会中，课堂传授的传统本科经济管理专业人才培养理念和方法已经无法适应社会现实的需求，复合型人才成为培养的关键，专业培养方案的调整十分紧迫。

（三）现实性

基于当前严峻的就业形势，基于国家对大学生创业的政策支持，越来越多的经济与管理专业大学生渴望在高校时期就接受创业技能培训，尽早锻炼自己的商业实战能力。

因此，实施创新创业教育，既是社会经济发展对教育提出的更高要求，也是教育主动适应经济社会发展所采取的重要改革措施。

二、理论背景

（一）国外研究现状

创业教育（entrepreneurship education）是一个过程，通过提供给学生的观念和技能，使他们辨认出别人可能忽略的机会，并且使他们拥有非凡的洞察力和极大的勇气采取别人可能迟疑的行动。美国作为创业教育的先行者与开拓者，距今有60多年的发展历程，由最初的探索阶段（20世纪50至60年代）、发展阶段（70至90年代）进而到成熟阶段（90年代至今），形成了较为完备的创业教育体系，取得了较好的教育成果。从1947年，哈佛大学商学院创立的第一门创业课程——创新企业管理开始，创新创业教育便逐渐成为美国政府与社会广泛关注的最为显著的学科领域，也使得美国的创新企业繁荣发展，对其经济的发展起到了巨大的推动作用。这些都是与美国社会的经济、文化等因素以及美国高校创业教育内部的良好运行密切相关。目前为止，众多美国大学设立了创新力研究机构，进行创新力的研究，并开展创新创业教育。作为西方最具代表性的创业教育国家，美国的创业教育具备的主要特征具体如下：

①市场推动；②政府的保驾护航；③创业型的文化根基；④成功的创业教育项目运营；⑤教育教学方法的改革；⑥社会组织与企业界的支持；⑦科技创业教育兴盛。

因此，国家、社会是否支持，学校与教师是否重视，都是创新创业的充分条件。但教学方法是否科学，则成为创新创业教育是否成功的关键。

（二）国内研究现状

我国的创新创业教育起源于20世纪70年代末的改革开放，在改革开放、科技进步及经济发展的驱动下，创新创业研究与教育在国内日渐兴起。特别是2002

年，教育部确定了清华大学等九所大学为创业教育试点院校成为一个重要标志，表明我国实施创业教育工作迈入了新的阶段。然而，尽管取得了一些成绩，但由于起步较晚，我国创新创业教育仍处于初期探索阶段，与国外相比，还显得过于被动和程式化。学者们对创新创业教育开展的相关研究主要表现在以下几个方面。

1. 有关高校创新创业的研究

牛长松（2007）指出美国创业教育在发展过程中经历的三个阶段，总结了创业教育的四点基本特征。季学军（2007）则重点论述了美国创业教育的历史演进与特点，并结合我国创业教育的现状提出若干建议。吴泽俊（2007）通过分析创新创业教育中相关概念之间的关联，针对高校创新创业教育在国内外发展的状况，阐述了必须构建适应新形势的高校创新创业教育体系。沈召前（2010）认为教学型高校培养创新创业人才要在目标定位上体现服务区域的目标定位、服务形式的目标定位、培养类型的目标定位。耿兵和段玲（2010）研究了发达国家创新创业教育发展问题，他们认为，未来的人才更需要"人格本位"教育理论，即强调知识与技能教育、智慧与方法教育和人格教育三个层次的教育。创新创业教育的真正意义与社会价值是为未来的几代人设定"创业遗传代码"，以造就最具创新精神的革命性创业的一代新人作为基本价值取向。阚婧（2011）结合大连理工大学的实践展开研究，探索了创新创业教育的组织模式和运行机制，挖掘了创新创业教育基地的对内和对外职能。最后就如何开展创新创业教育工作提出了相关意见。郭伟、孙海燕和韩姗姗（2014）在分析重点高校和普通高校创新创业资源差异的基础上，提出了改革普通高校创新创业教育的对策。

2. 关注高校经济管理专业开展创新创业教育的研究

一些学者对此展开了相关的系统性研究。如，魏少婷和施玉梅（2012）研究了高职院校创新创业教育问题，认为为完善高职创新创业教育，应统一思想，高度重视情商培养，为情商教育提供制度保障，并要加强师资队伍建设，形成多层次的情商培养力量等。朱全涛和吴欣望（2014）论证了在工商管理专业中开展专利相关教育的必要性，指出这是推进我国高校开展创新创业教育的一个有力抓手。李勇、洪情和赵雅甜（2014）通过分析社会对工商管理类人才的需求和当代大学生创新创业能力的现状，总结了我国大学生人才培养中存在的课程设置不合理、教学师资力量不强、实践教学设施投入不足等问题，从课程体系、师资队伍和实践实训三个方面研究了创新创业型人才培养策略，给出了经济管理类大学生创新创业能力培养的建议。

此外，还有一些学者开展了相应的案例研究。如，李群、李萌和殷博益（2013）以常州大学工商管理专业为例，从理论教学和实践教学体系分析了其创新创业教育体系。吴琨和刘新艳（2013）结合南京工业大学工商管理专业培养模式改革实践，分析我国工商管理专业发展中存在的主要问题及原因，并提出对策建议。邓凯元（2014）以北京城市学院工商管理创新创业特色班为具体研究对象，从创新创业教育模式的改革背景、创业教育模式实践思路等方面进行阐述，探索高校创新创业教育的模式和经验。

三、研究内容

（一）研究目标

1. 建立适合经济管理专业的创新创业人才培养模式

实现创新创业教育与专业教育"全方位融合"和"全过程覆盖"，建立"知识驱动、项目驱动、导师驱动、大赛驱动等"多途径协同的创新创业人才培养模式。进一步优化基于"创新精神、创业意识与创业能力"的特色培养方案，细化课程体系，推进创新创业类教材出版、实习基地建设、实验室训练、校外导师网络等全方位发展。

2. 提高学生的社会责任感，强化学生发现、把握和利用机会的实际能力

强化学生的社会责任意识；通过理论传授、实验室践习、企业认识实习、参加创新创业大赛、专家讲座报告、实践锻炼等多种手段和途径，强化学生发现、把握和利用机会的实际能力。

3. 深化企业家精神培育，增强学生"创新精神、创业意识和创业能力"

在创新精神方面，培养学生进行发明创造、改革、革新的意志、信心、勇气和智慧；善于挖掘新机会、提出新主张、开发新方法；在创业意识方面，激发学生的创业理想、挖掘学生的创业动机、培养学生的创业兴趣、树立学生的创业思维；在创业能力方面，培养学生具备识别及评估市场机会的能力，具备选择创业融资渠道、设计创业融资策略及创业风险识别、防控的能力。

（二）研究内容

1. 培养方案改革

结合专业特征，借鉴SIYB等国际上的先进理念和标准规范，将对课程教学组织、教学手段、教学主体、学习方式、创业项目选择、教学资源利用和导师组

指导等方面进行全方位的创新尝试。我们将建立"一个目标，二个体系，三个阶段，四个手段，五个平台"的新型培养方案（如图 1 所示），确立"三阶段的分类培养流程"（如图 2 所示）。

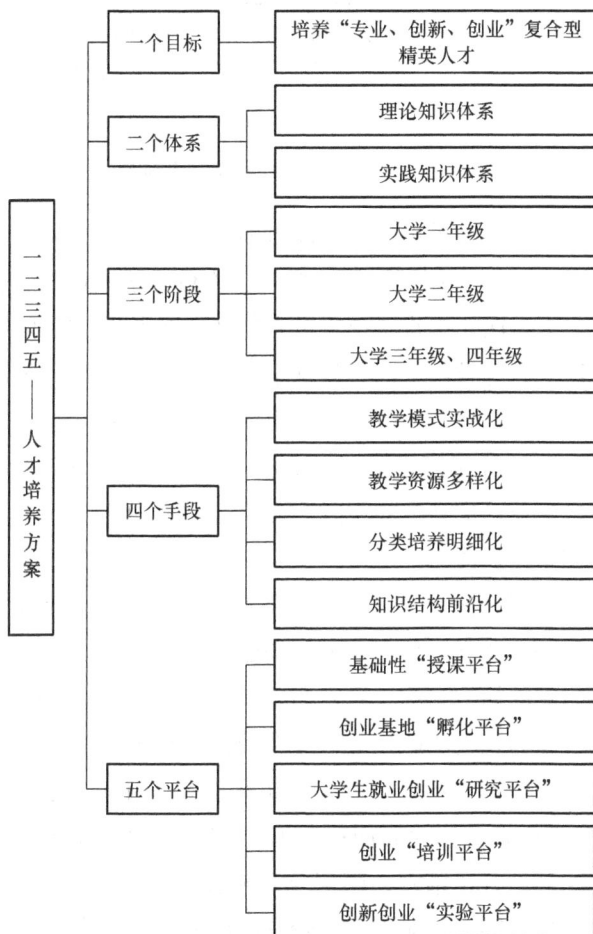

图 1　培养方案设计

此外，我们将进一步优化"双层次、双类型、多模式"培养方案，进行"科学分类"，提出"新理念"，设计"新模式"，构建"新体系"，引入"新机制"。具体构思如下：

（1）新的分类方法——科学确定"双层次、双类型"

我们将通过进行试题考核、模拟答辩等方式对学生的创新创业意识、能力和

```
┌──────────┐     ┌──────────┐           ┌─────────────────┐      ┌────────────────────────────┐
│ 通识教育 │ ──▶ │ 创新精神 │ ────┬──▶ │"创新+专业"培养模式│ ──┬─▶│创新创业类课程占课程体系15% │
│          │     │ 培养     │     │     └─────────────────┘    │   └────────────────────────────┘
└──────────┘     └──────────┘     │                            └─▶│培育具有创新精神的专业管理人才│
                                   │                               └────────────────────────────┘
                                   │     ┌─────────────────┐      ┌────────────────────────────┐
                                   └──▶ │"创新+创业"培养模式│ ──┬─▶│创新创业类课程占课程体系30% │
                                         └─────────────────┘    │   └────────────────────────────┘
                                                                 └─▶│     培育创业精英群体         │
                                                                    └────────────────────────────┘
```

大一阶段　　　　大二阶段　　　　　　　　　　　　　　　　　　大三、大四阶段

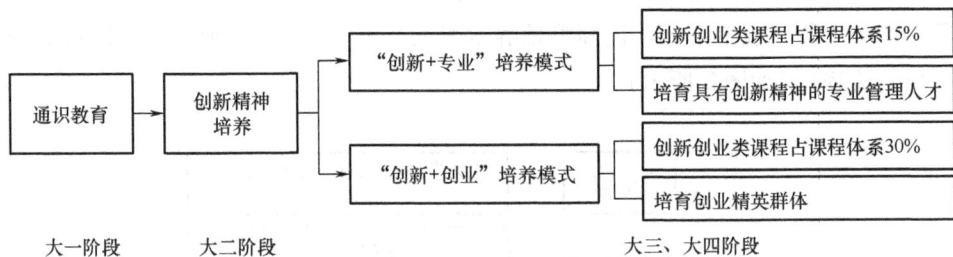

图2　"三阶段"培养方案实施流程

兴趣进行评估，根据考核结果更加科学地对学生进行"双层次、双类型"分类。

（2）新的培养理念——创新创业教育"全方位、全过程"融合专业教育

时间节点上，大学四年中每年都将设有创新创业课程；在课堂教学中，更多地采用启发式和讨论式等教学方法，鼓励学生大胆质疑，勇于批判，培养学生的创造性思维和创业意识；在考核过程中，更多地采用创新类考试命题，鼓励学生独立思考，培养学生的怀疑态度和冒险精神，激发他们采用创新思维解决新问题；在实习实验、毕业论文和社会实践等环节，增加创新创业类内容的设计，全方位培养学生的创新创业能力。

（3）新的教学模式——"多角度"营造未来企业家成长环境

第一，邀请校外企业家、校内教师与创业团队共同研讨创业案例，培养团队分析问题、解决问题的能力；第二，定期开展素质拓展训练，历练创业团队不屈不挠的性格；第三，为每支团队推荐校外企业家、校内教师，联合对其指导，解决实际操作过程中的疑问；第四，向学校申请办公场所、办公设备，甚至门店，解决学生团队"居无定所"的局面；第五，辅助创业学生团队筹集启动基金，保障团队业务的顺利展开；第六，聘请政府相关人员讲解国家给予的优惠政策，为团队提供更多支持；第七，对于发展较好的团队，将其推荐到学校或更高层次的创业孵化园，为其提供更广阔的平台。这种"多角度、全方位"扶持创业团队的做法，有利于未来企业家的茁壮成长。

（4）新的课程体系——优化和细化原有课程体系，增加"新技术专题"教育

在"分层次、分类型"的培养模式基础上，我们进一步对原有课程体系进行深入优化和细化，突出不同培养类型的差异性，实现特色化的培养目标。此外，我们将增加"新技术专题"教育，使学生了解相关专业领域最新、最前沿

的科技与产业发展，拓展新视野，以利于发掘市场新机会。

（5）新的培养机制——学科交叉、专业融合、管工协同

在创业项目的选择上，我们认为，我们经济管理专业的创业团队完全可以利用或与工科专业的师生进行合作，并充分利用他们的专利，实现学科交叉和管工协同，促进相互融合发展；我们将鼓励学生搭配不同学科专业的同学，实现专业融合、知识互补，从而组建最优的创业团队组合。

2. 教学资源改革

（1）充分利用 U 型教室开展创新创业教学

我们将根据 SIYB 的培训要求，按照"产生你的企业""创办你的企业""改善你的企业""扩大你的企业"对学生进行教学训练。

（2）深化平台基地建设——扩大数量，提高质量

继续加大实习实践基地建设的工作力度，提高实践教学的质量和水平。开发 1 ~ 2 家高层次、有代表性的企业作为新的实习实践基地，帮助学生把握科技发展新趋势和新领域，树立创新精神和创新意识，寻找新的创业机会。利用市属高校的优势，充分利用我市资源，保证全体学生均能结合专业知识和技能开展多样化、个性化的创新创业训练。

（3）形成合作多元的教学资源体系——跨院校、跨专业

我们将借鉴国内外创新创业典型院校，如斯坦福大学、麻省理工学院、清华大学、中国人民大学、北京航空航天大学、上海交通大学等院校的建设成果，学习他们的优秀培养模式，共享教学资源，打造"跨院校、跨专业"的多元化教学资源体系。

（4）挖掘和共享社会资源——校企联合、社校联合

通过校企联合、社校联合等多种渠道，进一步与企业、研究所、政府部门等社会资源密切合作，开展"跨行业、跨领域、跨部门、跨地区"的资源挖掘和共享，构建创新创业服务网络，为本专业学生提供更多的创新创业培训和孵化帮扶。

（三）拟解决的关键问题

实施以上改革内容，达到预计的改革目标，需要重点解决的关键问题在于以下几点。

1. 转变人才培养观念

将创新创业教育融入经济管理专业教育，是对以往专业培养体系、课程教学

的一种较大突破，需要高校和专业教师转变以往的人才培养观念，建立具有创新创业品质的人才培养新理念。

2. 构建新的人才培养方案

将创新创业教育融入经济管理专业教育，培养本专业学生的创新精神、创业意识和创业能力，是一项系统性工程，需要贯彻于人才培养的全流程，渗入学生教育教学的各个环节，是本课题需要解决的难点。

3. 探讨创新创业融入专业教育的具体举措

创新创业教育融入经济管理专业教育在操作层面应如何实现，是需要解决的一个重大课题。本项目将在创新创业全流程融入经济管理专业教育方面探讨行之有效的具体举措和办法。

4. 构建新的课程教学模式

创新创业教育与专业教育相融合特别需要落实到每门课程的教学中去。本项目还要从微观层面入手，研究经济管理专业课程的创新创业教育新模式。

（四）主要特色

本项目研究创新创业教育融入经济管理专业教育的机制和办法，顺应了创新创业教育和经济管理专业教育的发展趋势，选题本身具有一定新意。

本项目通过实证研究比较分析相关高校创新创业教育与专业教育的融合机制，探讨具有典型特征的融合模式和融合轨道，可为专业教育中嵌入创新创业教育提供有益借鉴。

本项目将创新创业教育与经济管理专业教育相融合看作是一个有机系统，从培养理念、培养目标、培养方案、课程体系、实践教学、教育资源开发以及教学手段方法等多个角度研究融合的具体举措，具有一定的综合创新性。

四、研究方法

（一）理论研究方法

通过查阅相关文献，弄清创新创业教育与经济管理专业相融合的内在机理，推导正确的逻辑关系，得出科学合理的教育教学规律，树立正确的研究目标和研究思路，形成具有科学性和前瞻性的整体理念和思路。

（二）实证研究方法

通过多种渠道，收集省内具有代表性的高校创新创业教育的开展情况以及与专业教育的融合情况，通过比较分析，得到有益借鉴。

（三）系统研究方法

将创新创业教育与经济管理专业教育相融合看作是一项复杂的系统工程，研究培养理念和培养目标、培养方案、课程体系、教育资源、实践平台、师资力量等多维度、立体化的构成要素，整合形成系统完整的融合机制和融入办法。

五、研究结论

总之，通过本课题的研究可以得出如下观点：①总结经济管理创新创业型人才培养规律，构建经济管理创新创业型人才培养模式、机制和方法；将学科交叉、专业融合、技能卓越的创新创业复合型人才培养推向更高层次。②学生创新创业的意识和能力显著提高，创业实战能力有重大飞跃。③培养创新创业特质鲜明的毕业生及一批创新创业团队。④更好聚集和利用学校、社会的教育资源，提升我专业创新创业型人才的培养水平。⑤形成可被相关高校、相关专业参考借鉴的培养方案、教育资源和教学经验，为更大范围内的相关专业教育试点提供理论和实践的支撑。

22. 教师如何在教学中培养大学生正确的价值观

劳动经济学院　赵　耀

一、引言

（一）选题背景及意义

自2005年2月，中共中央宣传部、教育部颁布了《关于进一步加强和改进高等学校思想政治理论课的意见》（即教社政〔2005〕5号文件），正式提出了新的思想政治理论课程体系以来，全国各地以上海大学为代表的各大院校开始进行了思想政治课程体系的创新开发与实践。这也体现了国家对高校育德和大学生正确价值观培养的高度重视。

随着西方通识教育理念的引入，高等院校在自然及社会人文学科的建设和课程设置上呕心沥血，形成了现在较为完善的高校学科体系和丰富的科学文化知识体系。在高校的人才培养中重视知识和技能，重在培养高、精、尖的知识密集型人才。但是，如果大学只是教给学生丰富的知识和技能，那么大学教育就只完成了不过三分之一的任务。因为我们无法判断这样的人是否同时既是一个心智完善的人，又是一个愿意利用自己的知识让社会变得更加美好的人。正因为在很多情况下，知识、技能与人的责任感不是必然成正比，因此，大学教育就担负起培养现在的学生、即未来的社会建设者的道德意识和责任感的使命，要塑造出"一个有文化的、在明媚的阳光下看到生活道路的人"。和谐社会的构建是当代中国社会的主题，然而这不是一个空口号，我们只有通过培养和谐、有德行的人来构建和谐的社会，让我们的社会始终通向习主席为我们勾勒的"中国梦"的理想轨道，因此德育和价值观的教育必须提上日程。

（二）国内外研究现状

1. 国外研究现状

限于时间原因，对国外价值观教育方面参考文献的阅读主要是针对美国的，所以在此以美国为主来做文献综述。

170

（1）对于概念的界定

詹姆斯·谢弗提出，价值观就是判断价值的标准和原则，主要包括三个要素：第一，价值观是概念，不是情感。价值观包含和体现了情感；第二，价值观独立存在于头脑中，不取决于自我意识和公众的肯定；第三，价值观是多方面的，而不是独立的。德育的根本目的就是帮助学生从整体上认识到他们个人的价值观。

帕斯卡瑞拉等认为，一直有大量的证据表明，当前学生们价值观的变化更趋向于利他主义、人道主义、具有公民责任感和社会良心。同样，阿斯丁提出，大学期间的社会行动主义价值会有所增加，这种价值主要指学生们确定参与社区行动计划、帮助陷入困难的人、影响社会价值观及影响政治结构等方面所具有的重要性。阿斯丁还认为，这种价值的变化至少在部分程度上应归于大学体验的作用，并且受到与同龄人和教师积极互动的程度等因素的积极影响。这些研究表明，大学校园是一个价值观能够并且明确发生变化的地方。

道德价值观的本质是一种外显的和内隐的信念，对个体行为具有重要的向导作用。但是，要成为一直能够指导和约束个体行为的信念，必须经过内化的过程。以当代自由教育理念为主导的当今美国高等教育在培养自我了解和认同的基础上，促使学生将事业追求、人生目标、个人价值观与现代公民意识和社会责任感联系起来。美国高校学生道德价值观的发展维度表明，在自由教育理念影响下的教育，一方面要反对固定划一的道德规则的简单化灌输式传授，要承认个体价值的独立性和个体对道德价值的自由选择、自由意志和主观能动性；另一方面还要积极挖掘传统中丰富多样性的道德资源，利用革新价值观引导大学生培养个体责任感和社会责任感。从历史发展历程来看，这种道德价值观的时代发展特色体现了自由教育理念的建构主义认识观。

（2）美国高校如何进行价值观教育

● 整合理论角度。马文·伯科维茨建立了"道德解剖"或"构建道德全人的心理要素"的多元道德发展观，其中包括道德行为、品德品格、道德价值观、道德理性、道德情感、道德认同和元道德特征等部分。第一种要素是道德行为，涉及处事的道德行为，但这种行为是以一种反思的方式进行的，而不仅仅是服从绝对权威。第二种要素道德品格，主要指个体的道德人格，即个体独特和持久的按照某些方式而不是另外方式采取行动的趋势。伯科维茨认为品格和行为间是动态关系，其中行为形成习惯，习惯塑造品格，品格塑造行为。第三种要素道德价值观，在不同文献中被称为信念、偏好或者标准等，但伯科维茨认为道德价值观是关于行为或最终状态正当与否的负载情感的信念。此外，他还利用道德发展的范畴理论将道德价值描述为关于内在伤害和普遍规约性问题的价值观。但他同时提出，个体对于将何种价值观看作道德或非道德的可能会有所不同：成年人可能会把自我伤害，比如青少年使用毒品，看作是一个道德问题；而青少年自己却可能认为这个问题属于私人问题的范畴，而不是道德问题。伯科维茨的第四要素是道德推理，被界定为通过反思性决策处理道德困境问题的能力。第五种要素道德情感，本质上被分为自我批判性情感（如自责和遗憾等负面情感）和亲社会情感（如移情或同情等积极情感）。第六种要素道德认同，要求对具有成熟道德认同感的个体而言，道德对于他们的自我感知非常重要，他们会努力按照与其自我概念相一致的方式行动。最后一种要素元道德特征，指的是那些本身不具备道德意义但服务于道德结果的人格要素，比如自律。

• 综合品格教育模式。美国的中小学都十分重视对学生进行品格教育，但在大学校园却较少提及品格教育。基于博科维茨的道德解剖，在综合品格教育模式中，平衡发展被界定为代表个体伦理价值的各方面的成长，这其中包括行为、认知、情感。价值观、人格、认同、和技能等本身不具备道德意义却是支持道德功能实现的因素。正是由于个体的品格具有多种构成因素，因此高等教育中的品格教育也应针对其中的各个元素并融合校园生活的方方面面。从事真正全方位品格教育的高校必须认真考虑到与之相关的广泛的元素并在整个教育环节中加以落实。最品格教育的理解必须基于对道德个人以核心价值观的清晰实业，这种品格教育应是由学校所倡导的一种无处不在的多方位教育。

为实现品格教育的目标，从道德推理的研究和理论出发，高校可以通过在整个课程设置中谈论伦理问题、支持道德价值观（比如在学校的使命陈述中进行表述）、提供特定的与品格问题相关的发展项目或期刊等来教授有关品格的知识。另外，学生可以通过学生导师关系、服务型学习、期刊和学术项目等途径讨论与品格相关的伦理问题，以此对品格进行反思。

2. 我国价值观教育研究现状

（1）价值观研究

目前学术界对价值观基本内涵的理解已逐渐趋于一致：价值观是人们关于生活中基本价值的信念、信仰、理想等思想观念的总和，是有别于事实判断和科学知识的另一类认识形式，是判断是非曲直、真善美与假丑恶的价值准则。价值观不回答客观对象的本来面目是什么，也不具体揭示客观对象的本质规律，或预测客观对象的未来趋势，而是反映某类客观事物对于人和人类的意义或价值。

张东才教授在《道德战争》一书中提到当代中国在价值观上的挑战。书中讲到：

纵观人类历史和社会的发展，具有明显的趋势，存在一定的规律。社会是从野蛮向文明转变的。社会的发展受到五种因素的支配：武力、政权、法权、财富和知识。其中武力是最野蛮的，其次是政权和法权。再其次是财富，最文明的是知识。从人类历史发展来看，随着社会的发展，居于主导地位的支配因素是不断改变的：

- 武力是奴隶社会和封建社会的主要支配因素；
- 政权是君主、封建社会的主要支配因素；（以力服人）
- 法权是资本主义社会的主要支配因素；
- 财富是资本主义社会的主要支配因素。（以利服人）

对此我们可以预言，知识将是未来"后资本主义"和社会主义初级阶段的主要支配因素。（以德服人）

因此，我们国家的发展一定要注重文化软实力的建设和发展，将我国转变成为智权支配主导的文化大国。

随着当今社会人与人之间地位的平等以及网络化和信息的自由化，社会变得更加透明化和公平化。在这样的全球化趋势下，需要一套进步的价值观去打破各个方面的垄断，如政权的垄断、财富的垄断等，使每个人都有平等的机会，这是人类社会发展的大趋势。

在上述两点的社会发展大趋势下，势必会使道德发挥越来越重的作用。因为随着社会的进步和发展，当人们的生活有了一定的安全和保障时，主导势力很难再使用武力粗暴地干预人，也不能明目张胆地以利益收买人。在这种情形下，价值观将是一种最重要的影响力量。

（2）高校价值观教育研究

我国对于大学生价值观的研究以德育为切入点，探究如何培养大学生正确的价值观念，主要分以下三个方面。

第一，人文精神教育是通识教育的核心内容之一。为了让大学生树立正确的人生观和价值观，不少大学已经开设相关的人文教育类教程。教育部确立了52所高等学校进行大学生文化素质教育试点，在全国高校中成立了32个"国家大学生文化素质教育基地"。

第二，有学者将现代大学政治理论课作为研究对象，探讨马克思主义理论课程设计、教学模式的创新、思想政治理论教师的培养。

有学者指出，我们片面理解了"人的本质是一切社会关系的总和"这句话，一味强调以社会为本位，导致思想政治教育的出发点和归属点都是"社会"而不是"人"，忽视了对现实人性的关注与研究。过于强调人的"社会性"，忽视了人的丰富多彩的"个性"；强调人的"可塑性"，忽视了现实中人的"主体性"，使得思想政治教育与做人的思想实际脱节，不能有效地发挥思想政治教育的作用。因此，陈政在《马克思人的本质理论对当代思想政治教育的启示》中谈到，在这门课程的设计上要把对"现代的人"的研究作为思想政治教育的出发点和归属，才能使思想政治教育在现代社会生活中成为提高人们思想觉悟、构建理想信念、解决思想困惑、缓解各种社会矛盾的有力手段。所以，注重精神教育，才能培养学生正确的价值观体系。

对于价值观教育的模式探究，主要表现为当下网络化、信息化的时代背景下，网络和媒体发展的不规范，例如，极端个人主义的泛滥、欺诈和信用度极低的蔓延、对西方外来思想不假思索的"拿来主义"泛滥和追捧，造成对传统文化和道德体系的冲击。因此，一方面要遏制网络的不利因素，培养人们的正确价值观，增强自律能力和辨别能力，更重要的是利用网络媒体的特点，构建教师线上教育、线下引导相结合的丰富多彩的教育活动，以吸引更多学生的参与。还要建立体验式教学模式。体验式教学是指以学生为主体、以行为为载体、以心理体验为归宿，注重在教育过程中的知、情、意、行相结合的教育方式，以此充分调动学生的积极性与主动性。

第三，对传统思想与现代德育与价值观教育契合性的研究，以传统道德思想和中国人的固有本性的研究，以唤醒国人以传统思想的精华应对当代价值观问题的挑战。尤其是对中国儒家思想的研究与解读，从孟子的"四端"——"仁、义、礼、智"，以及"人性本善"等出发构建国人自己的正确价值取向。

（三）研究内容及研究方法

1. 研究内容

本文以大学生价值观教育为研究主题，重点分析大学生价值观现状和目前价值观教育存在的问题，并对此提出教师在大学生价值观教育中的措施。

（1）何为价值观？价值观是一种影响人的判断或行为的准则。它可能是一种思想的精神，或是一种被当时社会推崇的道德规范。

（2）当今大学生的价值观是什么？高校价值观教育的现状是什么？

（3）通过分析问卷和翻阅文献及学习，明确价值观教育存在的问题，找到解决的具体措施。

2. 研究方法

本论文的研究方法是在广泛查阅国内外相关研究的基础之上，利用文献法、访谈法，针对当前大学生价值观教育现状和问题进行分析，找到教师对大学生价值观教育的对策。

二、价值观教育的历史把脉

（一）价值观定义

价值观是人们关于生活中基本价值的信念、信仰、理想等思想观念的总和，是有别于事实判断和科学知识的另一类认识形式，是判断是非曲直、真善美与假丑恶的价值准则。

正确的价值观教育的理念是：呵护自由、培育兴趣、掌握知识、启迪智慧、树立诚信、享受快乐。

（二）价值观教育的历史演变

从秦王朝的建立中华民族大一统局面的形成，直到西方列强的入侵，之前历朝历代的价值观教育都是以三家思想为主导，即儒、释、道。

春秋末期，孔子创立了儒学，继道家之后，形成了一个新的以儒生为主的学派；战国时期，经过孟子、荀子的总结和改造，其体系更加完整，成为显学，自成一家，为诸子百家中的蔚然大宗。在同一时期还有道家和法家学派。儒家基本上坚持"亲亲""尊尊"的立法原则，维护"礼治"，提倡"德治"，重视"人治"。儒家思想对封建社会的影响很大，被封建统治者长期奉为正统思想。儒家主张修身养性，齐家治国，中庸之道，以及"仁义礼智信"，维护"礼治"，提倡"德治"，重视"人治"。

儒家思想与道家相比，强调"有为"；与法家相比，强调周代的礼乐文明，凸显了其文化的保守性。在秦朝统一以后，儒家思想遭遇巨大浩劫，秦始皇下令"焚书坑儒"，使得儒家经典被毁，而法家思想成为社会的主流。法家重视法律，反对儒家的"礼"，主张"好利恶害"的人性论。法家认为人都有"好利恶害"或者"就利避害"的本性。还主张"不法古，不循今"的历史观，反对保守的复古思想，主张锐意改革。

西汉时期，儒家思想被汉武帝所推崇，提出"罢黜百家，独尊儒术"，并根据董仲舒的建议，兴办太学，规定太学生员为博士弟子，一律由儒家五经博士负责教授，学完经考试合格后即可到政府做官成为统治思想。董仲舒顺应当时的大一统趋势，提出"天人感应""阴阳五行"等学说，神化君权以及王道之三纲，"可求于天"，"天不变，道亦不变"。同时经学在汉代刚刚开始发展，而且得到国家和政府的支持。到了魏晋时期，一流的知识分子都被玄学所吸引而笃信道家；隋唐时期一流的知识分子，一流的精神和心灵都被佛教所吸引。在隋唐形成了三教合一的局面。

宋明理学成为官方正统儒学后，逐步教义化，影响了后世六七百年之久，对维护专制主义政治制度起到了重要作用，它用"三纲五常"维系专制统治。宋明理学是一套以"天理"为中心的学术思想，首先提出的是天道，主要讲的是自然法则。第二个是性理。除了天道以外理的一个重要的含义就是性理，所谓性理是指的人的道德本质，就是每个人都有人性，人性就是你的本质。所谓性理就是把理作为你人性的本质，这就是性理的概念。第三个更加普遍应用的一个概念就是物理。今天我们从中学开始就学物理，这个物理的概念应该说直接来自于宋明理学，因为宋明理学很强调物理，物理就是事物中所存在的本质、规律。最后就是意理，意理是指社会和人生的道德原则和法则。这四个方面天道、性理、物理、意理，它是统一的，统一在"天理"这个概念下。南宋朱熹提出"存天理，灭人欲"以及"三纲五常"等封建专制思想，来禁锢人们的思想。理学重视主观意志力量，注重气节、品德，讲求以理统情、自我节制、发奋立志，强调人的社会责任和历史使命，又凸显人性的庄严，对塑造中华民族的性格起到了积极作用。此时，儒家思想占统治地位，道家和佛家思想也有所发展。晚清（19 世纪末）时期借孔子的名义，又推行了维新变法。到了民国初年打倒了孔家店。

新中国成立后，我们的思想教育一直以马克思理论作为思想教育的科学武器。但传统的思想也扎根于百姓心中，儒释道三家思想还在中国大地上生长。中国共产党作为执政党奉行宗教信仰自由的基本国策，同时通过义务教育和不断完善的高等教育来建立人们的科学人生观和价值观。文化大革命时期，中国传统思想遭到洗劫。改革开放后 30 多年间，在马克思政治经济与哲学理论为基本的价值教育基础上，我国不少学者也在不断深入研究中国传统思想。

（三）价值观教育的历史脉络分析

纵观历史，一种思想和一朝价值观教育的体系是依照统治者的需求应运而生的。在中国 5 000 年的历史长河中，纵有封建落后的思想成分，也沉淀了不少优秀的传统文化。这种文化，既是我们与生俱来的血脉传承，塑造了民族性格，也是我们民族发展的强大动力。一个国家，一个社会，一个民族，他们的发展如同一个人的成长。对待人的管理与教育培养，应该用承前启后的观点来认真地对待，尤其到了自由民主的现代社会。在当今人民当家做主的社会主义国度里，我们建立统治者的统治思想就要满足人民的需求。而对于人们的价值观的教育，也要从人民大众的利益出发，按照中国人自己的性格特征，去发扬人性中善良的一面，改正恶习；对于西方文化的入侵，我们需谨慎防范，适当学习。

《道德战争》一书中写道，当今社会已进入知识经济时代，我们靠的是创新和文化软实力。一个人一个民族要想有巨大的成就靠的不是仿造舶来品，而是发扬自身的独特文化魅力，发扬本民族的个性风采。当然我也不反对外来珍宝给我们民族点缀光彩，但外在的流光溢彩，终究比不起内在的非凡气度和无限的创新与灵动。

对于当代的价值观教育也是如此，我们的教育必须建立在对每一个中国人的教育上，而不是英国人、美国人……没有放之四海而皆准的教育方式。让每个中国人在我们的思想教育中，充分认识自己，我们有责任在此基础上将他们需要的、国家需要的、民族需要的价值体系传授给他们。

三、当代大学生价值观教育的现状

（一）当代大学生的价值取向

通过访谈和查阅相关文献，了解到当大学生价值取向如下。

1. 当代大学生的政治态度是积极的

当代大学生关心国家的前途和命运，他们善于捕捉和接受新生事物，报纸、广播、电视特别是网络已经成为他们获取信息的重要工具。大多数同学对党和政府的重大决策及其对重大事件的处理，能够表示理解、赞同和支持。总的来看，政治思想上积极要求上进贯穿当代大学生成长的全过程。

2. 当代大学生的思想是务实的

对人生价值的看法与选择，许多大学生都有自己的见解。他们已不满足于课堂上所学到的专业知识，而把努力拓宽知识面、开阔视野、锻炼各种驾驭生活的能力、了解社会及培养自己自强自立放在第一位。多学些本领，多掌握几种技能，以适应竞争、适应社会，已得到当代大学生的普遍认同。

3. 当代大学生价值观的主流是进取的、向上的

当代大学生对"追求健康向上、对社会有所作为"的人生价值观普遍持认可态度。他们富于同情心、责任感和正义感，越来越多的当代大学生追求完美的人格质量。

4. 人生理想的失重与个人主义的抬头

在商品经济大潮的冲击下，当代大学生中个人主义的现象有所抬头，表现在只顾自己利益，处处为自己着想、不愿关心和帮助他人，不参加集体活动，狭隘的个人主义、小团体主义、本位主义现象严重。

5. 拜金主义的兴起

在市场经济条件下，有个别大学生开始接受并认同金钱至上的观点，出现了拜金主义，他们崇拜金钱，以含金量作为人生价值的衡量标准。

6. 对优良传统的冷漠与价值偶像的错位

近年来，勤俭节约、艰苦奋斗的精神与个别大学生的高消费、高享受的追求已经格格不入了。在个别大学生心里逐渐产生了价值偶像的错位。

（二）当代价值观教育存在的问题

当代高校的价值观教育主要集中在思想政治理论的教授中进行，而普通学科的教师主要以课程的科学知识为其主要讲解内容，所以多数教师认为在本学科内完成教学任务即可，而对学生价值观的教育和引导就很少涉及。同时，因社会上对于传统文化有淡化和边缘化的趋势，未将传统文化放到一个突出的位置，以致学生未能吸收中国古代的优秀文化传承，未能形成自己正确辨别事物的能力。相反，却更加注重对西方先进科技的追捧及对西方物质文明的向往。就连曾经参加戊戌变法、宣扬中国应全盘西化的梁启超，在晚年自欧洲游历回国后也发出这样的慨叹："一百年物质的进步，比从前三千年所得还加几倍。我们人类不唯没有得着幸福，倒反带来许多灾难。好像沙漠中迷路的旅人……哪知赶上几程，影子却不见了，因此无限凄惶失望。影子是谁？就是这位'科学先生'。"这些话充分表达了梁老先生对过分追求物质文明的批判和失望。认识到这些文化和思想，也正是我们需要建立和培养大学生价值观教育的初衷所在。

在思想政治理论的教授中也存在诸多问题，从而难以担负起培养大学生正确价值观的重任。问题主要表现以下几个方面。

1. 学科问题。课程教材的问题

新中国成立后在思想政治教育课程的设置上，经过多次改革，带来了不少与时俱进的成就和经验，但是仍存在一些问题，如课程内容陈旧、课程只注重理论教授、以灌输式为主、对于所学知识学生很难将其与现实生活结合。由此让学生产生了很强的反感和排斥心理，导致最终形成老师无乐趣、学生无兴趣的局面。

2. 课程内容问题

在当代市场经济和全球化、信息化的背景下，高校价值观培养的环境、任务、对象都发生了很大的变化，而我们仍然以不变的方式和内容进行教育，就很难取得很好的效果了。而且，在课程中缺乏人文关怀，仅仅以抽象理论为内容，没有做到以人为本，没有将尊重、理解、关心大学生作为其教学目标。这些问题使大学生形成了厌学心理。

3. 教师问题

当今我国高等教育一个重要的现状是对教师的选拔上注重的仅是教师的学历和科研能力，而忽视了教师本身的授课能力及其道德素养，一般大学也忽视德育师资力量的建设。部分教师的言行导向本身就是错误的。例如2011年4月4日，北师大教授董藩发微博称："当你40岁时，没有4 000万身价（家）不要来见我，也别说是我学生。"这样高资历的教授对于学生的价值导向也这样偏颇，教育的言行异化可见一斑。这种"唯钱是论"让中国的道德观再一次遭遇一股寒流。

四、当代大学生价值观教育的改进措施

（一）首先要重拾传统文化中的精华部分，加强对当代大学生的文化传承教育

"以史为鉴可以知兴替"，通过了解中国的历史文化，可以"追根溯源"掌握五千年文化的精髓，才能充分彰显我们的民族特色。新加坡前总统李光耀曾谈道："在1959—1969年这段最艰苦的日子里，若不是大多数人介绍了儒家学说，新加坡绝不会有今天的成就。"因此对于中国优秀传统文化的力量是不容小觑的。真正发挥自己民族的优点，才能做到真正意义上的创新。

另外，对待传统文化也要用发展的眼光来看待，在对传统文化的教授中，在保证传授传统文化思想的基础上，应将其与时代特色相结合，注重与大学生实践的契合。

（二）完善价值观教育内容体系

依据教育者及当代大学生的状况，新的价值观教育内容体系包括以下几个方面：首先注重价值实践教育，针对大学生"知行不一"以及价值观教育空洞、偏离实践和大学生生活需求的问题，使大学生在实践中将理论与行为统一起来；其次，理想信念教育，是当代大学生价值观教育的核心；再有是主导价值教育，是在多元价值观、道德观的冲击下，让大学生更好地把握主导价值的规范与要求，使其不会产生价值的错位与偏失。

（三）创新价值观教育的实践教学体系

实践不仅是一切知识和理论产生的来源和发展的动力，而且是检验真理的唯一标准。在价值观教育中，除了让当代大学生掌握道理和规范外，还要发展他们的认识能力和评价能力，而实践教学正是实现知行统一、价值认知与价值评价统一的关键环节。

1. 建立系统化的体验式教学体系

应针对大学生自身特点，增加价值观教育中的实践教学活动，建立科学系统化的实践教学体系，并建立相应的价值观教育基地。

2. 广泛开展社会实践活动和校园价值观探讨活动，提高大学生运用科学理论分析社会问题的能力

要使社会实践真正能够提高大学生的思想政治素质，必须让学生走向社会、走向生活，亲自去搞社会调查研究。可利用寒暑假，组织大学生开展社会调查，并将调查情况写成调查报告或论文，开学后进行交流，以此提高价值观教育的针对性、感染力和说服力。

（四）依托网络，建立价值观教育网站

网络化信息化势不可挡。高校在开展价值观教育中，应充分发挥网络资源的优势，开辟价值观教育的全新领域。通过建立专门的价值观教育网站，对当代大学生关注的一些热点问题进行解答和正面引导，可取得良好的教育效果。

（五）在整个教育过程中提高大学生价值观教育主体的素质

教师起着主导作用，大学生价值观教育要取得好的效果，离不开教育主体即思想政治工作者的作用。因此，高校价值观教育主体应全面提高自身素质。

1. 正确的认知方式

正确的认知方式，是指价值观教育的主体要能够正确认识当前的形势与政策以及大学生的思想状况，理解理论与实践的关系，掌握各种学习方式的功能，认

识和处理好各种人际关系等。只有在掌握了正确认知方式的基础上，价值观教育主体才能对形势、政策、社会问题和大学生思想问题做出辩证分析，以便科学、有效地开展思想政治工作。

2. 宽厚的知识结构

价值观教育的主体应具有广博而精深的知识，既要具备扎实的马克思主义理论基础，又要有现代化的科学文化知识，同时还应具备现代管理知识、与大学生所学专业相关的学科知识以及与高科技、知识经济相关的知识等。唯有如此，价值观教育主体才能使思想政治教育深入人心，在大学生思想上引起共鸣，使其接受正确的价值观教育。

（六）优化大学生价值观教育的环境校园文化建设是价值观教育中优化环境的重要方面

校园文化被称为潜在课程或隐性课程，是指在高校校园内，经长期历史积淀而形成的、以校内师生为主体创造并共享的校园精神与氛围。就其功能来看，校园文化对大学生的成长与发展具有潜移默化的影响作用，能够陶冶大学生的情操，引导大学生健康的思想和心理发展。因此，高校应在现有的物质环境基础上，结合大学生思想成长和发展的特点，优化育人环境，以充分发挥校园文化的育人功能。具体来说，高校要完善学校的舆论环境，积极营造健康、活泼的文化氛围，开展校园人文素质教育活动、学术活动以及第二课堂教育等，树立全员价值观教育意识，形成教书育人、服务育人、管理育人的良好氛围，使大学生价值观教育渗透到校园的每一个角落，落实到每一个人身上。

五、结论

本文主要介绍本选题的研究背景和研究意义，并在国内外价值观教育理论研究的现状和理论中挖掘本文研究所需的理论依据和研究方法。在查阅文献和资料中，学习价值观研究生物同学者之间的认识和理解，述本论文研究的理论依据和自己对该理论的深入认识。调查研究当代大学生的价值观及其教育的现状，剖析当前发展中存在的问题，找到教师在价值观教育中的解决策略。

由于本人刚刚接触本专业不到半年的时间，故而对相关理论和研究方法的认识不够，文章在写作和研究中问题很多。遇到最大的问题就是，在思考和落笔之间存在巨大的鸿沟，在百思之后却难以提笔将所思所想表达得通畅又逻辑清晰。这也让我更加感觉到大量阅读文献的重要性。正如俗话说：巧妇难为无米之炊。

通过本次练习，也让我明白老师的苦心所在，以及论文写作练习的重要性。让我通过此次探究性的学习从中找到了乐趣，并了解到将所学知识内化的重要性以及写作练习的必要性。我还会继续努力不断学习。

参考文献

［1］刘友古，吴德勤．通识教育背景下高校德育创新——理论与实践［M］．上海：上海大学出版社，2013.

［2］［英］约翰·亨利·纽曼．大学的理念［M］．郭英健，译．北京：中国人民大学出版社，2012.

［3］许桂清．美国道德教育理念研究［M］．北京：中国社会科学出版社，2008.

［4］Pascarella，Terenzini E T. How College Affects Students ［M］. San Francisco：Jossey，1991：277.

［5］Astin A W. What Matters in College? Four Critical Years Revisited ［M］. San Francisco：Jossey – Bass，1993：115.

［6］杨韶刚．西方道德心理学的新发展［M］．上海：上海教育出版社，2007.

［7］李玲芳．当代大学生人文精神教育的理论审视［D］．华中科技大学，2004：1 –2.

［8］谭文芳．当代大学生价值观教育途径探究［J］．山西财经大学学报，2005（12）.

23. "社会分层与流动"课程中的经典文本阅读
——以《白领》为例

劳动经济学院　傅春晖

一、引言

社会分层是社会学的重要研究领域。社会分层是指社会成员按照特定的社会类别/属性被分配到一套有回报差异的地位系统中。与分层相关的社会类别/属性包括阶级、职业、性别、族群等。这些类别/属性在不同社会中都普遍存在，并对社会成员的地位获得、际遇、交往、行为及态度均产生重要影响。对社会分层的研究主要是讨论地位不平等和地位获得过程的问题与机制。

目前比较流行的社会分层研究，大多偏向于定量分析，并且积累了一批重要文献。学生们对于大量论文的阅读，尽管有利于抓住学科发展的前沿，但也容易忽略问题的初衷。特别是对于本科生来说，在尚不具备独立研究能力的时候，最需要培养的是他们在该研究领域中的问题意识，而这种问题意识的培养最需要借助的就是对经典文本的阅读。

二、文本选取

从阅读的角度来说，选取经典文本是最为关键的。文本既要通俗易懂，能够引起学生的兴趣，又要紧扣课程的主旨，具有专业的特点。结合这两方面来说，米尔斯的《白领：美国的中产阶级》够得上是这样一本经典文献。

从近代中产阶级出现并引起社会理论家们的关注开始，有关中产阶级的类型学分析一直是中产阶级研究的一个重要议题。在这种分析中，最为流行的划分方法是将中产阶级分为老中产阶级（old middle class）和新中产阶级（new middle class）两大类型，而主要的理论争论又常常集中在新中产阶级的属性及其社会功能之上。

有关新老中产阶级的划分以及新中产阶级的社会属性问题，之所以会在20世纪20年代甚至更早就成为中产阶级理论的关注焦点，其主要原因有二：①在

19 世纪末和 20 世纪初，伴随着资本主义从自由竞争向垄断的过渡，出现了大规模的资本集中，许多小企业被大的垄断组织所替代，代之而起的是散布于工业、交通、通信、金融、建筑、商业、保险和不动产等行业领域的各种股份公司。而随着股份公司的出现和股权的分散，企业的管理权从早期的所有者手中转移到迅速庞大起来的从事行政、管理、销售、财会、公共关系工作的白领群体手中，资本的所有权和管理权发生了分离。比如，在 20 世纪 60 年代的美国，在 200 家最大的、几乎控制着全国公司财产一半的公司中，44% 就是由经理们而不是所有者控制的[1]而现代国家的发展及功能的分化和扩展，也造成出现了大批的文职公务人员，这两个主要方面造成了大量白领管理人员的出现，并改变了原有的社会结构。其二，上述变化自 20 世纪 20 年代后之所以会引起马克思主义阵营和非马克思主义阵营的共同关注，是因为它不仅对马克思早期的关于资本主义社会的极化观点提出了挑战，也使得资本主义社会的阶级与阶级斗争态势发生了相当的变化。这一切，就像瓦尔·布里斯所说："在政治社会学中，很少有什么主题会像新中产阶级的性质与政治这样的问题能获得这样多的关注。在马克思主义者中，从事脑力劳动的薪水雇员的阶级位置在最近一个世纪以来一直是论战的中心，对这一问题的关注起码能够追溯到 19 世纪 90 年代修正主义的论战中；它也是 20 世纪 30 年代马克思主义者关于法西斯主义分析的核心问题，今天在西方社会主义者和共产党内部仍是最为热门的话题。在非马克思主义圈子中，新中产阶级的兴起同样不乏诱惑力。从索尔斯坦·凡勃伦和詹姆斯·伯恩海姆的专家治国论的预言，到米尔斯的《白领》中的'新小人物'（new litter man），再到丹尼尔·贝尔和阿尔文·古德纳的后工业社会理论，每一代社会理论家都将对新变动的社会秩序的解释置于这一阶级的重新发现和解释上。"

在新老中产阶级的类型学分析及新中产阶级的属性方面，除了前述马克思主义阵营内部的争论外，美国经济学家詹姆斯·伯恩海姆和赖特·米尔斯的理论值得一提。1941 年，伯恩海姆在《管理革命》一书中，受社会学家凡勃伦的企业家和工业家两种资本主义阶级类型划分的影响，提出资本主义社会正在向以工业所有权和控制权的分离为标志的"管理社会"转变。在这一社会中，拥有所有权的资本家不再对生产有任何贡献，他们成为被管理人员挣来的利润所喂养的人，而管理人员则实际控制着生产资料，而控制"生产资料是社会统治的位置，

---

① 伦斯基. 权力与特权：社会分层的理论 [M]. 杭州：浙江人民出版社, 1988：361 – 362.

谁控制了它们，谁就事实上有了控制社会的权威，因为它们是社会赖以生存的手段。"这个被称作新阶级的管理阶级包括了业务人员、生产管理人员、工厂主管人员及其协作者，以及一般行政人员、宣传专家和技术管理人员。

10 年之后，米尔斯在《白领：美国的中产阶级》一书中，对新老中产阶级的特征及区别作了最为全面的分析。在米尔斯看来，"新中产阶级"和老中产阶级的最大区别有二：其一，无论是自由农场主还是小企业家，老式中产阶级中的大多数人都拥有自己的财产；而新中产阶级则大多没有自己能够独立经营的财产，他们作为高级雇员为拥有大型资本的人工作。因此，从财产方面说，他们的地位和普通劳动者一样；而"从职业收入方面说，他们多少是'处在中间的'。"正是存在这样的差别，英文 middle class 其实既可以翻译成"中产阶级"（对老式"中产阶级"尤为合适），也可以翻译成"中间阶级"或"中等阶级""中等收入阶级"（对新"中产阶级"更合适，因为他们其实没有能够作为生产资料的"产"）。正因此，米尔斯会提出，老中产阶级向新中产阶级的转变，从消极的意义上说是从有产到无产的转变；而从积极的意义上说，则是一种从财产到以新的轴线——职业——来分层的转变。其二，即使是在今天的美国，老中产阶级还是会自己动手从事一些体力劳动；但新中产阶级（除了大型百货超市中的售货员）从事的一般是脑力劳动，并且其中相当多的职业是专业技术性的，他们从事的工作用米尔斯的话说是"与人和符号打交道"。这既是新中产阶级被称为"白领"（white collar）的原因，也是这个阶级能够获取职业声望的资本。

米尔斯对中产阶级的研究获得了广泛的关注。在各种有社会学意义的研究中，阿尔文·古德纳的看法独树一帜。和米尔斯一样，古德纳也认为出现了一个新阶级，但这个新阶级的组成比米尔斯的新中产阶级要单纯一些，它由占主导地位的技术知识分子和处于边缘地位的人文知识分子组成。他们和旧阶级一样对这个社会施以影响和控制，不同的地方在于：新阶级的资本是它在教育的基础上获得的"人力资本"（human capital），而旧阶级凭借的是财富资本。和凡勃伦尤其和伯恩海姆一致的是，古德纳也认为，由知识分子组成的这个新阶级正在逐步将占有生产资料的旧阶级转变为一个食利者阶级，转变为靠自身的利润、租金和利息生活的领取养老金的人，或转变为通过吸收新阶级的特点而重组其阶级性质的阶级；同样，他也预测，虽然新阶级在目前的美国还没有成为统治阶级，但它却完全有可能在不远的将来成为统治阶级。

三、文本内容及其评述

在韦伯眼中，那个正因为大规模的工业化而从一个原本只有几万人的木材转运站朝向上百万人的大都市急剧迈进的芝加哥，在资本主义原始动力的激励下，"像一个没有包膜的巨大心脏在有力地跳动着"。其实，中国的城市也同样在迅猛地发展，也像一颗颗有力跳动的心脏，只是这一颗颗心脏有着厚厚的包膜——国家，或者说国家的控制。而这种强力的控制确实遮蔽了资本繁殖的原始动力和原始形态。

我们现在所说的"中产阶级"即英文中的 middle class，最早出现在近代以来的欧洲。自 17 世纪甚至更早，欧洲社会就出现了现在被称作"现代化"的社会变迁历程，但人们公认的这场大变迁的"震中"却是 18 世纪欧洲的两次大革命。如果说现代意义上的英国中产阶级的出现与工业革命有着最为密切的关联，那么法国中产阶级的最初形态则是那个后来在 1789 年的大革命中扮演了积极角色的第三等级。

和欧洲社会略有不同的是，早在工业化之前，美国的老式中产阶级，包括自由农场主、店主和小企业主，就曾占到过总人口的 80%。这与美国广袤的土地为大多数老移民提供了足够的资源有关，也与米尔斯所说美国没有经历封建时代，在工业化之前缺乏一个暴敛社会财富的上层贵族阶级有关。但是，在进入工业化之后，尤其在工业化的早期，一者由于新移民的大量涌入，二者由于部分农民和小企业主的破产，工人阶级逐渐成为人口的大多数。美国工业化的早期历史，在一定程度上见证了马克思关于资本主义早期社会日益分化为工人和资本家两个对立阶级的看法。

但是，20 世纪 30 年代以后，尤其是第二次世界大战以后，情况发生了变化。随着美国社会工业化的完成及向后工业社会的转变，工人阶级的人数开始减少，中产阶级的人数重新开始回升。"1956 年，在美国职业结构中，白领工作者的数量在工业文明史中第一次超过蓝领工作者……到 1970 年，白领工作者与蓝领工作者的比例超过了 5 比 4。"（丹尼尔·贝尔）而且，尤为重要的是，在中产阶级中，大量出现的不是小农场主、店主和小企业主这些被米尔斯称之为"老式中产阶级"的人，而是随着后工业社会的出现日益增多的所谓"新中产阶级"，包括专业技术人员、经理阶层、学校教师、办公室的工作人员以及在商店内部和外部从事推销工作的人。米尔斯发现，1860 年中产阶级雇员只有 75 万人，而 1940 年达到 1 250 万人。其中，新中产阶级的人数占到56%，而70 年前他们只占15%。在米尔斯之后，随着科技革命的发展和大型垄断组织的兴起，美国白领的总数上升到70 年代的5 000 万，1980 年后则占到全部劳动力的50% 以上。在今天的美国，"工人阶级只占劳力的25%，而专业和技术的阶级（像管理者、教师和研究者）则占到总劳力的30% 以上"。在丹尼尔·贝尔看来，与制造业经济转向服务业经济相伴随，"科学的日益科层化和脑力劳动的分门别类日益专门化"，使得专业技术人员无论在人数还是在重要性上，都开始取代企业主而居于社会的主导地位。而这一切，正是所谓"后工业社会"的主要景观。尽管80 年代后，因为美国和其他西方国家的局部"去工业化"，以及高端技术的使用和信息化的浪潮，对战后导致中产阶级暴涨的那些职业（如一般的管理人员、文职人员和销售人员）形成了威胁，工作两极分化、"中产阶级面临衰落"，但中间大、两头小的"橄榄型"社会形态并没有彻底改变。

1962 年，因为要在全美电视网中为古巴革命辩护，操劳过度的米尔斯心脏病突发驾鹤西去，时年仅仅45 岁。如果从1941 年获得博士学位算起，米尔斯的学术生涯不过20 余年，但他却撰写了许多影响整整一代美国人的著述。不过，在他那主题广泛的著述中，米尔斯勾勒出的一幅幅复杂的美国社会景象的中心概念却是"权力"。在米尔斯眼中，"在人类所有的相互作用中，既有上层人物，又有无产者；既有当事人，又有局外人；既有统治者，又有从属者。每个人都显示出权力的积聚、培养和行使"（R. 艾耶尔）。以此为线索，米尔斯撰写了四本著作分别论述下层移民、劳工领袖、中产阶级和上层权力精英。除了他那本享誉学界的《社会学的想象力》（1959）和震动美国朝野的《听着，美国佬：古巴革命》（1960）外，这4 本著作构成了这位60 年代特立独行的新左派的主要遗产。若以出版的先后顺序来叙述，《权力新贵：美国的劳工领袖》（1948）以个人背景和工会产生的历史环境描绘了工会领袖的特征，尤为出色的是，米尔斯将工会领袖和他们反对的资本主义巧妙地结合了起来。显然，没有资本主义就不会有工会运动，所以工会是与私有制密切联系在一起的，这一点决定了劳工领袖与共产主义的格格不入。《波多黎各人的旅途：纽约的新新移民》（1950）以传记手法，描述了移居纽约的波多黎各底层居民的日常生活。而《白领：美国的中产阶级》（1951）则为人数愈益庞大、生活日渐丰裕但情感却不断疏离彷徨，而且多少有些弱智的中产阶级塑造了生动的群像。最后，《权力精英》（1956）则揭开了那群普通人通常难以接近、但却受到"他们的决策有力地左右"的上层大人物

（great man）的面纱。他让普通人看清，原先他们一直以为自己是生活在自由平等的美国的公民，究其根本也不过是或受制于企业大亨，或受制于军方大佬、再或受制于政界要人的芸芸众生。

回到《白领：美国的中产阶级》这本书，认真阅读你能够发现，虽然米尔斯对构成美国社会主体的这些小人物们充满同情，但他蔑视一切的做派（单单这一点，加上他那格子衫、牛仔裤的打扮，和骑着 BMW 重型机车四处晃荡的举止，将他誉为 60 年代美国"嬉皮士"的文化先驱并不为过），使他的行文风格和 100 年前那位凭《有闲阶级论》而闻名遐迩、善于冷嘲热讽的凡勃伦十分酷似。在米尔斯看来，进入 20 世纪，来自经济寡头化和管理科层化的巨大冲击，使得 19 世纪中产阶级世界那些单枪匹马的英雄——小商人、小业主和小农场主备受冲击，而依附于更大的资本或权力的新中产阶级则急剧飙升。不过，"无论他们有过怎样的历史，这历史没有任何波澜起伏之处；无论他们有怎样的共同利益，这利益都未能将他们结成一个整体；无论他们有怎样的未来，这未来都不是经由他们自己之手缔造的。如果说他们渴求的终究只是一条中间道路，那么在没有任何中间道路可寻的时代，这最终也只能是一个虚构社会中的虚幻之路"。

由于大批的中产阶级白领们或受到管理人士的指使，或受到科层制度本身的支配，几乎人人都沦落成毫无生气和个性、失去了工作的价值感和创造性的"挣钱机器"。另外，一如异化过程使工作失去了意义，使他们对地位升迁的过度向往，以及通过消费来抬高个人声望的惯用手法，也使得"生存竞争已经在很大程度上转变为一场维护体面的斗争"（凡勃伦）。尽管通过个人的努力，尤其是通过教育这台个人地位和声望的"提升机"，白领似乎人人都具备攀爬到社会阶层体系中更上一层的可能，但无论是经理、领班、管理者、销售员、男女文员，还是医生、律师、教授和各类专业技术人员，这些中产阶级终生都充满了地位恐慌和挫折感。他们虽然渴望"成功"，但随着时代的变化，原先美国流行的成功模式已经发生了很大变化。"虽然个人的德行仍然受到关注，但它早已不是曾经强加在成功企业家身上的那种严肃的德行了。现在人们强调的是灵活而不是能力，是和同事、上司和规则'打交道'的能力，而不是在开放市场中'开拓'的劲头；是你认识谁，而不是你懂什么；是自我展示的技巧和利用他人的基本窍门，而不是道德的完整性、真实的成就和个人的可靠程度；是对自己公司的忠诚甚至物我合一的精神，而不是创业的能力。"在这样的背景下，管理者不过是所有者的"财产执行人"，生产者则是集市社会里的一个推销员，即使知识分子正在撰写的也不过是"提示他人做什么的备忘录",而不再是价值连城的著作。简言之,人格成了服务于异己目标的常规工具。

有关这个新的阶级或由原老式中产阶级改变而来的阶级在政治上的特征,欧洲的理论家们给予了不同的标定。有人认为,随着中产阶级人数和权力的增长,它将成为一个在政治上独立的阶级;有人认为,虽然他们不可能成为一支独立的力量,但起码能够成为不同社会阶级之间的平衡器。对此,在19世纪末20世纪初德国社会民主党内有关中产阶级性质的大争论中,大名鼎鼎的伯恩斯坦采取了正方立场,认定新中产阶级的崛起,弥补了老中产阶级衰落带来的问题,结束了资本主义社会的不稳定;也有人认为,新中产阶级成员就其属性而言仍然属于资产阶级,甚至像德国的中产阶级那样,有可能成为法西斯主义的社会基础(西奥多·盖格/利普塞特);当然,还有人认为,因为白领薪金雇员不占有生产资料,当然还是无产阶级的一部分,像上述那场大争论的反方考茨基就称其为"硬领无产阶级"(stiff – collarproletariat)。

不过,在米尔斯的眼中,美国的新中产阶级好像什么都不是。为了掩饰不确定性和寻找安全感,他们最为突出的表现是冷漠,以及马克思所说的"虚假意识"。冷漠,就是与现实的世界保持一定的距离,它不相信现实的忠诚和未来的期望,并把那些抱有政治热诚的人一律视为"缺乏成熟"。借用马克斯·韦伯的话来说,政治冷漠的人认定,在一个毫无意义的政治世界里,一个人没有信仰一样能够生活,一样能够进行超然的智力活动。在美国,形成中产阶级的政治冷漠的原因是多重的,其中包括:主流大众媒介的宣传所起的政治消解作用,大众传播及与此相关的各种文化机器使得"每个人都以一定的方式取得了相互的平等……它们是一种公分母,是预先规定大众情感的模具";经济社会状况的稳定使中产阶层的政治要求降低到最小的程度;而美国的经济机构无疑比政治机构对生活更为重要,政治不过是实现经济利益和保护经济活动的一种手段。

其实,美国中产阶级的这种政治冷漠,也是导致他们的虚假意识产生的原因之一。马克思指出,恩格斯和曼海姆都多次论述过的"虚假意识",用最简单的话说,就是对自身利益的"错误估计"。米尔斯发现,因为虚幻的声望因素作祟,相当部分的新中产阶级或白领人士即使在收入、财产和技能方面与雇佣劳动者无异,他们也拒绝认同于无产阶级。他们不会关心本阶级的利益,更不会关心整个社会或国家的前途,他们关心的只是个人的成功,或者干脆说是经济上的成功。用马克思的话来说,这只是一个"自在阶级",而远不是一个"自为阶级"。

你能够猜想作为新左派的先锋，米尔斯对这种政治冷漠的基本态度，他毫不隐讳地借用希腊人的话说，"白痴就是独善其身者"。说到底，这庞大而在政治上无所作为的中产阶级才是资本主义社会"固若金汤"的"马其诺防线"。

四、中国的中产阶级

在改革开放 25 年后的今天，在中国的经济发展为全球瞩目的同时，为什么国人还是会对中国是否存在一个中产阶级或中产阶层持强烈的怀疑态度？

中国人所以会对当今中国是否存在一个中产阶级或中产阶层持怀疑态度，原因之一在于对英文 middleclass 的误读，类似的现象其实如萧新煌教授所说，也曾出现在中国台湾和韩国等东亚国家和地区。在广泛使用英文的香港地区和新加坡，中产阶级一词直接对应于特定的人口，一般不会引起过多的歧义，因此，"新中产阶级"（newmiddleclass）和"专业人士"（professional）两个术语的混用都很流行；但在台湾地区和韩国，middle class 的中译和韩译都包括了"中等财产"的含义，因此，像米尔斯那样直接将专业人员或白领阶层视为"新中产阶级"的做法就遇到了相当的障碍。在中国大陆，因为长期以来对 middleclass 的习惯译法都是"中产阶级"，它自然会强化人们对"财产"多寡的过度重视，而忽视现代中产阶级或者说新中产阶级的职业特征。

造成人们怀疑的第二个原因可能与对中产阶级的收入及其社会属性的高估有关。在收入或经济地位方面，因为毛泽东曾将民族资产阶级和小资产阶级（即所谓 petty bourgeoisie）划为中产阶级，这在一定程度上提高了中产阶级的财产和地位标准。其实，即使在美国，无论是中产阶级的绝对收入还是相对收入都远没有我们想象的那么多，所以，米尔斯会直截了当地说："新中产阶级的大多数是中低层收入的群体"。即使现在，美国中产阶级的年收入也不过在 2 万至 75 000 美元之间（范可）。至于对其社会属性的高估则和人们对中产阶级的社会期待过高有关。在一篇题为《"中产阶层"概念被误读，高收入不等于高素质》的网络文章中，作者写道："对个体而言，中产阶层则绝不意味着享受与奢华，而是意味着责任与付出……中产阶层之所以是一个有着强烈的社会责任感的阶层，正是因为该阶层有了基本生活条件的保障 ……"面对这样的文字，再看米尔斯的这本《白领：美国的中产阶级》，细细感受在美国，老中产阶级的没落和新中产阶级的兴起，"与美国人心目中特立独行的个体的消失和凡夫俗子的大量涌现是一个并行不悖的过程"，你就很容易明白，有多少人误读了中产阶级。

正是从这样的意义上，我觉得花时间去阅读米尔斯的这本著作是值得的。一方面，这本著作的出版能够为我们了解美国中产阶级的兴起和成长提供一幅生动的全景画面；另一方面，它也能够校正国人对中产阶级的种种不正确的估量，起码打消人们头脑中对中产阶级成长和作用的不切实际的幻想。中产阶级是工业社会的产儿，也是现代社会的一个基本象征，它能够带来社会的富裕和稳定，但中产阶级不是罗宾汉式的英雄。中国社会未来的发展为中产阶级的成长腾出了足够的空间，但中国中产阶级的成长不仅步履维艰，甚至如果我们不能很好地解决当今中国社会的贫富不均、庞大的农村人口对工业化形成的巨大压力，以及中产阶级及其相关研究在意识形态方面的障碍等一系列问题的话，年轻的中国中产阶级也许还有可能成为社会不公或社会失范的"替罪羊"。从早几年就出现的对机关公务人员的不满，到近年来越演越烈的对包括医生、法官、律师甚至教师在内的专业人士或标准的"新中产阶级"的诟病，说明我们的担忧并不是一种凭空的臆想。

五、小结

"社会分层与流动"是社会工作的专业选修课之一，其目的就在于通过阅读相关文献，使学生能够了解社会分层和流动领域的主流研究方向和前沿研究议题，掌握当代西方社会分层和流动研究的经典理论、命题，帮助学生理解中国从传统社会向现代社会的变迁，以及改革开放以来社会转型与社会分层和流动的关系。

重视结构与机制的分析历来是社会学研究的重要传统。社会分层与流动结合了社会静力学和社会动力学的特征，是一种对社会结构与变迁进行理解的独特视角。作为社会工作专业的本科生，需要通过对本课程的学习，培养敏锐的学科意识，锻造专业的学术眼光。引导学生从具体研究的大量 paper 中走出来，通过阅读经典文本，对该研究领域有全面的了解之后，再返回到具体研究中去，才能取得更好的教学效果。

在本课程中之所以选取米尔斯的著作，是因为在米尔斯对美国社会的经验研究与其关于社会科学的认识论纲领之间存在着一以贯之的内在逻辑。通过对米尔斯最具代表性的三部经验研究作品，即由《权力新贵：美国的劳工领袖》《白领：美国的中产阶级》以及《权力精英》所组成的"美国社会分层三部曲"的考察，我们可以发现，这些研究中所浮现出的"大众社会"图景深刻地影响了米尔斯关于"社会学的想象力"的论述。在此基础上，我们也才能理解米尔斯的社会学著述所关注的两个基本问题，即对于社会变迁可能性的探寻，以及对于现代社会中人的意义的关切。文本先以《白领》一书为例，呈现经典阅读能够带给学生的阅读体验，以及培养起学生广阔的学术视野和进一步的学习兴趣。在本课程的其余部分，还将领着学生以同样的方式阅读米尔斯的另外两本著作。

24. 批判性思维教学法运用策略与效果评价

劳动经济学院　李晓曼

一、批判性思维理念的缘起及发展

知识经济时代的高等教育如何培养出适应时代和经济发展需要的高素质专门人才，已成为当前人们普遍关心的教育问题。从传统教育走向大学素质教育的方法、策略与途径虽然历经讨论，但至今也没有在实践中显现成效。可见，教育方法作为理论和实践问题还远未得到真正解决。

20 世纪 70 年代，发生在美国的批判性思维运动起源于对美国高等教育的反思。美国的教育家对美国的基础教育和高等教育进行的大量调查研究表明，和过去年代相比，当时的美国学生在课堂上所学知识越来越新，所获取的信息量也越来越大，但他们在解决实际问题上的思考能力却明显低于其他工业化国家，并存在继续弱化的趋势。就在这样的背景下，带有反思性质的批判性思维逐渐引起美国教育家和心理学家的注意，并逐渐演变为一场影响美国教育改革的批判性思维运动，催生了一门培养和检测大学生素质的批判性思维课程，并对整个国民教育体系产生了重大影响，最终使批判性思维素质的培养成为各门学科的教学目标之一。

其实，早在此前，美国的科学哲学家卡尔·波普尔就从哲学的角度强调过批判性讨论在科学进步中的重要性。波普尔以批判理性主义为出发点和内核，建立了他的科学发现方法论。他认为，科学的精神就是批判，就是不断推翻旧理论，不断做出新发现。理性不断提出新假说，而这新假说不断遭到批判，即被证伪。按照波普尔的说法，只有可证伪的陈述才是科学的陈述。因此，知识的真理性特质只有通过外在化的批判性检验才能获得。他把知识的增长看作动态的过程，运用批判理性主义把这个过程"理性重建"为著名的四阶段图式，即问题—尝试性解决—排除错误—新的问题。

与此同时，在高等教育中，出现了一门以教导学生如何思考，即以培养训练学生的批判性思维能力为主要目标的基础课程——批判性思维。目前，全美上千所高校开设这门课程，不同版本的教科书多达数百种。全美还成立了以"批判性思维"为主要研究对象的批判性思维学会；国际批判性思维学术研讨会也每年定期举行一次。这些情况表明，批判性思维在美国及其他英语国家受到学者们的普遍重视，并成为大学教学目标，成为培养大学生综合素质特别是日常思维和逻辑思维素质的一门基础课程。

这种教学改革中的批判性思维风潮，使得美国的大学素质教育落到了实处，且有了可以测试的量化指标。这将给我国对大学素质教育的思考提供必要的参照。本研究拟以此为背景，基于本校课程探寻实施批判式思维教学方式的策略，旨在为加强我校本科生素质教育建设提供理论路径与方法创新。

二、批判性思维的结构与理念

在过去的几十年里，西方的教育学研究者和教育工作者已经研究开发出了许多旨在增强学生批判性思维技能的教学程序，每一个教学程序都给批判性思维做出了自己的操作定义。Ennis（1989）认为批判性思维是从遭遇到的问题开始的。当个人发现问题时，首先将个人通过观察所得的信息与自己本身所具有的对于该问题的知识相结合，奠定个人推理的基础，再以演绎、归纳和价值判断的方法进行推论。Stark & Lowthe（1988）认为批判思维是以理性的态度，对问题做出合乎逻辑的探讨，通过评估信息，获得结论，以便对所处的环境做出决定。也就是说，批判性思维能从零散的信息中建立结构，以便对未知的情况有所抉择。Kurfiss（1988）认为批判性思维是对没有确定答案，或者缺少有效的相关信息的问题进行探讨而能得到的一种理性响应，即在研究问题或疑难时，对复杂多变的真实情况根据有用的证据和确实可行的价值体系整合所有相关信息做出的正确的判断，得到的一个令人可以接受的假设或结论。目前，批判性思维教学方法研究在美国的教育理论界有了相当程度的进展，而且，以 Richard Paul 为核心的研究小组所设计的"三因素"批判思维模式被认为是一种非常有效的教学方法。他将批判思维定义为：一种独特、果断的思想，在这种思想中思考者系统、习惯地提出有关思维的智力标准，利用思维的构建，并根据思维构建的指导思想以及根据目标、范围和标准评估而达到的一种思想功效。在此界定的基础上，他构建了三因素批判思维教学方法模式，即推理元素、智力标准和智力特质三要素，每一构成要素都有各自的内涵和外延。

首先是推理元素。包含了八个部分：①目的、目标或观念中必需的为思维所用的结论；②争论的问题或等待解决的问题；③各种不同的观点；④推理的观察范围；⑤推理的概念范畴；⑥假设；⑦暗示和后果；⑧推论和结论。

其次是智力标准。构成智力标准的核心要素是自我评价。自我评价对教育的最大影响在于学生能够在较低的督促下产生高质量的思想成果，学生的行为能够对自己的道德问题更加全面地负责。对此，Richard Paul 提出了批判思维发展过程的理论模式，即通过批判思维教学方法可以使学生从"没有反应的思想者"到"思想的主人"，在此过程中，自我评价只有在较高的智力水平下才会出现。

最后是智力特质。一般来说，独立的或相互依赖的智力特质是批判性思维形成所必需的，它是帮助学生在深知底细和不受主流影响的情况下，自由地确立自己的思想和价值体系，从而使自己变得更加成熟，思想变得更加开放。这些智力特质包括：①智力谦虚；②智力勇气；③智力同感；④智力正直；⑤智力坚持；⑥信仰意识；⑦公平意识。

本文拟围绕"三因素"以劳动经济学课堂为例探寻实施批判性思维的具体策略，并探索评估实施批判性思维的教学效果。

三、批判性思维教学方法在课堂的运用策略——以劳动经济学课堂为例

目前，由于劳动经济学理论框架几乎全都建立在西方经济学的整体理论基石之上，经典教材与案例都遵循西方经济社会的思考逻辑与叙述套路。在这种背景下，学生在课堂上很容易就陷入已有的知识框架，从而被动地进入知识的灌输中，丧失独立思考和将理论概念与我国劳动力市场相联系的能力。因此，传统的教学方式不能让学生真正理解和掌握劳动经济学课程作为民生经济学的真正内涵和价值所在。借助批判性思维方法的理念和基本框架，我尝试了在劳动经济学课程的"第四章：人力资本"与"第八章：就业"中实践批判性思维的方法。

（一）实施环境准备

为了保障批判性思维教学法的有效实施，我首先从以下几个方面进行了教学环境的准备。

一是创设良好的心理氛围，鼓励学生大胆质疑和提问，培养他们的批判性思维，必须培养他们提问的习惯。批判性思维的内涵是要提出问题、发现问题。发现问题是比解决问题更高的一种能力，唯有具备提出新问题、发现新问题的能力，才能更高质量地解决存在的问题，创造性地开创新的领域和成就。为此，如何引导学生对现有的观念、假设提出问题，成为实施批判性思维的重要前提。学

生不仅需要对老师提出的问题做出正确的回答，还需要对一些自己缺乏理解的现象、学习中的障碍、错误的概念进行思考，提出问题，并进一步探索。大量的心理学研究表明，安全轻松的心理氛围中，学生更易表达自己的见解，更易于进行大胆的猜想，并发挥潜能，产生新的观念。好的批判性思维者是好的提问者，不管见到、听到、读到、经历到什么，都会持续地分析事件、论证事件的区别，寻找合理解释，努力思考该事件与已有经历之间的关系。在课程中，我会经常询问：这意味着什么？问题的本质是什么？有无别的角度可以对问题进行重新的思考？它的依据是什么？我们应该如何来确定它？针对学生的回答，我都会尽量从中发现值得称赞的观点，对他们进行鼓励，保证他们提问的积极性。

二是创设多样的问题情境、激发学生批判性的思考在教学过程中，不仅要设置结构良好的问题，以帮助学生学习基本的知识和技能，为进一步的训练奠定基础，也要设置结构不良的问题，以促进学生积极思考，训练思维。思考问题的水平深入与否取决于提问的水平高低，我尝试用不同问题引导学生的思维过程。当提出的问题是事实型时，思考倾向于对实际的反映；而当问题是结构不完整的为激发思考型问题时，则批判性思维更可能发生。这些问题包括：让他们解释"为什么？""隐含意义是什么？""什么是……相反的解释？""你支持这个回答的依据是什么？""还有哪些不同角度？"此外，组织学生以小组形式互相提问并思考提出问题的答案，然后，全班在一起对小组提出和讨论的问题进行更深入的思考和回答。这些激发型问题可以有效地促进批判性思考，因为它们能够诱导学生进行分析、推论、评估、比较和对照等高水平的认知活动。

三是结合具体的问题解决过程，进行批判性思维技能的指导研究表明，面临复杂任务时，由于缺乏批判性思维的技巧，许多学生包括成人都不能超越给定的信息、进行正确的推理而达到问题的解决，甚至面对不是十分复杂但很新颖的问题时也同样如此。可见批判性思维技能的重要性。在经济学课程中，教材的专业复杂特征和教师的权威常常使得学生一般不会质疑，而只是按照老师的要求去思考和解决问题。但是学生并不是空着脑袋进入教室的，他们头脑中预先就有关于表征和解决问题的一般规则，但学生并不能独立地加以运用这些规则。学生运用这些技能需要一定的背景支持，因此我尝试引导学生结合多种背景和情境来应用这些原理；鼓励学生灵活地运用表征，展开集体讨论与合作学习，从不同角度交流彼此的知识和思维过程；还可在学生分析解决问题之前，提供一些明确的指导性意见帮助他们反省和监控自己的思维与学习过程。

四是重视迁移，全面提高学生批判性学习的能力、解决教学问题的目的不仅仅是要求学生能够解答课堂中、书本上的问题，其旨意应当是帮助学生提高处理实际问题的能力，提高自我批判性学习的能力。因此要创设情境，促进批判性思维技能的迁移，促使学生在面对日常生活的实际问题时，善于运用批判性思维。这样，才能够真正地培养学生批判性学习的能力，给予学生批判性意识的萌芽以足够的营养，使其真正利用批判性思维有所收获，体验到成就感，增强自我效能感。布鲁克菲尔德和普瑞斯基尔指出，批判性学习要做到：①能够释清作者提出的一些假设，包括假设中含有的合理知识以及如何识别出这些知识；②对所提到知识形成的看法留有余地，即有可供选择的余地；③从正反两方面评价这些知识形成的基础和表达方式；④对他们支持或反对的思想体系中普遍存在的观点做出深刻的分析。

（二）实施策略

根据以上所提到的批判性思维的理念和结构，我在课堂上具体实施了以下几种批判性思维培养策略。

1. 筛选要讨论的问题

依照批判性思维理论的要求，所提出的问题必须是全体参与者争论的问题或等待解决的问题，即还未达成一致意见的问题。例如，在学习劳动经济学课程第四章"人力资本理论"之后，我要求每一个同学必须根据自己对"人力资本内涵"的理解和认识列出一个在现实生活中能自己观察得到、但与传统人力资本概念不符或有冲突的问题；然后，我根据同学们递交的清单逐步向同学们澄清和淘汰每一个问题；最后，留出一到两个本章的难点问题或关键问题，给出一定的时间安排同学们讨论。

2. 列出针对问题的正面、反面和有利点及所能考虑的因素

写作不仅有利于创新思维的形成，更有利于批判性思维技能的发展。Debono（1994）认为无论是列出正面、反面和有利点策略，还是列出所能考虑的全部因素策略都需要从"写作"这一培养批判思维的关键有效的要素开始。例如，安排学生运用列出正面、反面和有利点策略写一篇"最低工资对就业的影响"的研究综述，学生将会首先从正面的或有利的、消极的或不完美的点开始写作。因此，这种能力训练不仅可以帮助补充教师课堂教学的不足，还可以帮助学生从日常忽视评论的训练中积极锻炼，也可以帮助学生站在不同的视角去思考问题。

3. 针对问题写出知道什么、希望知道什么以及想学习什么

列出正面、反面和有利点策略，与针对问题写出知道什么、希望知道什么以及想学习什么策略有异曲同工之处。针对问题写出知道什么、希望知道什么以及想学习什么策略就是教师在课堂上要求他的学生写出对学习的期待，即写出知道什么、希望知道什么以及想学习什么。在课堂上运用此策略，要求学生写出"关于人力资本投资收益率如何核算"的问题，如果对比学生在课前与课后关于这一问题的回答记录，就可以看出他们对于这一问题认识的差距。所以说无论是列出针对问题的正面、反面策略，还是针对问题写出知道什么、希望知道什么以及想学习什么策略，在运用上都是比较容易的，也是在教学中运用比较成功的策略。

4. 记录学习所得

记录学习所得是将学习的知识串联、分类和评论的最有效方法。善于记录相关的简单概要无论是对于在学校学习，还是对于适应未来的工作环境都是至关重要的。如今是信息时代，知识的传播、全球商业信息服务越来越广泛，具备搜集、记录、提炼信息的能力对于工作的成功来讲其重要性与日俱增。因此，在课堂教学中，我会要求学生创造性地记录笔记、索引卡片、写内容提要和大纲或者其他的概要，通过这种抓住课本章节中的关键点或信息点的训练策略会使学生长期受益。

5. 精炼观点

学习内容结束之后，要求学生针对学习的内容用一分钟的时间以最简单的文字表述出经过深思熟虑的观点。一分钟的简单表述需要学生对学习的每一项内容写出简单的文字叙述，同时也是学生自己对所学习的内容经过深思熟虑的描述。这些任务伴随着信息时代的到来是相当容易的，因此，每一个学生都可以表明自己对老师讲课内容不清楚的地方是什么，有什么评论；可以提供自己个人的观点，也可以阐明自己对老师讲课的内容中关键点的理解，并通过电子邮件发给老师，与老师交流。这些看似简单的方法实际上是学生将现有知识与过去有关的知识结合起来经过复杂的思维活动凝聚而成的。

6. 针对问题要求学生利用写作思考活动写出书面的评论和反证短文

写作是培养思维能力最有效的工具，因为写作会促进人们去阅读、浏览数据库和探索自己感兴趣的问题。例如，在"人力资本"章节我曾要求学生写一篇关于"传统人力资本的局限性"的短文。此外，结合创造性思维的训练，学生可以及时调整他们之前谈论的观点或设定的规则和环境。

7. 案例讨论和疑难问题解析

案例讨论教学法在多种学科课堂教学中早已经被使用，而且被认为是一种能让学生了解真实世界中各种情况的方法。案例教学为学生理解学习内容提供了一个强有力的和多角度的范例，因为学生对复杂问题的分析不仅依靠课堂教学，而且课后还可以重读案例、讨论案例，并对案例进行深入思考。尽管案例教学在学校的课程教学中被认为是一种普遍的培养批判性思维的策略，但是，对于案例的选择需要附有简单的说明，主要包括案例的选择目的、专家对案例的思考评论以及案例存在的不足等。疑难问题解析策略是鼓励学生对疑难问题进行深入分析、论证、讨论以及形式上的逻辑推理。在这里，我们作为一名疑难问题解析的指导者和推进者，主要工作就是鼓励学生积极去思考，推动学生从一个疑难问题的解决到另一个疑难问题的解决，指导学生把注意力集中到疑难问题的本质上进行分析，并且事先不给予明确的方向性和统一的标准答案。

8. 逆向分析思考

实践证明，逆向分析思考策略是培养学生批判性思维非常容易和可行的方法。从问题的最后结论反向思考，有利于加强学生的行为目标和思维推理的技能。例如，在劳动经济学课堂中，我在讲解我国就业测量的具体标准时并非集中在学生如何去记忆就业统计标准，而是引导学生思考在现实生活中有哪些现象的存在会导致现行的统计体系无法正确观测到个体的就业状态。在此引导下，学生的注意力集中于对"就业测量"进行批判性思考，而非传统的理解概念。在此之后，配合教师的询问引导，力图让学生自己感知这种逆向思考带给自己的收益。

9. 仿真实验和辩论

仿真实验和辩论也是培养学生批判性思维能力的有效策略。在人力资本收益核算内容的介绍中，我抽选了一个小组采访大四同一个班而去向不同的两位同学，让他们亲身观察和核算大学毕业后上研究生和毕业后直接工作两种选择的收益。在这种亲身体验中，学生很容易发现理论与实践有所出入的地方，从而主动思考传统理论描述中的局限性。

10. 结构图

结构图策略在经济学教学上的运用已经非常普遍。采用结构图策略对培养学生的批判性思维的帮助是无法估价的，尤其是要求学生深入表达自己对所学内容的了解程度和与相关主题整体结合的观念。例如，在学期开始时要求学生给出针对要学内容的结构图，在学期结束时也要求学生给出一个针对所学内容的结构图，将两个结构图进行比较，我惊奇地发觉学生对本学期所学知识的深度和与此相联结的整体概念的获得都有长足的进步。

以上是我在劳动经济学教学中运用批判性思维教学法的多种策略，每一种策略都有自身的特色和适应性，不同的策略适应于不同的环境和不同的班级，需要老师在教学中灵活地把握和运用，只有这样才能使各种策略在使用中发挥其最大效益。当然，就学生而言，不是每一种策略都对自己有效，也需要学生学会调节自己，以适应不同的批判性思维教学法策略。

四、批判性思维教学法效果评价

整体而言，批判性思维应该教学生如何想得全、想得细、想得对、想得深。在本次劳动经济学课程中，批判性思维的训练效果主要体现在学生批判性思维的智力技能得到提升，包括解析能力和评价能力。课堂上的讨论氛围随着批判式思维锻炼的运用不断变得活跃。针对最低工资对就业的影响，学生上交的作业中已经展现出了不同的思考方式，并且可以从多个角度来探讨这个问题。但值得注意的是，仅仅依靠课堂上的引导很难让学生形成系统的批判式思维方法。

Ierenzinietal（1995）曾经进行了一项研究，同时探讨学生选修的课程、与教师教学课堂中的相关经历以及课外经历对大学生批判性思维的影响。课程变量包括：选修的作文或写作课程、社会科学课程以及技术或职业课程；与课堂教学相关的经历的变量包括：阅读教材或指定的参考书、参加论文式考试、完成学期论文或其他书面报告、师生关系、理科教师的教学方法、艺术和人文学科教师的教学方法以及数学教师的教学方法。研究结果表明：就教师教学变量而言，只有一项变量即社会科学教师的教学方法与大学生的批判性思维正相关。就课程变量而言，选修理科课程促进大学生批判性思维的发展。从定量上判断，2.5%学生批判性思维的成长是由与课堂教学相关的经历引起的，仅有1.4%是由课程本身引起的。这说明教学过程本身而非课程内容对批判性思维的影响更大。此外，研究表明就课程、与课堂教学相关的经历、课外经历三类变量对大学生批判性思维发展的影响而言，与课堂教学相关的经历、课外经历对批判性思维有显著的积极影响。这也再次证明了，如果高校在人才培养计划中同时考虑学生课堂经历和课外经历对学生学习的影响，那么批判性思维的培养就可能更成功、更有效。

25. 我校教师教学评价模式的构建

劳动经济学院　李　楠

一、引言

教师的教学绩效评价是教师绩效评价中的一个重要维度。教师教学绩效评价是对教师教学工作现实的或潜在的价值做出判断的活动，是保证教师投入教学、改进教学并促进教师专业成长的关键措施。近几年各高校都把教师教学绩效评价作为教学管理的重要手段，但是实施评价的实际效果却不容乐观。尽管造成这种状况的原因是多方面的，但其中不容忽视的因素是高校缺乏一套行之有效的评价方案，缺乏完善的评价理论做指导。

（一）理论意义

本研究所指的教学评价模式主要包括三个重要内容：评价主体的选择、评价内容的设计以及各主体评价结果应占的比重。对于应该由谁来评价教师的教学绩效，怎么评，评价什么内容，评价结果所占的比重等问题，国内一直没有统一的说法和做法。

当前的教学评价往往是评价人员凭借自身经验进行的，在对待教师教学评价究竟该"谁来评""评什么""评价所占的比重"等问题上，具有很大的随意性。表面上看，几乎每个学校都有一套自己"行之有效"的评价方案，但事实上，这种凭借评价者主观意志确立的评价方案难以触及大学教学最本质的东西，有些甚至互相冲突，使得不同的评价体系中，不同教师的评价结果往往缺乏可供参考的对比维度；即使是同一教师同一时期的教学工作，在不同评价方案中也会存在很大的差异。究其原因，主要体现在两个方面：①缺乏理论的支持；②操作性差。关于评价主体的选择，一直以来都是直接照搬360度考评法的理念和国外的经验，没有深入分析各评价主体存在的理论和现实意义，也没有考虑我国的国情和实际特点，而直接"拿来"的东西用后的效果并不理想，得不到认同和支持。评价内容的设计和各主体评价所占的比重也是一样，各高校也没有统一的做法，也没有提供有说服力的依据。

由于教师评价在理论上的不成熟和实践上的不完善，使得目前存在着很多问题。而这些问题不但会影响教师队伍的发展，更会制约高等教育事业的发展。所以，亟待构建一个与我国大学教师教学特点相符合的具有中国特色的教学评价模式。

（二）现实意义

本研究回顾了我国高校教师教学绩效评价模式的发展历程，将高校教师的教学绩效评价和企业的市场化培训评估模式作了比较，并深入分析了 360 度绩效考评法用于高校教师教学评价的可适性。在此基础上，对国内六所有代表性的高校的评价指标进行了评估总结。提出了应以评价目的作为划分依据从而选择评价主体的新观点，并据此设计了一套科学性强、操作性强，并且可量化的新评价模式，在一定程度上为我校今后开展教学评价活动提供了较为有利的参考依据。

二、目前我国高校教师教学绩效评价的模式

（一）我国高校教师教学评价模式的发展历程

我国对高校教师的教学评价一直采用管理人员自上而下的评价方式，直到近期，对教师教学的正式评价仍主要由管理人员进行。随着教师专业化和学校民主化程度的逐步增长，对管理人员评价教师教学的不满情绪也在不断增长，因而促使了同行评价教学的发展。

传统上或者说在计划经济时代，人们对教师教学评价的关注视角主要在于学校与教师之间，学生在教学过程中不过是知识技能的接受者而已。然而，伴随高等教育规模的扩大和市场化进程的不断加快，以及高校成本分担机制的推行和学费收入在高校经费收入中所占比重的提升，使高校学生已从传统的"知识技能的接受者"转化为"知识技能的需求方和消费者"，[①] 成了影响高等院校教学行为的一个主体性角色。这样学生评教应运而生。

目前，各高校对于高校教师教学绩效的评价方式千差万别，有的采用学生评教的单一主体方式（如中国人民大学等）；有的采用学生和专家评教的二维主体方式（如北京联合大学、中国劳动关系学院、山东工商学院等）；有的采用学生、专家和领导评教的三维主体方式（如北京语言大学、首都经济贸易大学、广东海洋大学等）；还有的采用学生、专家、领导以及教师自评的多维主体方式（如贵州财经学院、贵州民族大学、中华女子学院等）。

---

① 鲍威. 学生眼中的高等院校教学质量 [J]. 现代大学教育，2007（4）：16 – 22.

（二）高校教师教学绩效评价模式和市场化培训评估模式的比较

近年来，越来越多的企业人力资源管理实践经验被引入到像高校这样的公共部门中。特别是有人认为，高校中的教学评价类似企业中对培训教师的评价，可以将这种市场化的培训评估模式引入到对高校教师的教学绩效评价。鉴于此种说法，有必要对市场化培训的评估模式和高校教师教学评价模式的异同进行比较，一方面可以得到市场化培训效果的评估方式是否适用于高校教师的教学绩效评价，另一方面也对高校教师教学绩效评价模式的特点更加清晰。

1. 高校教师教学与企业培训的相似性

第一，两者均强调知识的学习。虽然企业培训通常以提高某种具体能力为导向，但学员能力的提高也是通过对知识的学习、更新和转化实现的。第二，两者教学手段均多样化。企业培训方式多种多样，如课堂教学、师徒制、工作轮换、案例分析、管理游戏、教练技术等；而高校教师教学也包含课堂讲授、导师制、企业实践等多种灵活有效的教学方式。

2. 高校教师教学与企业培训的差异性

（1）市场化的培训与高校教师教学的价值诉求不同。企业作为自负盈亏的市场主体，是以盈利为其基本运营导向的；而高校作为公共事业部门，其运营资金主要依靠政府财政拨付，高校是不以盈利为目的的。具体来说，运营资金来源的不同将导致主体间价值诉求的差异。企业培训是以经济利益为导向的，关注的是组织整体经营业绩的提升；而高校教师的教学活动，是以学生的全面发展和综合素质的提升为诉求的，并不以利润和经济效益为导向。因而，企业培训评估可以通过利益有效性进行衡量，而高校教师教学绩效则很难通过短期利益的有效性来评判。

（2）企业培训与高校教师教学的理念不同。企业培训主要是为了解决企业实际的发展问题，学员大多因实际工作的绩效水平不理想或为需要学习某项新技能而参加培训；培训师的教学目标旨在通过培训、提高学员的专项素质或能力，进而提高其个体绩效，最终实现组织整体效能的提升。与之相比较，高校教师教学活动更多地体现为综合性教育，是系统的知识与技能传授，而非单一的技能输出，即通过教学活动使学生在专业知识、职业素养和综合素质等方面获得全方位提高，为今后的职业生涯发展奠定基础。也就是说，高校教师教学的最终目的是育人。

（3）对培训师与高校教师的管理机制不同。企业培训选择培训师主要有两种途径，一种是从企业内部选拔培训师；另一种是从企业外部聘请培训师。不论通过何种方式聘用的培训师，企业都可根据培训效果，对培训师进行调整。对内部的培训师可通过薪酬福利、职业晋升或辞退进行奖惩；而对外部聘请的培训师，企业可以根据其培训效果来决定是否再次聘请。因此，企业培训效果与培训师未来的发展有直接的联系。与之不同，高校教师不会因教学绩效评价不好而被辞退，因为高校教师教学绩效评价的目的除用于人事管理外，还在于提高教学质量这一发展性评价目的。教师是高校的员工，也是高校发展的主体，高校教师教学绩效评价需要注重开发教师个人的潜能，提升其教学水平。因而，不能直接将企业对培训师的考核方式简单应用到高校教师教学绩效评价中。

（4）企业培训对象与高校教学对象不同。企业培训对象是企业员工，高校教学对象是在校大学生。两者在诸多方面存在较大的差异。首先，社会经验和阅历的不同导致企业员工和在校大学生在认知上有较大的差别。企业员工的社会、工作经验较多，对具有针对性的培训内容更容易理解；而在校大学生囿于课堂讲授的知识多为初次涉猎，因而难以准确评判教师讲授内容的优劣。其次，企业员工与在校大学生的自我定位不同，两者的主动性存在差异。企业员工出于绩效改善和未来职业发展的考虑，参与培训的主动性、积极性更高。与之相比较，大学生课堂学习知识的应用有一定时滞，课堂参与的有效性不稳定，这在一定程度上影响了其对于教师教学绩效评价的准确性。

（5）市场化培训与高校教师教学评价的内容不同。市场化培训评估的对象主要是培训师的课堂讲授，主要考察的是学员对培训师课堂讲授情况的满意程度；而高校教师的教学评价应该评价的是教学的全过程，包括课前的准备和课后的安排。由此也可以看出，教学评价和培训评估不同，不能单纯由听课的学生来进行评价。

（三）我国高校教师教学绩效评价不适合单一主体的评价方式

通过上述分析可以看出，高校教师的教学与市场化的培训之间差异较大，无论是从评价目的、评价内容、评价主体的选择及评价结果的应用都是不同的，因此不能单纯地将市场化培训的评估模式复制到对高校教师教学绩效的评价当中来。

高校教师教学绩效评价不适合单一主体的评价方式，由于教学工作的独立性、复杂性、长期性等特点，高校教师的教学评价也应选取多元化的评价主体对其进行评价。

三、高校教师教学评价主体的确立

（一）360 度绩效考评法在高校教学评价中的适用性

1. 360 度绩效考评法的内涵

360 度绩效考评法也被称为全视角评价，是指由被评价者的上级、下级、同事、客户（包括内部客户和外部客户）以及被评价者本人，从多个角度对被评价者进行全方位的评价，再通过反馈环节，达到改善绩效的目的（见图1）。[①]与传统的考评方法相比，360 度绩效考评扩大了考评者的范围和类型，从不同层次的人员中收集考评信息，从多个视角对被考评对象进行综合考评。这样可以集中各种考评者的优势，达到互补，使考评结果更加公正、全面。

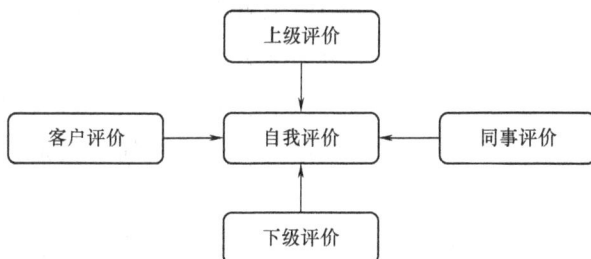

图1　360 度绩效考评法图示

2. 360 度绩效考评法在高校教师教学评价中的适用性

现如今，众多专家学者呼吁高校应采用 360 度绩效考评法对教师的教学工作进行评价，对高校教师采用 360 度绩效考评法时可选择的主体包括：领导、教学督导专家、同事、学生以及教师自身（如图2）。

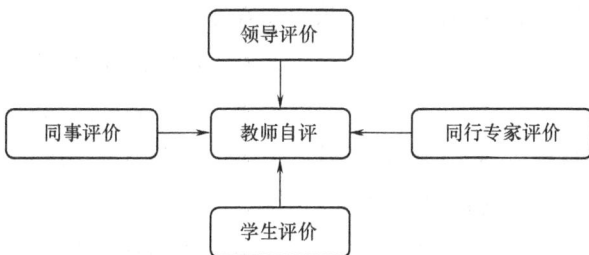

图2　高校教师的 360 绩效考评图示

---

① 杨河清. 人力资源管理［M］. 2 版. 大连：东北财经大学出版社，2010：139－140.

虽然众多学者都提倡将 360 度绩效考评法用于高校教师的教学绩效评价，但真正能将此方法用到实处的高校却并不多见。据笔者了解，有些高校在实施教学评价制度之初，还遵循着 360 度绩效考评法的原则，选择多维评价主体评价教师的教学绩效。但在具体执行的过程当中，有些评价主体逐渐失去了效力，甚至最终退出评价机制。比如领导评价和教师自评，有些主体虽然一直坚持评价，但发挥的作用甚微，几乎只是为了评价而评价，评价逐渐变成了走形式，比如专家评价。使得最终真正发挥作用的只剩下学生这一评价主体了。究其原因，主要和 360 度绩效考评法自身的特点有很大关系，其主要表现在以下三个方面：

（1）良好的 360 度绩效评价体系需要评价者观察被评者的绩效。

只有那些对被评价者非常了解并且掌握了第一手资料的人才应该参与评价反馈过程。让那些没有能力观察到被评价者绩效的人提供绩效反馈，显然是毫无意义的。而高校教师的教学工作相对独立，除了学生听课能够直接观察教师的课堂教学，教师自身处在教学工作中以外，其余评价主体都需要刻意安排观察的机会才行，但是却没有办法做到长期的观察，没办法做到对教师的教学情况非常了解。

（2）当把 360 度反馈体系仅仅用于开发目的，而不是用于管理目的的时候，其效果是最好的。[①]

当 360 度反馈体系被应用于像晋升和薪酬等管理目的时，评价者就很有可能会歪曲他们所提供的反馈信息。因此，最好是明确告诉大家，360 度绩效考评法会被用于开发目的，而且仅仅用于开发目的，通过 360 度反馈体系收集上来的信息不会被用于报酬分配或任何其他管理方面的决策。但是高校教师的教学评价除了发展性目的以外，也要实行奖惩性的评价目的。所以，显然不能简单地将 360 度绩效考评的做法复制到高校教师的教学绩效评价中。

此外，用于发展性评价目的时，评价者不应仅仅做评价，除了为各个维度打分之外，评价者还应当提供书面的描述性反馈信息，通过详细的和建设性的评论使被评价者知道自己应当怎样改进绩效。但是这些做法也要建立在有效观察的基础上，只有做到充分了解被评者的工作情况，才能有发言权。

（3）如果是为了管理目的而进行评价，就必须对评价者进行培训。

---

① Toegel G，Conger J A. 360 - Degree assessment：Time for reinvention. Academy of Management Learning & Education，2003（2）：297 - 311.

培训的主要目的是帮助评价者掌握区分优良绩效和不良绩效的技能，以及如何以一种建设性的方法来提供反馈的技能。由于企业的绩效以利润为导向，所以其考核指标可以通过销售额、利润率等指标来反映，指标清晰，标准明确，易于量化。但是高校是事业单位，不以盈利为目标，再加上教学工作的复杂多样性，评价多是主观的，很难通过客观的指标来反映，这就给评价工作带来更大的困难，必须要选择那些有能力、有条件对教师的教学工作进行评价的评价主体。

由以上分析可以看出，良好的360绩效评价体系有其自身依赖的情景与特点，而高校教师的教学绩效评价也有其自身的独特性，不能将360度绩效考评法简单地运用在高校教师的教学绩效评价中。高校教师的教学评价可以借鉴360度绩效评价的理念，吸收其精华，并要结合教学评价的特点，有选择地运用。

（二）高校教师教学评价主体的确立

目前评价高校教师教学绩效的主体有学生、专家、领导、同事以及教师自己，各评价主体都有其存在的意义和局限性。Oreilly（1994年）在研究中发现，当360度绩效考评用作个体发展性评价时，各考评者的评价结果比较相似，可用作绩效考核时就变了样。Farh和Werbe（1993年）的调查证实了这种假设。很多研究都已表明，360度绩效考评用作个体发展性评价与用作绩效考评时的有效性是不同的。[①] 我国高校教师的教学评价还不完善，处于发展上升的阶段，就目前情况来看，不能完全照搬360度绩效考评法，而是可以根据评价目的的不同，选择不同的评价主体，采用不同的评价方式（见图3）。

1. 用于奖惩性评价目的时

①学生评价和专家评价可共同作为主导性评价方式。从已有的理论研究和实践经验可知，学生是教学的直接感受者，与教师接触的时间最长，且学生在教师教学绩效评价中占有统计学意义的数量优势，因此，学生评价在一定程度上比同行评价、领导评价、教师自评等更可靠、更客观。在国外，学生评价结果除反馈给教师外，还被广泛用于教师的聘任、提职和薪金决定。[②] 由此可以看出，学生可以作为教师课堂教学质量评价的主体，但是却不能评价教师教学的全部内容，比如对于教材的选取、考试内容的设计等，对此学生并不一定有较强的鉴别能

---

① 孙健.360度绩效考评 ［M］. 北京：企业管理出版社，2003：96 – 97.

② McCallum L W. A Meta – analysis of course evaluation data and its use in the tenure decision ［J］. Research in Higher Education，1984 （21）.

力。① 而专家评教是由学术造诣、教学水平比较高，评价客观、公正、严谨的学术内行担任，他们掌握教学的客观规律和评价的客观标准，对课程的性质、内容、特点、教学目标、要求及国内外相关学科的最新进展比较了解，具有教学评价的相对权威性和公正性。因此，专家评教能在专业、学术方面弥补学生评教的不足。②领导评价可以作为参考性评价方式。领导虽然对于教师教学情况的观察、了解有限，但却能掌握全局。在我国，领导对教师的评价与教师的职务晋升、奖金分配等联系在一起。因此，领导评价往往是教师评价中对教师促进作用最大的一种外部机制。② ③当评价用于奖惩性目的时，教师自评的结果容易有偏高的倾向。森特拉（1973）对5所大学中343名教师的自我评分和学生评分进行了比较，发现两者的相关系数相当较低。大约有30%的教师自评分数高于学生评分，而6%的教师自评分数比学生低。倘使这些教师指导评分结果被用于决定他们是否能够晋升，他们给自己的评分很可能更高，和学生的评分的差别也就更大。③ 因此，教师自评在此可以不做考虑。

在评价方法上，由于奖惩性评价的目的是要对教师做出优劣区分，奖优罚劣，并将评价结果用于人事决策，所以多用定量评价的方式，比如通过填写评价量表，得出具体的分数，从而进行比较。学生和专家作为用于奖惩性评价目的的两个重要主体，宜采取定量评价的方式。而领导评价由于只是作为参考性评价方式，因此只需定性地发表个人意见即可，不必采用定量评价的方式。

2. 用于发展性评价目的时

①教师自评可以作为主导性评价方式。发展性评价的一个最大特点就是要让教师成为评价的主人，通过教师的自评、自省，从而达到自我提升。由于教师是教学的主体，他们非常清楚自己的教学投入、教学过程以及教学效果，因此也最具发言权。卡罗尔（1981）指出，"自我评估技能使教师本人能够洞察、理解和解释来自其他方面的材料"。④ ②学生评价和专家评价可以作为辅助性评价方式。在实施发展性评价目的时，课堂听课是一个重要的环节，它不仅是评价者收集信息的一种重要渠道，而且可以通过观察评价对象的课堂表现，达到肯定优点，改

① 王景春. 构建科学的学生评教体系 [J]. 北京教育：高教版，2005（1）：44.
② 李小融，唐安奎. 多元化学校教育评价 [M]. 杭州：浙江教育出版社，2009：249.
③ 森特拉. 大学教师工作评估 [M]. 北京：北京航空航天大学出版社，1992：54－55.
④ 欧本谷，刘俊菊. 多元教师评价主体分析 [J]. 重庆大学学报：社会科学版，2004（2）：127－130.

正缺点，提高教学效果的目的。① 学生和专家在评价教师的教学绩效时，都有自身的优势和无法克服的缺陷。学生的优势是能够参与教师一学期的课堂教学，对教师课堂教学质量的了解相对深入；缺陷是在某些方面缺少评教的能力，也不能很好地了解和判断教师课前的准备以及课下安排的情况。专家的优势是不缺少评教的能力，有丰富的经验，能通过查阅资料了解教师课前的准备以及课后的安排情况；缺陷是对于教师的课堂教学质量的了解不是长期且全面的，是基于偶尔一两次的观察和了解。所以，将学生和专家二者合在一起对教师的教学进行评价，不但可以充分发挥各自优势，又能很好地弥补不足。③领导评价在此可以忽略不做考虑，因为他们此时的评价作用可以通过专家评价体现出来。

从评价方法上，发展性评价目的主要是发现教师教学中存在的问题，并针对问题进行改进，从而提高教学质量。所以，定量评价得到的分数并不能说明具体问题。要开展定性评价，比如通过开座谈会、填写意见表、查阅材料或观看教学录像等，发现教师教学中存在的具体问题是什么，为教师今后提升教学质量提供建设性的对策建议。

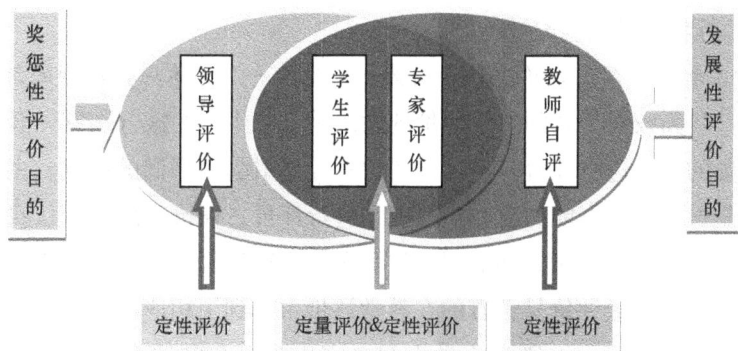

图3　我国高校教学评价的主体选择

四、我校教师教学评价模式的构建

由上文分析可知，评价目的不同，选择的评价主体也不同。发展性评价目的多采用定性的评价方式，比如召开座谈会或通过访谈以及观看录像等方式，评价

① 王斌华. 发展性教师评价制度研究［D］. 上海：华东师范大学，1998：54.

的内容包含教师教学的各个方面，主要关注的是局部问题。只要能发现问题，并通过一定的方式解决问题，最终达到提高教师教学质量的目标即可，不涉及固定的、程式化的模式，所以在此不做详细讨论。此外，用于奖惩性评价目的的领导评价也是采用的定性评价方式。由于领导评价教师具体的教学情况时，和专家发挥的作用基本一致，只是他们能对所有教师的整体排位有一个较好的把握和了解，在对教师职称评定或评优时能够更好地判断出哪些教师在教学工作中更加出色，不涉及对教师具体教学情况的评价，所以在此也不做进一步探讨。

本研究主要讨论用于奖惩性评价目的的定量评价模式，因为定量评价通常都是对教师的教学绩效进行打分，关注的是教师的得分及排位。只有通过对既定评价指标的打分，才能对最终的结果进行比较。开展定量评价的评价主体主要有两个：学生和专家。目前大多数高校的教师教学评价都是由学生和专家两部分群体来进行评价，但是对于他们的评价内容却没有统一的标准，对于他们在评价中所占的比重也没有统一的规定。本研究正是基于这样的现实问题，对两个评价主体的评价内容进行讨论，并通过各自的评价内容在总体评价内容中所占的比重，推算出两个评价主体在教师教学评价中应占的合理比重。

（一）教学评价内容设计的思路

1. 学生和专家两个评价主体合而为一，作为一个整体评价教师的教学绩效

目前，各高校对于教师教学评价的做法是，学生和专家分别有一套评价指标体系对教师的教学进行评价，但这样的做法容易引起教师们的担忧，主要原因有三点：一是学生是否有能力对教师的教学进行评价，评价态度是否认真？二是不论是学生还是专家均是对教师的课堂教学质量进行评价，而课堂教学是否等于教学的全部？三是专家评价是否真的在教学评价中起到了相应的作用？

鉴于以上的质疑，本研究将学生和专家作为一个整体来评价教师的教学绩效。这样做的好处是：①学生和专家在评价教师的教学绩效时，都有自身的优势和无法克服的缺陷。学生的优势是能够参与教师一学期的课堂教学，对教师课堂教学质量的了解相对深入；缺陷是在某些方面缺少评教的能力，也不能很好地了解和判断教师课前的准备以及课下安排的情况。专家的优势是不缺少评教的能力，有丰富的经验，他们能通过查阅资料了解教师课前的准备以及课后的安排情况；缺陷是对于教师的课堂教学质量的了解不是长期且全面的，是基于偶尔一两次的观察和了解。所以将学生和专家二者合在一起对教师的教学进行评价，可以充分发挥各自优势，又能很好地弥补其各自的不足，无论从形式上还是内容上都

会使评价结果的有效性高于各自分别评价的结果。②两者合而为一的评价，也可以弥补如今人们担心专家评教只是走过场、实际上自己教学的好坏完全掌握在学生手中的现象。如果将学生评价和专家评价合而为一，在想说明教师的教学绩效时，就必须将二者的评价结果放在一起，才能得到对于教师的总的评价。这样的评价方式也会让老师觉得更加公平。③如果学生得知自己的评价和专家的评价共同构成教师的绩效得分，也会让学生有一种约束感，从而更加认真地对待教学评价活动，减少随意性。

2. 教学评价评的是教学的全过程

教学评价要以课堂教学评价为主体，但同时也要重视授课前的准备和课余时间的辅导。高校教师的教学评价绝不仅仅只是对课堂教学的评价，评价内容如果只涉及教师的课堂表现，不但不能全面反映教学的真实情况，而且还容易产生误导，使教师错误地认为，"只要把课讲好，便圆满完成了教学任务，不必在其他方面花费更多的时间"。实际上，从大学教学的特点来看，许多重要的工作都需要教师在课下做，没有课前的精心筹划与准备以及课后的及时讨论和辅导，就不可能获得良好的教学效果。在大学教育中，师生之间的人际交往、思想碰撞和相互合作，是促进学生发展和专业成熟的最重要的条件。评价内容应该具有系统性，评价的项目要涉及教师的课前准备、课堂教学的实施和课余时间的辅导，贯穿于教学的全过程。①

3. 教学评价不但要体现教师的教，也要体现学生的学

传统的教学观强调以"教"为中心，忽视了学生学习的能动性和主动性。在具体的教学过程中，教师成了主体，只需将知识灌输给学生即可，而学生则只是被动地接受。相比之下，现代教育理念更关注受教育者内在的人格发展，侧重培养人的学习能力，而不是仅仅停留在知识积累这个层面。这种理念的形成是以人本主义理论和建构主义理论为基础的。

人本主义理论提倡的教学过程的特征主要体现在三个方面：第一，强调学生在教育中的主体地位。马斯洛主张老师在教学过程中，首先要以学生为中心，在重视学生内在动机与需要的基础上，选择适当的教学内容，激发起学生的学习动机。其次，要发挥学生的主体性，教师应成为学生学习的促进者、鼓励者、帮助

---

① California Institute of Technology. Teaching Assistant Evaluation ［EB/OL］. （2004 - 10 - 22）http：//www. its. caltech. edu/ ~ ta/ evaluation_ code. html.

者、合作者和朋友，正确指导学生掌握获得知识经验的有效途径。第二，强调认知与情感相结合的教学。要求教师公开、坦诚、相互信任地接触每一个学生，认真听取学生的意见，恰当体验学生情绪情感的变化，尊重学生的个性，发挥学生的创造性。第三，强调情感化的师生关系。人本主义心理学家认为，有效的教育教学必须以融洽的师生关系作为前提。教师与学生是教育教学过程中两个最活跃的因素，师生关系是维系教育教学活动的基本关系，教师与学生的关系是在共同的教育活动中通过信息交流与沟通逐步建立起来的。由于教师和学生都是能动的主体，因而教育教学活动是一种双边活动，是教师和学生互相影响、互相作用的活动。师生只有配合默契、合作愉快，才能产生良好的教育教学效果，而良好的师生关系是师生共同满足教育教学需要、协同教育教学活动、实现教学目标的基础和保证。

建构主义强调的教学特征主要是以下五个方面：第一，引导学生积极、主动地参与学习。教师教学的有效性首先体现在能否调动学生的学习积极性，促进学生对知识进行主动构建的过程。第二，师生之间、学生之间保持良好的互动关系。根据建构主义观点，在学生学习的过程中应该是多向性的交流，包括师生交流和学生之间的交流。在这一过程中，师生关系是一种合作关系，教师始终充当着学生的促进者、指导者和合作者。第三，教师应为学生的主动建构提供学习材料、时间以及空间上的保障。教师要为学生提供来源于现实生活的学习材料，并在很大程度上与问题解决联系在一起，让学生感受到问题的存在，并学会利用材料中提供的各种原始数据进行分析、思考，展开探索，提出假设，检验假设，最后得出结论。第四，教师注重对学生反思习惯的培养。建构主义认为，学习者可以通过向他人学习、控制自己的学习、学会自我分析，逐步发展在行动中反思的元认知技能，从而使学习者通过建构主义的学习，朝着专家的方向不断进步。第五，教师应使学生获得对该学科学习的积极体验和情感；积极的体验和情感会使学生产生浓厚的兴趣和需要，对学习表现出极大的热情，并在学习中获得兴奋和快乐。建构主义理论是我们制定学生评教标准的重要理论基础。

由以上分析可以看出，学生评教不但要评教师的教，也要考虑学生学习的效果以及教学过程中师生的互动关系，这些都是考察教学质量的指标。例如，美国著名高校的教学评价项目就很好地体现了这一点，它不但检查教师的教学态度和行为，而且充分了解学生通过教学在各个方面所取得的进步。评价不仅关注教师对课程体系和知识内容的处理，而且注重教师和学生在教学过程中的互动关系，注重教师在教学中对学生的注意、尊重、关心和帮助。绝大多数学校都把学生对于教学的亲身感受作为教师教学考核的重要内容，不单纯评价"教师做得如何"。这种评价取向很明显地反映出美国大学"以学评教"的理念，试图通过对学生学习情况的检查，来衡量教师教学的有效性。一种在美国大学里广泛持有的评价观点是，只有学生在课程学习中取得了多方面的明显进步，才能判定教师的教学是成功的。①

4. 各评价主体应分别评价自己擅长且有能力评价的内容

（1）教学评价要考虑学生的能力和特点

教师的教学质量内涵丰富，外延也极广，有些是学生可以直接观察和感知的，能做出较真实、客观的评价；但有些却是学生知识范围以外的，学生无法做出准确的判断。笔者通过对部分高校学生评教量表的总结发现，有些高校学生评教量表中的指标是学生没有能力评价的。比如，教学内容的更新、前沿性。因为学生并不是某一学术领域的专家，他们并不具备评价学科知识前沿性的能力，这样的指标由学生来评价显然不妥当。再如，教材选用情况，这也不是学生能够判断的。像这些学术性较强的指标，虽然有其存在的必要性，但不应由学生来评价，而应由专家来进行评价更为合适。

综合国内外的研究成果，学生一般可对下述方面做出较好的描述：第一，教师的教学技能；第二，教师的职业行为和伦理观点；第三，学生参与和课堂交流；第四，师生关系；第五，课堂的组织与管理；第六，教学的明晰性、系统性；第七，考试的公正性；第八，学生的学习收获。但是，对于"教师的教学目标""授课内容的适合性和先进性""评分的宽严程度"等与课程、学术有关的内容，学生则略显能力不足。②

此外，在学生评教指标体系中，教学效果与教学态度、教学内容和教学方法四个一级指标之间存在着较强的相关关系。有研究显示，学生对教师教学效果整体评价较高的话，对教学态度、教学内容和教学方法的评价也会很高。即学生评教时首先会从教学效果出发感知教师教学质量的整体效果，如果学生认为通过对这门课程的学习掌握了该课程的基本理论、知识与技能，并且对相关知识的学习兴趣得到了进一步开发，那么就会认为教师的教学效果很好，同时产生了教师的

---

① State University of California at Berkeley. What Is BerkeleyPolicy on the Evaluation of Teaching? [EB/OL]. (2003 – 12 – 04) http: //facultyguide. berkeley. edu/teaching/faq_ 46. html.

② 雷敏. 论提高高校学生评教质量的方法和策略 [J]. 高教探索，2005（1）：50 – 53.

教学内容、教学方法和教学态度也很优秀的认知。这说明学生并不一定关心评教体系的若干指标，而是从教师教学的整体评价入手，先入为主，最终对不同指标进行打分。[①]

最后，学生只是课堂教学的最直观感受者，但他们并不一定清楚教师授课前的准备、对试卷的设计以及成绩的判定等内容，所以他们只对教师的课堂教学质量最有发言权。因此，在设计学生评价的指标时，不但要选取那些学生有能力评价的项目，同时要选取那些学生感知力强的项目。

（2）教学评价要考虑专家的能力和特点

专家在对教师进行教学评价时，评判教学内容比评判课堂活动更为合适。他们可以检查教材、教学大纲、教学目标、教学中使用的阅读资料目录、练习、考试作业以及类似的反应教学内容的材料。专家对以下一些问题作评估是最合适的：教师对本门学科掌握的程度；能否对本门学科的最新成就保持接触；是否尽到课程教学所承担的责任。[②]

同行专家在评判教学时，主要针对有实质意义的内容（如教材选择、课程大纲和目标、用于讲课的书刊目录和资料、课程作业和考试等）而不是方法本身。他们能够评定这样的特性：某位教师掌握本学科内容的程度；他跟上本学科当前发展的程度；完成教学任务的情况等。他们也可以抽查课程考试、论文和设计，审查教师对作业的评分和评语，以考察教师对评分标准的掌握。学生的分数分布（和其他课程相比）也可能说明这位教师的评分是否太松。同行专家无须进入教室就能够评估教师在这些方面的教学情况，如果到教室去听课则会对这些情况有所补充。[③]

专家评价可以以教学准备以及课后安排为主、以课堂教学为辅，并辅以查阅资料、与学生交谈等其他方式的共同评价。专家可以查阅教师准备的如课程目标和教学活动；教材、讲义、阅读与参考书目单、教学大纲；讲稿；习题和设计作业；考试和学生成绩等材料来评价教师的教学准备情况如何、教师对本门课程的课业负担程度的设计如何以及教师对学生成绩的掌握尺度如何等情况。

---

① 常亚平，陈亮，闫俊. 高校"学生评教"误差形成机制研究——基于学生态度的视角 [J]. 高教探索，2010（1）：80-86.

② [美] 森特拉 J A. 大学教师工作评估 [M]. 北京：北京航空航天大学出版社，1992：165.

③ [美] 森特拉 J A. 大学教师工作评估 [M]. 北京：北京航空航天大学出版社，1992：89-90.

5. 评价内容要具有可测性，内容表述要清晰

笔者通过对国内六所高校（中国人民大学、首都经济贸易大学、北京联合大学、山东工商学院、贵州大学、广东海洋大学。这六所高校涉及国家部级院校、北京市属重点高校、普通高校以及外地高校，具有一定的代表性）的学生评教量表的指标分析，发现目前高校的评价指标中存在一个问题，即每一个评价的指标所包含的信息量较大，不易准确评价。比如，其中一所大学关于教学态度的描述"教学认真负责，敬业勤勉，重视与学生沟通，尊重学生，课前准备充分"，这里面实际包含了四层意思，一是教学认真，这里面又有两层含义，包括课前准备充分，授课时认真负责；二是和学生的关系，也包括两层内容，尊重学生和重视与学生的交流。四层意思通过一个指标来判断，很可能教师做到了其中的两点，另外两点不具备，但是学生要通过一个分数来评价，就会造成评价结果的不准确性。

不论是学生评价还是专家评价，评价项目要清楚地指向那些可以观察到的教学事实，将其作为评价的素材，而不是用一些模糊、抽象的概念。评价指标应使评价能够真实描述教师在教学中的具体表现，以及学生在学习中的实际收获。[①]此外，单个指标包含的内容不要过多，最好一个指标反映一个现象。

（二）教学评价的指标构成

教学评价的内容按过程划分可分为教学准备、课堂教学、课后安排三部分。具体到课堂教学，目前，国内高校对于教师课堂教学评价的指标设计，基本按照教学态度、教学内容、教学方法、教学效果四大维度的框架设计具体的指标。按照以上的划分，教学评价的具体指标构成如下。

1. 教学准备

教学准备包括的内容有：①教材选择难度适宜；②教学目标的确立适合学生学习的程度；③教案规范，内容设计合理；④阅读与参考书目选择恰当，有利于学生对学科知识的学习。

2. 课堂教学

课堂教学包括四大内容：教学态度、教学内容、教学方法和教学效果。

（1）教学态度。由三个指标来具体反映：①老师能提前到达课堂，调试好

---

① Harvard University. Interest Groups —Teaching Evaluations［EB/OL］. http：//ksghome. harvard. edu/ ~ dking/ pal −212M −evals. html，2004 −10 −11.

设备，做好各项课前准备工作；②老师讲课投入、充满热情；③老师课堂安排紧凑有序、时间分配合理，课堂管理有方。

（2）教学内容。具体指标为：①老师讲授的内容充实、案例丰富、信息量大；②老师讲述清楚明白，知识容易理解；③老师授课的广度和深度适合学生的知识基础和能力水平。

（3）教学方法。具体指标为：①老师能够较好地使用多媒体教学或板书，课件质量高或板书效果好；②老师的授课方式多样，如能结合案例教学、讨论、实践、观摩录像等；③老师善于调节课堂氛围，激发了学生的学习兴趣和热情。

（4）教学效果。具体指标为：①老师注重和学生的交流，和学生的关系融洽；②老师尊重、关心学生；③学习这门课以后，学生感觉学科知识增加不少，受益匪浅。

3. 课后安排

课后安排具体内容有：①给学生布置有价值的作业；②及时批改学生的作业，反馈学生的问题；③试卷的结构、难度符合教学目标及要求；④给学生期末成绩打分合理。

（三）教学评价主体所占的比重

以上设计的20个指标，即是对高校教师教学绩效评价的内容。由于专家具有丰富的教学经验，具有较高的评价能力，所以教学准备及课后安排主要由专家来进行评价。只有课后安排中的"及时批改学生的作业，反馈学生的问题"这一指标属于学生的切身感受，由学生评价更为合适。此外，课堂教学评价中，教学态度中的"老师课堂安排紧凑有序、时间分配合理，课堂管理有方"以及教学内容中的"老师授课的广度和深度适合学生的知识基础和能力水平"均由专家进行评价。由专家评价教师的课堂管理主要是看教师是否讲一些与学科内容无关的话题而哄着学生玩；专家评价授课内容的广度和深度主要是因为学生在这方面没有能力进行评价。

学生是课堂教学的主要参与者，对教师的课堂教学质量有着最深切的感受，所以关于课堂教学的主要内容均由学生来进行评价。除了由专家评价的两个指标外，其余的指标均由学生评价。

本研究认为，上述20个指标在教师教学过程中的作用是相同的，即每一个指标在全部指标中所占的比重一样，均为5%。按照学生和专家评价内容的不同，来设定它们所占的比例。专家共评价9个指标，学生共评价11个指标。所以专家和学生在评价中所占的比例应为9：11，即专家占45%，学生占55%。

（四）我校教师教学评价模式的构建

本研究所构建的我校教师教学评价的模式主要基于奖惩性评价目的中的两个定量评价的主体——学生和专家来进行构建。他们通过既定的评教量表，对教师教学的全过程进行评价打分，并通过各自评价内容的不同最终得到两个评价主体在教师的教学评价中所占的比重（见图4）。

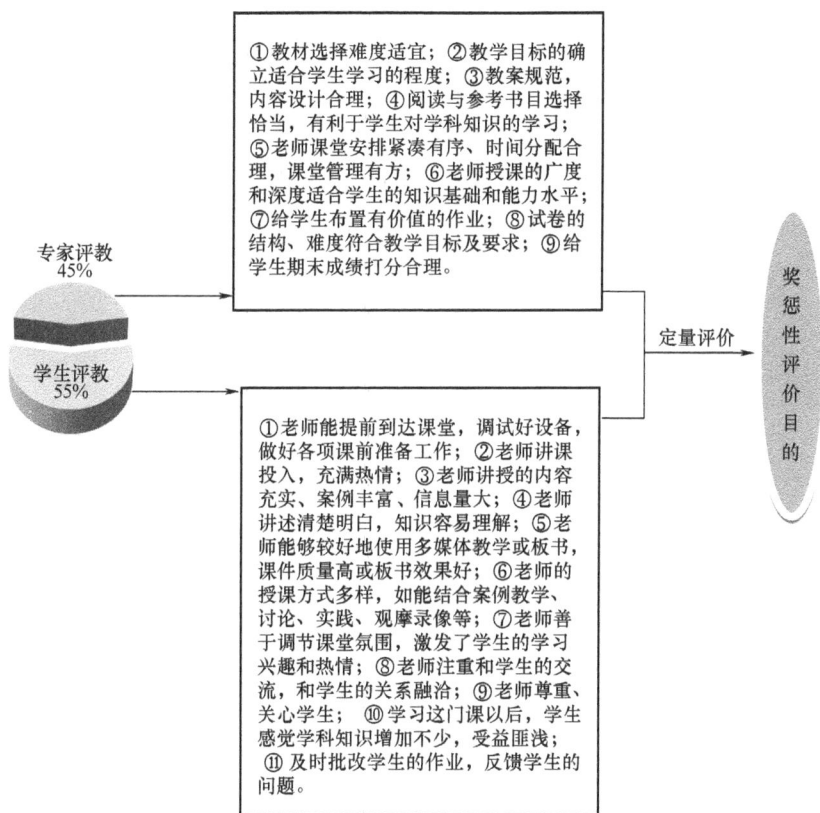

图4 我校教师教学评价模式（基于奖惩性评价目的）

五、结语

当前，我国高校教师教学绩效评价活动已广为开展，教师教学绩效评价已成为学校考核教师的一项重要内容，尽可能地为高校实现科学管理、提高教学质量提供了保障作用。虽然教师教学评价方式已逐渐多样化，建立了相当数量的评价指标体系，取得了量的成果，但是由于评价教师教学效果是一项非常复杂的工作，有诸多因素直接或间接地影响和制约着评价工作的开展，并影响到评价活动的最终效果。

　　本研究从企业的培训评估中借鉴方法进行高校教师教学绩效评价，并结合高校教师群体的特性和教学绩效的特性进行特殊的评价模式设计。在高校教师教学绩效评价中，要分清评价目的（奖惩性评价或发展性评价），选择不同的评价主体（领导评价、专家评价、学生评价、自我评价），合理使用不同的评价方法（定性评价、定量评价），从而综合衡量高校教师的教学绩效，对其做出合理的评价，以不断提升教学质量，使得学生的培养质量得到提升，也不断促进教师的专业进步，这种双赢推动了高校教学工作的良性发展。

26. 将思想政治教育融入大学生创新创业能力培养的对策
——基于 CRM 理念的大学生创新创业培养模型初探

劳动经济学院　徐敬尧

一、引言

　　思想政治教育是大学生精神文明建设的首要内容，也是解决大学生自身成长成才需求和大学阶段迷茫困惑之间矛盾的主要途径之一。高校思想政治教育既十分重要，又相当难做，尤其是在市场经济的条件下，面对 90 后大学生的新特点，高校思想政治教育工作很不适应现代社会发展要求，面临着前所未有的挑战。但是机遇与挑战并存，传统的高校思想政治教育往往侧重于大学生的政治觉悟和政治素养等宏观领域的灌输，往往忽略了大学生自身成长成才等微观领域的需求。结合党的十七大提出的"提高自主创新能力，建设创新型国家"和"促进以创业带动就业"发展战略的新要求以及 90 后大学生的新特点，对大学生进行全面、系统的创新创业文化熏陶，将思想政治教育融入大学生创新创业能力培养，不失为人才培养、缓解就业压力的有效对策。本文尝试借鉴市场营销领域的客户关系管理模型（Customer Relationship Management，CRM）理念，构建大学生创新创业能力培养模型（Undergraduate Student – Entrepreneurship Management，USEM），旨在构建出全方位的大学生创新创业培养模型，充实大学生创新创业活动等第二课堂育人平台，更多地挖掘普通学生的创新创业潜力，不断将思想政治教育融入大学生创新创业能力培养的过程，更好地提升学生现有的创新创业能力，服务学生全面成长成才，提高思想政治教育的实效性和针对性。

二、研究内容与方法

（一）研究内容

　　本文将结合相关的定量研究结果，尝试借鉴市场营销领域的客户关系管理模型（Customer Relationship Management，CRM）理念，构建大学生创新创业培养模型，并分析解释该模型的应用。

（二）研究方法

本文采用了文献法和逻辑推演法。

1. 文献法

通过检索中国学术期刊网数据库等电子文献和手工检索未上网的刊物、书籍、文件、统计资料、研究论文和课题报告等，了解和梳理关于本研究的现状。

2. 逻辑推演法

借鉴市场营销领域的客户关系管理模型（Customer Relationship Management，CRM）理念，尝试构建出大学生创新创业培养模型（Undergraduate Student - Entrepreneurship Management，USEM），并分析解释该模型的应用。

三、研究结果与分析

（一）"CRM"客户关系管理模型理念的内涵

"CRM"是"Customer Relationship Management"三个英文单词的缩写，中文被翻译成客户关系管理，1999年由美国一家最具权威的IT研究与顾问咨询公司提出（Gartner Group），最近流行于电子商务领域。

"CRM"理念的核心内涵是指为企业提供全方位的管理视角，赋予企业更完善的客户交流能力，最大化客户的收益率。即，企业通过富有意义的交流沟通，在每一个与客户的接触点上都更加理解并影响客户行为，最终实现提高客户获得、客户保留、客户忠诚和客户创利的目的。在这个定义中，充分强调了企业与客户的互动沟通，而且这种沟通是富有意义的，能够基于此来了解客户并在了解客户的基础上影响并引导客户的行为，通过这样的努力最终实现获取更多的潜在客户、保留原来的老客户、提高客户的忠诚度，从而达到客户创造价值的目的。

（二）"USEM"大学生创新创业培养模型的构建理念

受到"CRM"理念的启发，在大学生创新创业能力的培养上可以构建相应的"USEM"大学生创新创业能力培养模型。其理念的核心内涵是指为学校提供全方位的大学生创新创业能力培养视角，针对学生的创新创业潜力赋予学校更完善的培养空间，最大化学生的创新创业力的发展潜力。即，学校以培养学生创新创业能力为目标，通过富有意义的观察、交流沟通等综合手段，在每一个与学生的接触点上都更加理解学生的创新创业能力的发展需求并通过各种激励手段影响学生的创新创业行为，最终实现挖掘更多有潜力的同学进行创业实践的目的。该理念充分强调了学校与学生的互动沟通。这里的沟通是广泛意义上的沟通，包括交流了解情况与各种手段的激励措施等。而且这种沟通是富有意义的，能够基于此来了解学生的创新创业潜力，并在了解学生的基础上引导其创新创业行为的发生；同时在这个过程中，将思想政治教育的内容融入其中，通过这样的努力最终实现的是使得更多的学生有创新意识、创业意愿，从而不断激发他们的创新创业热情，不断提高大学生的创新创业能力，从而提高学生的综合社会竞争力，引导其更好地服务于社会，使其收获一个更美好的未来。

（三）"USEM"大学生创新创业能力培养模型的构建与应用

"USEM"大学生创新创业能力培养模型是一个从学生入学到毕业的全方位大学生创新创业能力培养模型，是从学生创新创业潜力的挖掘到投入创业实践中、持续饱有创新创业热情，不断提升创新创业能力直到毕业找到更好的工作或更好地进行创业的全过程。该模型可细分为四个阶段：创新创业潜力挖掘阶段、创新创业能力培养阶段、创新创业能力升级阶段、创新创业能力转化阶段。下面将进行具体论述。

1. 创新创业潜力挖掘阶段

该阶段是"USEM"大学生创新创业能力培养模型的第一个阶段，即大学生创新创业潜力挖掘阶段。所有人都是潜在的创业者，所有人都能具备创新创业的潜力，创新创业潜力不仅存在于各方面表现突出的学生中，也存在于普通同学中。基于此论断，在对大学生进行创新创业能力培养时，应将视野放宽，一方面不仅重视在各方面已表现出一定天赋的"好学生"，也应接纳那些对创新创业感兴趣的"普通学生"，不断发现其身上存在的创新创业潜力，并在第二阶段注重培养。另一方面，学校也应主动挖掘那些具有创新创业潜力的"普通同学"，善用各种激励手段鼓励其在创新创业领域进行尝试，从而使其得到相应的锻炼。

2. 创新创业培养阶段

该阶段是"USEM"大学生创新创业能力培养模型的第二个阶段，即对大学生创新创业能力培养的培训阶段。这是学生的创新创业潜力能否成功转化为创业行动力、实际转化率高低并产生创业行为的重要阶段。因而制定恰当的培训计划是非常重要的，比如采取集中培训、个别指导的方法，通过树立典型、举办经验交流会，提高他们的创新创业能力。经常分派任务，并指导他们组织开展多种形式的创新创业活动，使他们在实践中得到锻炼，逐步提高发现问题、思考问题、解决问题的能力。

3. 创新创业能力提升阶段

该阶段是"USEM"大学生创新创业能力培养模型的第三个阶段，即大学生创新创业能力培养的激励阶段，也是学生的创新创业热情能否持续高涨的关键阶段。与此相对应的是大学生创新创业提升阶段的不同需求层次。只有很好地满足了各种不同的需求，才能更好地激发大学生创新创业的热情。

因而，应该对有不同需求的大学生分层次对待，分别给予他们不同形式的激励。比如，受自己的生活状态与心情影响的学生可以在了解具体实际情况的基础上给予适当的学习生活资助以及心理辅导；为关心能否获得创业基金或者风险投资机会的学生提供更多的校内外接触投资人的计划和锻炼机会，以及必要的精神激励，例如为其颁奖，召开案例分享会，协助其进行创业宣传等。创新创业能力提升阶段是学生在获得初级创新创业能力、初步体验创业实践后对自身的相关能力发展提出更高发展要求的阶段，如果其自身的需求没有得到更好地满足和激励，则该部分学生很可能对创业失去兴趣、导致前功尽弃。所以，要不断开发更多切实有效的激励形式，不断满足学生的发展需求，使其创新创业能力得以不断的提升。

4. 创新创业能力转化阶段

该阶段是"USEM"大学生创新创业能力培养模型的第四个阶段，即大学生迈向社会、将在学校中获得的创新力和创业力转向社会资本和社会竞争力的阶段，是学生创新创业能力培养获得实际收益的阶段。一方面，学生在相关领域的思考和锻炼得以回报，学校的育人成效得以验证；另一方面，处于前三个阶段的学生可以切实看到自身发展的未来，有助于激励其在创新创业能力的锻炼过程中不断提高自身能力。

因此，在该阶段的培养过程中，学校应以市场需求为指引，切实在培养中有意识地启发学生发现自身适应社会、团队协作、人际交往、创新能力等方面的过人之处，并不断挖掘其潜力，寻找匹配其自身能力素质的岗位或者将在学校几年来的积累直接投入创业实践。另一方面，学校应积极探索与校外建立创新创业孵化基地，为学生提供完整的创新创业实践平台。在老师的推荐下，加强与投资机构的联系，增强大学生创新创业姓名的社会适应综合能力；同时，引导处于该阶段的学生带领处于前几阶段的学生参加更深入的创新创业实践和经验报告会。

四、小结

高校人才培养工作中思想政治教育环节是一个系统而复杂的工程，要集合各方面的力量。本文以大学生创新创业培养模型为切入点，构建了"USEM"大学生创新创业能力培养模型，探讨大学生创新创业能力的挖掘、发挥发展、提高及转化的全过程，希望以此抛砖引玉为今后研究探讨大学生创新创业能力培养模式及新时期的思想政治教育模式提供一种新的视角。

同时，本文还存在许多不足，比如只对"USEM"大学生创新创业能力培养模型的构建进行了初步探讨，其中每个阶段的具体细节并未展开讨论，具体实践中会遇到的障碍也并未充分论证，希望今后在研究和实践中可以继续深化、细化并丰富该模型。

参考文献

［1］黄文霞．在高校思想政治教育中引入创业教育的研究［D］．合肥：安徽农业大学，2012.

［2］张岩，王东明，赵林楠．浅议在大学生就业思想政治教育中开展创新创业教育［J］．现代企业教育，2012（19）．

［3］罗杰．依托高校思想政治教育开展创业教育的路径研究［D］．成都：西南财经大学，2008.

［4］李上献：以创业教育为载体创新高校思想政治教育［D］．温州：温州大学，2010.